워라인을 추구하는 삶

워라인을 추구하는 삶

Work and Life Integration

이창헌 지음

이담북스

영화는 수많은 사람의 혼신의 노력과 땀으로 만들지만 개봉할 때쯤이면 이 영화가 잘될 것인가 아닌가로 영화에 참여한 모든 이가 피가 마르는 불안감을 떨칠 수가 없다.

영화도 이럴진대 우리 삶은 어떤가?

이 책《워라인을 추구하는 삶》은 개봉을 앞두고 불안에 떨며 걱정하는 나에겐 하나의 등대였고 친절한 가이드 같았다.

이 책이 영화 시나리오보다 훨씬 더 드라마틱했다.

– 영화 제작자 원동연

(〈미녀는 괴로워〉, 〈광해, 왕이 된 남자〉, 〈신과 함께〉 등)

프롤로그

'워라밸'이 '워라하', '워라인'에게 밀려나고 있다. '무슨 얘기지?' 라고 생각할 수도 있겠다. '워라밸' 용어는 비교적 많이 알려진 반면 '워라하', '워라인'은 아직 생소하다. 사실 나도 얼마 전 우연히 접했다. 그런데 그 맥락과 의미를 구체적으로 살펴보니 이미 잘 아는 내용이었고 평소에 관심을 많이 기울이던 바였다.

'워라밸'은 'Work and Life Balance'의 앞 글자만 딴 신조어다. 일과 삶의 균형을 의미하며 '저녁이 있는 삶'이 이 의미를 잘 대변한다. 그런데 어느 날 이 말에 반기를 든 사람이 나타난다. 다름 아닌 2018년 당시 아마존 CEO였던 제프리 프레스턴 베이조스(Jeffrey Preston Bezos)다. 그는 이 말이 인간을 지치게 한다고 말한다. 거래 관계로 유지되는 시스템이라는 의미가 내포되어 있어서라는 거다. 그 대신 '워라하', 'Work and Life Harmony(일과 삶의 조화)'가 바람직하단다. 공감이 간다. 그리고 '워라인', 'Work and Life Integration(일과 삶의 통합)'이라는 말도 '워라하'와 같이 회자되고 있다. 아주 매력적인 말이다. 일과 삶의 융합을 뜻한다.

나는 얼마 전까지 '워라밸'이라는 말을 수시로 듣기도 내뱉기도 하였다. 많이 들을 땐 주로 회사가 직원을 위한 새로운 복리후생 제

도를 도입하려 할 그때, 약방의 감초처럼 등장했던 말이다. 특히 휴
가제도 확대라든지 여가 생활 확대 지원과 관련해 이 말은 더 자주
동원된다. 그리고 내가 이 말을 직접 많이 쓴 경우는 주로 기업에서
강의할 때다. 입사 후 오랜 기간 일하다가 길게는 1, 2년 짧게는 몇
개월 앞둔 재직자나 퇴직한 지 몇 개월 지나지 않은 전자 계열 기업
집단 출신자가 그 대상이다. 강의 내용은 퇴직 후의 일(커리어)과 삶(여
가, 관계, 건강, 재정, 가정 등)에 관한 이야기다. 이때 '앞으로 일과 다른 삶
의 영역과 균형을 이루어야 한다고 강조'하면서 '워라밸'을 소환한
다. 같은 '워라밸'이지만 이때 불러들인 '워라밸'은 그 의미의 결이
사뭇 다르다. 앞서 '저녁이 있는 삶'의 상징어처럼 보이는 '워라밸'은
일상의 관점에서 일과 여가(휴식, 휴가)의 맥락에 주안점을 둔다면, 내
가 즐겨 사용한 '워라밸'은 앞으로의 전 생애 관점에서의 접근이다.
일을 떠난 삶에서는 여가뿐만 아니라 가족, 재정, 관계, 건강 등도 존
재한다. 이러한 영역 또한 중요하고 소중한 삶의 가치이자 함께해야
할 삶의 영역이다. 지금까지 이 영역들을 삶의 어디엔가 부속시켰거
나 소홀히 할 수밖에 없었다면, 앞으로 이를 하나의 독립된 가치로
드러내자는 거다. 그런 다음 앞으로의 생애에서 일과 이러한 삶의 요

소들과의 균형을 어떻게 맞출지에 대한 고민을 해 보자는 데 주안점을 두었다. 단순히 일과 삶의 기계적 균형이 아닌 조화가 필요하다고 덧붙인다. 각자가 처한 환경과 조건, 추구하는 가치가 다르므로 '일'은 몇 퍼센트 그리고 '그 밖의 삶'은 몇 퍼센트라는 식의 형식적 균형을 추구하는 접근은 바람직하지 않을뿐더러 실제 실현 가능성도 희박하다. '워라하'라는 압도적인 말을 강의할 당시 익히 알았다면 부연과 사족을 조금은 더 줄일 수 있었으리라. 단 한마디의 언어의 힘은 그래서 위대하다. '워라인'도 한번 살펴보자. 당연 이 말을 몰랐으니 직접 쓰지 않았지만 '앞으로 주된 직장에서 퇴직 이후 세월이 갈수록 궁극적으로 일과 여가를 포함한 다른 삶의 통합을 지향해야 한다'라고 종종 목소리를 높였었다.

이제 내가 그동안 교육생들에게 내뱉은 수많은 말을 톺아보면서 상당 부분 나 자신의 삶으로 끌어들이려 한다. 나도 얼마 전 한 직장에서 31년간의 직장 생활을 마감하고 또 다른 삶을 살아야 하는 출발선상에 서 있다. 강의장에서의 내 목소리를 상기하며 이를 얼마만큼 끌어들일 수 있는지, 얼마만큼 의미 있는 삶으로 연결하는지, '워라인'을 추구하는 실험 무대에 올라서려 한다. 그 무대 대본을 관객인 독자 여러분과 미리 공유하고자 한다. 대본에는 제한된 강의 시간에 미처 못다 한 이야기도 상당 부분 있다. 그리고 온실을 떠나 잠시나마 마주한 광야에서의 사유와 성찰 과정에서 다가온 이야기도 덧붙인다. '자기 앞의 生'에 대해 진지하게 고민하는 사람이라면 모두가 관객이다. 새로운 삶을 고민하거나 준비하는 그 누구라도 초대하고 싶다. 관객으로 참여한 이후, 자신만의 무대를 꾸미고 직접 연출하는 데 작은 위로와 응원의 메시지로 남길 바랄 뿐이다.

이 책은 1, 2, 3부로 구성된다. 1부는 '일(커리어)', 2부는 '삶', 3부는 '워라인(일과 삶의 통합)'으로 크게 나누었다. 먼저 1부 1장은 일(커리어)의 의미와 본질에 대해서 살펴본다. 평소 잊고 지냈거나 묻어둔 일의 본질적 의미를 진지하게 살펴보는 가운데, 가야 할 길의 방향성이나 큰 그림을 그리는 데 레퍼런스를 찾기를 바란다. 그리고 2장은 일의 실제다. 새로운 일을 구상하고 설계하고 진입하기 위한 실제적 방법론을 제시한다. 사람마다 추구하는 일의 가치나 방향은 다를 수 있다. 따라서 번지수까지 인도하기에는 무리가 따르겠지만, 큰 대로변 입구까지는 찾아가는 데 결정적인 도움이 되기를 바라면서, 이에 필요한 내용을 구성해 봤다.

2부 삶에 대해서는 4개 장으로 나누어 각 주제별로 같이 사유할 수 있는 내용으로 구성했다. 3장은 여행, 4장 관계, 5장 소멸과 불멸, 6장 가족으로 구성했다. 각 장을 음미해 보면서 그동안 소홀했거나 잊고 지냈던 소중한 가치를 다시 발견하는 계기가 되길 바란다. 3부에서는 일과 삶 그리고 삶과 분리될 수 없는 죽음에 대해 다시금 생각해 보는 기회를 마련했다. 1부와 2부에서는 각각의 개별 나무를 바라보는 시선에 머물렀다면, 3부는 조금 더 먼발치에서 전체 삶이라는 숲을 바라보는 혜안에 가까이 다가서기를 바라면서 기술하였다. 이를 위해 7장 인간 발달, 8장 삶의 완성으로 구성했다. 하지만 구성 순서대로 꼭 읽을 필요는 없다. 관심이 가는 주제부터 먼저 읽어도 무방하다.

인생 6대 영역(일, 여가, 관계, 건강, 재정, 가정) 중 여가는 여러 가지일 수 있지만, 대표 주자로 여행을 앞세워서 삶에서 차지하는 여가의 의미를 살펴봤다. 건강과 재정(돈)은 마지막 장인 8장 '삶의 완성'이라는 주제에 포함해 전개했다. 흔히, 산업교육에서 '재정' 관련 주제는 재테크와 연결시켜 투자 방법론을 직접적으로 다루기도 한다. 금융시장 정보를 소개하는 수준이면 나름대로 의미 있지만, 마치 투자 정석처럼 다루면 자칫 위험 부담이 있는 교육 내용이 될 수 있다. 변화무쌍한 변인이 늘 따라다니는 재테크에 어떻게 왕도가 있을 수 있겠는가. 이 책에서는 돈의 가치와 돈의 사용 중심으로 다루었다. '인간 발달', 그리고 '소멸과 불멸'은 인생 6대 영역과 불가분의 관계에 있는 삶에서 중요한 요소인지라 별도의 독립된 장으로 구성하였다.

일과 삶의 통합(융합) 과정은 결국 기존 삶의 방식에서 탈주하여 새로운 삶을 찾아 나서는 과정이다. 연안의 바닷속을 바라보는 데서 머무르지 말고, 저 넓은 먼 대양으로 나아가 그 속에서 파도와 함께 호흡하며 심해의 바닷속을 바라보는 사유와 통찰로 이어지는 데, 이 책이 작은 도움이라도 되길 다시 한 번 소망해 본다.

2024년 4월

목차

추천사　4

프롤로그　5

PART 1

일

일이 알려 주는 소중한 이야기

1. 일의 의미　일의 본질적 의미는 무엇인가　14
2. 일의 실제　나에게 맞는 새로운 일을 찾는 방법　37

PART 2

삶

삶 속에 머물고 있는 잊혀진 질문

3. 여행　진정한 여가를 위한 여행은 어떤 모습인가　90
4. 관계　꼭 사람들과 관계를 유지하면서 살아야 하는가　127
5. 소멸과 불멸　죽음은 무엇이고 불멸은 가능한가　167
6. 가족　나는 가족에게, 가족은 나에게 어떤 존재인가　196

PART 3

워라인

일과 삶의 통합

7. 인간 발달　인간은 언제까지, 어디까지 발달할 수 있는가　236
8. 삶의 완성　삶과 죽음을 다시 생각하다　277

에필로그　324

참고문헌　326

Part 1 _____

Work

일

일이 알려 주는
소중한 이야기

1

일의 의미

일의 본질적 의미는 무엇인가

일의 기본 요소

생계 유지를 위한 일

일은 밥이다. 우리 몸이나 머리를 움직여서 밥을 얻는다. 움직이지 않으면 밥은 점점 멀어져만 간다. 생명력도 녹슨다. 사용하지 않은 기구만 녹스는 건 아니다. 인간의 역사는 일의 역사다. 선사시대부터 4차 산업혁명 시대가 도래하는 오늘에 이르기까지 일이 삶의 중심을 차지한다. 그 옛날 수렵 채집으로 식량을 구해 오지 않으면 자신과 가족은 굶어 죽을 수밖에 없었을 터다. 지금도 마찬가지다. 밥벌이를 아니하면 생존이 불가하다. 자신은 물론 부양하는 가족조차도. 그 옛날에는 주로 몸으로, 지금은 그 몸에 머리까지 더해 일을 한다. 머리로 하는 일이 많아졌다. 하지만 몸으로 하는 일도 여전히 있다. 문제는 일이 밥도 주지만 위험도 같이 안긴다. 주로 몸 위주로 하는 일 중 위험이 도사리곤 한다. 때론 생명까지 거두어 간다. 그 옛날 수렵 활동은 때론 목숨을 건 사투였을 것이다. 지금도 일속에 눌러붙은 위험이란 여전하다. 산업 발전과 함께 그 위험도 다양해졌다. 육체적 일이 줄어들어 위험도 줄어든 듯 보인다. 건설 현장에서의 산업재해를 제외하곤 말이다. 하지만 '중대재해처벌법'이 도입될 정도니 위험은 늘 어디선가 도사린다. 은밀해서 눈에 잘 띄지 않을 뿐이다. 서서히 죽음에 이르게 하는 산업재해 질병도 많이 생겨났다. 제대로 알 수 없는 질병에 대한 근본 원인이 논란을 거듭하기도 한다.

내 유년기 기억 속에도 '일'이 자리한다. 자랑스럽게 보였던 아버지의 누런 월급봉투다. 봉투 겉면에 세후 월급 액수가 적혀 있었다. 10만 원 단위가 아니다. 만 원 단위의 월급이다. 오만 원도 채 안 됐다. 아무리 당시 물가를 감안하더라도 완전 박봉이다.

70년대가 막 시작되는 무렵이었던 것 같다. '국민교육헌장'을 막 암송하다시피 했던 시절이었으니. 취학 전 아이 눈에는 돈의 가치를 정확히 가늠할 만한 시각이 전혀 없다. 하지만 분명 엄청난 액수는 아니었던 것으로 기억한다. 그런데 조금씩 공무원 처우가 향상되면서 얼마 후 10만 원 단위로 올라서더니 조금이나마 계속해서 오르는 걸 볼 수 있었다. 몇 년이 채 지나지 않아 깨달았다. 처음 본 아버지의 누런색 월급봉투는 정말 가벼웠음을…. 하지만 그 누구보다 자랑스러웠고 아직도 아버지의 그 누런색 월급봉투가 자랑스럽다. 그리고 그 봉투를 매달 쟁취한 아버지 모습이…. 손에 거머쥔 월급봉투는 솜털처럼 가벼웠어도 우리 가족에겐 금덩어리보다 훨씬 무거운 가치를 지녔다. 밥이자 대학 등록금이기도 했고, 오늘의 나를 만든 원천이었다. 일은 이처럼 위대하다. 일의 외피는 화폐로 환산된다. 하지만 일의 내면에 자리하는 가치는 환산이 어렵다. 존엄하기 때문이다. 조,

경 단위의 화폐로도 환산할 수 없다.

소설가 김훈은 가난한 시절을 오랫동안 보냈단다. 그 시절 많은 사람이 그랬듯이……. 소설가의 아버지는 일제강점기에 중국에서 독립운동을 했다고 들었단다. 이후 해방과 함께 좌우로 갈라선 한심한 국내 정세를 바라보며 방황하는 시기가 이어졌다. 명색이 작가였지만 밥벌이를 제대로 못 하는 작가였고, 밖으로만 나돌다가 숨을 거두었다. 당연히 가장은 어머니 몫이었다. 아마 이러한 뼈저린 가난의 경험이 그의 글 곳곳에서 '밥벌이'의 엄중함으로 나타나게 한 장본인이 아닐까 싶다. 산문집《라면을 끓이며》에서 "돈과 밥의 지엄함을 알라. 그것을 알면 사내의 삶의 가장 중요한 부분을 아는 것이고, 이걸 모르면 영원한 미성년자다."라고까지 얘기할 정도였다.

일은 때론 거룩하기조차 하다. 자연은 인간에게 생명(력)을 부여해 주므로 늘 거룩하다. 이에 반해 인간은 가치 있는 그 무엇을 위해 목숨까지 걸 때 거룩함의 경지에 다다른다. 나라를 위해 목숨을 바친 수많은 애국열사는 말할 것도 없고, 자신과 가족의 밥을 위해 목숨까지 걸면서 일하는 모습도 거룩하다. 내 유년 시절 기억에도 목숨을 건 일들이 존재한다. 당시에는 위험을 가늠할 줄 몰랐다. 그냥 희미하고 흐릿한 기억 속에만 조각조각 나 있을 뿐. 이제는 나름대로 분석과 해석, 추론, 그리고 성찰 과정을 거쳐 어떤 이미지로 명확히 다가온다.

그 기억 속에 탄광이 있다. 탄광 속은 전쟁터의 지뢰밭 같다. 언제 무너질지 모른다. 갱도가 막히는 거다. 지뢰를 밟은 순간이나 다름없다. 간신히 구사일생 지옥에서 귀환하는 경우도 있다. 그 반대도 한 번씩 뉴스로 전해진다. 당시 아버지가 구독해서 보신 〈한국일보〉와 TV 뉴스에서 탄광이 밀집한 강원도 태백, 정선 지역에서 발생했던 크고 작은 여러 탄광 붕괴 사고를 접했었다. 석탄을 캐는 행위 자체가 밥줄이자 때로는 자신의 목숨을 빼앗는 살상 무기와도 같았던 거다. 하지만 그런 끔찍한 사고를 보면서도 광부들은 또다시 탄광으로 발걸음을 옮긴다.

이 대목에서 당시 탄광촌 광부들의 애환과 아픔을 담은 시 한 편을 같이 살펴보자. 태백시 소재 장성광업소 채탄 광부 경험을 지닌 정일남 시인의 〈과거〉라는 시다.

> 줄 초상난 광부의 상여를 꾸미는 데도 이골났다
> 밤새워 다섯 초상집 오가다 보면 새벽이 왔다
> 젊은 미망인 된 새댁들
> 봄바람 따라 기차 타고 어디로 떠났던가

하루아침에 다섯 명의 동료 광부를 잃은 상실과 삶의 허무를 다룬 작품이다. 정일남 시인은 1985년 탄광 생활의 경험을 반영한 탄광 관련 작품을 수록한 《어느 갱속에서》 시집을 발간했다.

나의 유년 시절 기억에는 직접 보지는 못했지만 부모님이 들려주신 일과 관련된 이야기도 있다. 할아버지는 바다를 삶의 터전으로 삼아 자수성가를 하신 분이다. (할아버지 댁에 여러 명의 머슴을 둘 정도였다. 나도 본 적이 있다. 사랑채에 기거했던 머슴 아저씨를. 어떤 운명이었기에 머슴살이를 했던가.

이 아저씨에게 머슴이 직업이었던 거다. 이후 삶은 어땠을까. 부디 가정을 꾸리고 행복한 삶이었기를 바란다.)

당시 바다는 아버지의 서울 유학 비용까지 조달해 주는 능력자였다. 그 바다의 역동성이 오늘의 '나'라는 존재로 이어지게 한 '근원'이 된 셈이다.

할아버지가 활동했던 바다에 접한 어촌 마을에서는 한 집안 가장이 배를 타고 고기잡이를 하다가 바다에서 숨을 거둔 경우가 제법 있었단다. '누구네 집 누구도!, 누구네 집 아무개!'도 그렇게 바닷속 형체 없는 무덤에 묻혔단다. 그 묘소는 국내 연안뿐만 아니라 때론 수천만 리 떨어진 대양에까지 이어졌다. 망망대해에서 고기잡이를 하다가 시체조차 수습하지 못한 목숨도 동네 분 중 여럿 있었다. 바다는 파란색으로 치장한, 검디검은 탄광촌이었던 거다. 높은 파도로 전복되는 어선은 무너지는 막장이었다. 죽음을 데려가는 막장 속으로 또 다른 삶의 발걸음이 이어지듯, 바닷길을 따라 또다시 출어가 이어졌다. 그 질긴 생명력을 품은 바닷속으로 나아갔던 거다. 어부는 갱도 속 광부와 쌍둥이 형제였다.

1960, 1970년대 베트남, 독일, 중동 지역으로 참 많이들 떠났다. 밥줄을 찾아서 말이다. (지금 동남아, 중앙아시아 등지에서 이주 노동자가 우리나라로 몰려들 듯). 생명까지 위협받는 여건에서도 밥줄을 움켜잡기 위해 떠난 이름 모를 군인, 기술자, 광부가 많았다. 그 무리 가운데 나의 셋째 삼촌도(베트남 파병), 넷째 고모부(중동 기술자)도 계셨다. 이제는 두 분 모두 고인이 되셨다. 이러한 소위 '극한 직업'일 수 있는 위험하고 힘든 일

의 경험은, 당시 그 누구에겐 인생 마라톤 풀코스 중, 감당할 수 밖에 없는 마의 코스 구간이었다. 이처럼 생존을 위해 일로써 경제적 보상을 획득하는 게 가장 중요했던 시기가 오랫동안 이어졌다.

존재적 의미로서의 일

특히 농경시대에는 소수 특권층을 제외한 대다수에게 일이 밥이자 삶의 전부였다. 이후 산업화와 함께 근대화로 일의 의미도 확장됐다. 대규모 공장에서 일하게 되면서 경쟁 개념이 생겨났으며, 근대화의 상징인 개인주의가 기지개를 켰다. 이 가운데 일의 모습도 그 의미도 확장되었다. 단순히, 생계 유지를 위한 수단으로서의 의미뿐만 아니라 일터 속에서의 나의 위치, 나의 경쟁력, 나의 정체성 같은 존재적 의미와 깊은 관련성을 지녔다.

일로써 밥이 해결되면 어느새 일의 소중함은 잊혀진다. 대신 그 자리에 내가 왜 이 일을 하지? 살기 위해 꼭 이렇게 일해야 하나? 다른 삶은 없을까? 하는 상념들이 스멀스멀 기어 올라올 때가 있다. 이처럼, 일은 생존 그 자체의 문제 해결을 위한 의미에 국한하지 않고 '나는 도대체 누구인가? 일은 나라는 존재에 어떻게 자리매김되는가?'라는 존재적 이유와도 연관된 보다 확장된 의미 체계를 지녔다고 할 수 있다.

이처럼 정체성과 관련된 문제는 공동체 사회에서 타자와의 상호 작용 속에 나 자신뿐만 아니라 타자에게 궁금증을 유발하기도 한다.

나 자신이 이런저런 이유로 타자의 관심 대상 가시권으로 들어가게 되면, '나를 아는 사람에게 저 사람 뭐하는 사람이지?'라는 질문을 던지게 된다. (그 사람이 사회적 지명도가 있는 공인인 경우, 인터넷 조회로 바로 들어가기도 한다. 주요 경력 사항뿐만 아니라 '나무위키' 등으로 그 사람의 히스토리를 바로 읽어낸다. 그리고 판단한다. 그 사람의 정체성을.)

그 질문은 때론 중립이지만, 때론 부정적 관심의 표명일 경우도 있고 그 반대 또한 존재한다. '뭐하는 사람'은 동태적 의미를 내포한다. 일과 관련해서 말이다. 일은 자연스레 한 사람의 삶으로까지 연결된다. 일이 삶이 되는 것이다. 지금까지 머릿속에 스케치한 그 사람의 이미지에다, 그 사람의 직업적 일을 덧칠해서 한 사람의 삶의 이미지를 완성시킨다. 물론 평판까지 포함해서.

이처럼 곡선적인 인물 스케치뿐만 아니라, 직선적인 거리 측정도 있다. 대화 과정에서 직구를 던지는 경우다. 우리말보다 영어가 이를 선명히 드러낸다. What do you for living? 그대로 직역하면 '당신은 삶을 위해 뭐하는(무슨 일을 하는) 사람입니까?'다. 바로 직업을 묻는 질문이다. 한 사람의 직업(일)이 삶이 되는 거다. 이는 곧 한 사람의 삶의 정체성을 드러내기도 한다. 일 속에 자기 정체성까지 새겨지는 거다. 직업적 일은 무게로도 측정된다. 그 직업의 능력과 지위가 곧 무게가 된다. 그 무게는 자기 자신이 속한 조직 집단에서 정기적으로 측정해 돈으로 환산된다. 금융권에서도 이 무게 측정을 좋아한다. 그 사람의 연봉에다 지위를 포함한 무게 측정이 들어간다. 그 사람의 신용등급이 책정되는 거다. 이는 신용 대출에 직접적인 영향으로 곧바로 나타난다. 피부로 바로 와닿는 순간이다. 이는 곧 한 사람의 사회적 지위로 연결된다. 군대나 경찰 같은 직접적 계급 집단에 속하지 않지만, 자신도 모르게 자신의 사회적 계급이 몸에 스며든다. 이 계급은 영원히 지속된다는 믿음을 무의식에 새긴다. 양쪽 어깨에 부착된 견장이 이에 머물지 않고 뼛속까지 스며들게 한다. 인간은 마치 누구나 죽는다는 걸 알면서도, 자신은 예외라는 무의식적 바람을 내재하듯 말이다.

자본주의 시장경제 체제하에서 사회적 지위는 유통기간이 있다. 인적 자본이자 상품이기 때문이다. 정년이 마지노선이다. 상품에 스크래치 나거나 품질에 이상이 생기면 유통기한 이전에 폐기 처분되듯 사회적 지위도 마찬가지다. 뒤늦게 유효 기한을 깨닫기도 한다. 이땐 과감히 스스로 자신을 내던져 용도 폐기한다. '명예퇴직', '희망퇴직'이라는 명분에 실리를 더한 선택이다. 일에 있어서 밥 다음으로 중요한 것은 자신의 정체성이 위치하는 지점을 정확히 아는 것이다. 주된 노동 시장에서 얻은 사회적 지위는 자신의 영원한 정체성일 수 없다. 이 엄중하고 엄연한 사실을 평소 성찰하는 삶 속에서 늘 함께 해야 한다.

세상에 기여하는 의미를 지닌 일

직업으로서의 일도 생로병사 과정을 거친다. 그 시대상을 반영하여 생멸한다. 내 유년 시절 기억에 아스라이 있던 숱한 직업이 사라졌다. 손수레나 네모난 목재로 만든 통을 어깨에 메고 아이스 깨끼(아이스크림)를 팔던 아저씨도 있었다. 큼지막한 가위를 '찰그락 찰그락' 소리 내며 달콤한 엿을 파는 아저씨도 있었다. (물론 이 모습은 아직도 경복궁 같은 민속문화 장소 주변에 간혹 등장한다.) 시내버스나 시외버스 안내원(양)도 있었다. 출출한 겨울 저녁 '찹쌀떡' 팔던 아저씨의 '찹싸알~떠억~' 하는 중저음 목소리도 들려오곤 했다. 예배당 새벽 종소리에 이어, 두부 파는 아저씨의 새벽 종소리도 있다. 새벽 예배당 '종소리'가 영혼의 단백질을 선사했다면, 따끈한 김이 모락모락 나는 '두부'와 함께였던 종소리는 주머니 사정이 얇은 서민에게는 고단백질 영양소를 가져다주는 축복의 소리였던 셈이다. 아이스 깨끼 아저씨, 엿장수, 버스 안내양, 찰싹떡 아저씨 등 이 분들 모두는 필요 물자와 서비스를 제공하는 고마운 분들이셨다. 세상에 이 모양, 저 모양으로 기여한 셈이다. 그러나 이 세상이 더 이상 필요치 않거나 다른 방식을 원하면, 이러한 직업적 일은 쉽사리 사라지거나, 다른 형태로 변형되거나 흡수된다. 그사이 얼마나 숱한 직업이 생겨났고 지금도 생겨나고 있지 않은가. 4차 산업혁명 시대를 향한 IT 기술 발전과 더불어서 더욱 가속화되고 있다. 그중 대표적인 몇 가지만 열거하면, 프린팅운영전문가, 증강현실전문가, 빅테크전문가, 핀테크전문가, 사물인터넷전문가, 스마트팜구축전문가 등 각 산업별로 새로운 직업이 계속해서 생겨나고 있다. 지금 이 순간에도 생성, 변경, 흡수, 해체가 직업과 세상과의 상호작용을 거쳐 진행되고 있다. 이러한 직업적 일은 인간의 삶을 중심에 두고 거미줄보다 더 촘촘하게 서로 간 연결돼 있다. 우리 인간 삶의 편리를 쫓아서 말이다. 일의 생명력은 수요를 기반으로 한 그 일이 세상에 기여하는 정도에 따라 결판난다.

　그럼 그 직업(일)과 함께하는 개별 존재는 어떠한가. 어떻게 평가되며, 개인은 그 일을 어떻게 인식하는가? 인적자본시장에서 개인은 기여 가능성 정도에 따라 값이 매겨져 거래된다. 그런 다음, 먼저 해당 조직집단에 기여를 해야 한다. 이는 다시 세상 기여로 이어진다. 따로국밥이 아니다. 결국은 비빔밥이 되는 것이다. 우리는 지극히 당연한 이 사실을 잊고 지낼 때가 많다. 대가 없는 사회 봉사만이 세상에 기여한다고 착각한다. 세상을 향한 착시인 셈이다. 이렇게만 세상을 바라보면, 오직 생계 유지와 조직 집단에서의 지위에만 천착하여 일을 바라보게 된다. 자신의 정체성과 관련된 사회적 자아도 실종된다. 자기 성취와 함께 사회적 기여를 통한 자아실현은 설 자리를 잃어버린다. 매일같이 일 속에서 허우적댄다. 나는 이 일을 계속해야만 하나라는 근본적 물음에 휩싸인다. 그러다가 이 직장, 저 직장 기웃거리다 옛 직장을 그리워하기도 한다. 다행인지는 모르지만, 또 다른 사람들은 뚝심 하나로 '인생은 그냥 버티는 거야' 전략을 스스로 터득해 한 직장에서 유통기한 만료 시점 가까이 가는 경우도 흔하게 볼 수 있다. 특히, 대기업처럼 비교적 월급봉투가 묵직한 조직 집단일수록…. 어떠한 삶이라도 여운이 남듯, 유통기한을 앞두고 스스로 용도 폐기한다 해도 여운은 있게 마련이다. 조직 내 경쟁 대열 속에서 눈앞의 연봉, 조직 내 지위에만 연연하면 아쉬움은 더 클 수밖에 없다. 경쟁 대열 속으로 사회적 기여가 들어올 틈이 없다. 이를 생각할 여유조차 없다. 세상에 대한 기여 가치를 경쟁 보상보다 더 앞줄에 놓게 되면 어떠한 현상이 일어날까. 당장은 조직 내에서 뒤처진다 느낄 수도 실제로 그럴 수도 있다. 하지만 이게 전부는 아니다. 그보다 더 중요한 일의 가치, 일의 사명을 인식하면서 인생 전체를 상정하면 결코 뒤처지는 인생 마라토너가 아니다. 일 속에서 잠재력이 개발됨을 발견하고, 자기 성취를 이끌어 내고 세상에도 선한 영향력을 주는 자신과의 만남이 이뤄진다. 이에 더없이 충만한 자아를 발견한다. 날로 풍요로워지는 삶을 절감한다.

그럼 나 자신은 조직 내 경쟁 대열에서 어떤 모습을 담아냈을까. 한때는 아니 상당 기간 경쟁 보상에서 뒤지지 않는 전략만 주로 고수했던 것 같다. 하지만 다른 사람의 성장을 직접적으로 돕는 '커리어 컨설팅' 업무를 수행하면서 관점의 변화가 생겼다. 임원도 그다지 부럽지 않았고, 사회적 자아실현 같은 이상적인 의미를 쫓지 않더라도 언제부턴가 일 가운데 보람이 스며듦을 느낄 수 있었다. 어떤 이에게는 재취업 알선으로 빠른 생계 수단을 복원해 줬고, 또 다른 길에 선 자에게는 가야 할 길의 방향을 안내하는 '등대지기'를 자처했다. 상담과 코칭, 강의라는 일선 현장에서 직접적인 부대낌 속에서 말이다. '임원의 옷'을 벗고 새로운 길에 선 이들에게도 또 다른 '인생 의상' 찾는 법도 알려 주었다. 이러한 상호작용으로 나 자신도 배우고 성장했다. 바로 교학상장이다. 이 안에 일에 관한 모든 가치와 의미가 내포된 게 아닐까. 밥, 정체성, 자기 성취, 사회적 기여, 지속 가능한 일로서의 가치까지 말이다. 이 모든 게 바로 일을 넘어 풍요로운 삶을 향하는 길임을 분명히 드러냈다.

커리어와 인생

커리어의 의미

세월의 변화와 더불어 개별적 존재자의 일의 역사는 이런저런 모양을 띠며 그들 삶 속을 관통한다. 태동하고 영위되고 쇠퇴한다. 그리고 또 다른 형체의 일을 마주하고, 또 바뀌고 이어져 나가는 과정이 되풀이된다. 이처럼 세월과 함께 일군 일(Job)의 집합체가 바로 커리어(Career)다. 커리어의 어원은 라틴어 'carrus'에서 유래됐다고 전해진다. '카루스'는 로마인이 사용한 마차 또는 마차의 경주 트랙이다. 당시 로마의 최고 스포츠이자 사회적인 행사가 바로 전차 경주였다. 정해진 길 위에서 빠른 속도로 경쟁하는 게임이다. 우리도 인생길에서 달리고 넘어지고 또 일어서 달리면서 생존 게임을 하며 살아왔고 지금도 살고 있고, 또 살아가야 한다.

커리어는 우리말로 흔히 '경력' 또는 '진로'로 번역된다. 과거 지향의 경력과 미래 지향의 진로를 모두 포함한다. 로마 시대 전차 경주가 과거의 트랙을 지나 현재 지점을 통과하며 결승선을 향해 달려가듯, 커리어는 미래를 향해 나아가는 진행형이다. 진행형일 때 커리어는 생명력을 유지한다. 과거에 갇힌 경력은 추억일 뿐이다. '라떼('나 때는 말이야'의 속어)'가 된다. 미래를 향하지 않는 현재의 경력은 불안을 내포한다. 언제 시들지 모르는 피어있는 꽃과도 같다. 당장은 화려해 보이는 경력일지 몰라도 내일이 보장되지 않는다. 아무런 일도 않고 가만히 서 있는 듯한 저 소나무가 그저 공짜로 푸르른 저 옷을 입고만 있을까. 저 소나무도 스스로 햇빛과 토양에서 자양분을 빨아들이며, 푸른 생명력을 유지하는 것이다. 게다가 자신의 외피를 벗어서 자양분을 만든다. 일련의 광합성 작용으로 사시사철 생명력을 이어나가는 거다. 커리어도 이처럼 광합성 작용을 해야 한다. 쉼 없이, 때론 거듭나야 한다. 현재 보유한 전문성을 기반으로 차별화된 영역과 만나 전략적인 제휴도 필요하다. 나아가 화학적 반응을 통해 거듭나야 한다.

직업 선택과 진로발달

진로발달이론의 대가인 수퍼(Donald E. Super)는 전 생애(life span) 진로발달 관점에서 5단계의 발달 단계를 설명하고 있다. 1단계는 자신의 흥미, 능력, 태도 등이 싹트고 발전하는 '성장기(출생~14세)', 2단계는 자신에게 맞는 직업을 찾고 특정 직업에 대해 노력하는 '탐색기(15~24세)', 3단계는 취업 후 자신의 직업적 진로를 명확히 구축하여 자립하는 '확립기(25~44세)', 그리고 4단계는 직업적 정착 및 안정을 구가하는 '유지기(45~65세)', 그리고 마지막 5단계는 은퇴 계획 및 이를 실행에 옮기는 '쇠퇴기(65세 이후)'로 규정하고 있다. 사람들은 전형적인 5단계를 거치지만 모두가 직선의 형태를 취하지는 않는다. 21세기 이후 수많은 사람이 탐색기, 확립기, 유지기의 3단계가 상호작용하는 소순환을 경험하고 있고 수퍼 자신도 이를 인정하며 이론 수정을 제안했다(황매향 外, 2013).

실제로 내가 기업에서 근무할 당시의 경험을 살펴보건대, 수퍼의 진로발달 단계상 '유지기'에 해당하는 수많은 50대 연령기의 퇴직자가 탐색기 단계로 돌아가 새로운 일을 준비하고, 이후 그 세계에 진입하여 매진하는 확립 단계를 거치고, 일부는 오랜 기간 안정적으로 직업 활동을 이어가는 유지 단계를 구가하는 걸 지켜볼 수 있었다.

한편, 수퍼는 직업 선택 과정을 다른 생애 역할의 맥락 속에서 이해하려 했고, 이를 '살아가면서 자신의 인생을 만드는 것'이라고 하였다. 수퍼는 개인이 동시에 수행해야 하는 6가지 중요 역할을 자녀, 학생, 배우자, 직업인, 시민, 여가인으로 보고 있다. 물론 이 6가지 역할은 전 생애 기간 중 수행 기간의 차이가 있고, 그 역할의 수행 강도 또한 연령별로 차이가 날 수밖에 없다. 따라서 진로(직업) 선택 과정은 자신의 전 생애 역할의 맥락 속에서 자신의 흥미, 가치, 능력 같은 자아 개념이 반영되어 구현된다고 할 수 있다. 이와 더불어 자신이 현재 처한 삶의 장면에서 중요도와 시급성 등을 고려해 진로 선택 과정이 이뤄진다. 때로는 이러한 생애 역할을 수행하는 과정에서 역할과 역할 간 충돌이 일어나는 경우도 발생한다.

내 경우를 살펴보자. 직장 생활이라는 직업인의 역할을 수행하면서, 대학원 학생 역할을 수행해야 했고, 다른 한편으로는 자녀로서의 역할인, 연로한 어머니를 부양하는 의무를 동시에 수행해야 했었다. (부모가 자식을 '양육'하는 데서 자녀가 부모를 '부양'하는 의무로 임무 위치가 서로 바뀐 거다.) 편의상 동시 수행이라는 표현을 썼지만 실질적으로 신이 아닌 이상 연속되는 시간의 속성상 물리적으로 동시에 이룰 수 있는 역할 수행은 있을 수 없다. 소위 업무 수행 과정에서도 '멀티태스킹'이라는 표현을 동원하지만, 동시 다발적으로 수행할 수 없다. 결국은 '우선순위'를 정한 뒤 수행해야 한다. 돌이켜 보건대, 내 경우 우선순위를 정해 아무리 효율적인 역할 수행을 추구했어도 그 과정에서의 갈등과 딜레마, 스트레스 역시 동시 수반할 수밖에 없었다. 직업인, 학생, 자녀로서의 주요 역할 수행 과정에서, 나 자신의 삶의 가치와 의미를 늘 염두하며 지금 이 순간 가장 중요하게 먼저 수행해야 할 건 뭐고, 후순위로 정해야 할 건 뭔지 늘 성찰하는 가운데 실천하는 자세가 필요했다. 그래서 대학원 수업은 주로 토요일에 배치해 강의를 듣고, 그다음 근거리에 위치한 어머니 댁을 방문하는 방식을 취했다. 시간 관리 차원에서 이동 동선까지 감안했고, 평일 직장 업무 수행에도 부담을 최소화하려는 선택이었다. 그래서 자칫 쉽게 찾아올 수 있었던 '직장 생활을 하며 대학원 공부도 하고 연로하신 어머니도 매주 찾아뵈면서 일정 시간 함께할 수 있겠는가?'라는 생각의 벽을 뛰어넘을 수 있었다.

진로발달 단계 6단계 중 노년기 이전의 40, 50대를 포함하는 중년기의 상당 부분을 차지하는 '유지기'를 주목할 필요가 있다. 이 단계에서는 특별한 노력이나 변화를 시도하지 않고 안정적으로 직업 생활을 유지하는 게 아니라, 지속적인 노력을 전제로 지금까지 이루어 낸 것을 지속적으로 유지하는 '보유', 직업 관련 지식과 기술을 새롭게 업그레이드하는 '갱신', 다른 업무 방식을 시도하거나 새로운 도전 과제를 성취하는 '혁신'의 기간을 거치게 된다. 이처럼 보유-갱신-혁신의 과정은 한 직장에서 동일 직무 내 이뤄질 수도 있고, 타 직무와 결합 또는 직무 전환으로 구현할 수도 있다. 내 경우, 인사(총무)와 기획 업무를 바탕으로, 생소한 '부동산개발 프로젝트 기획업무'를 수년간 수행한 경험이 있다. 이 기간은 갱신과 함께 혁신의 기간이었다. 업무 수행 중 찾아오는 생소한 용어나 실무 이해 부족은, 전문서적 탐독과 함께 우선 빠르게 섭렵했다. 한편, 관련 분야 전문가에게 묻고 또 묻는 과정에서 빠른 이해를 통해 이들과 조기에 어깨를 나란히 하는 단계까지 갈 수 있었다. 그룹 최고 의사결정권자 보고용 '기획서' 주필 역할까지 했다. 한편, 기존 교육, 인사 관련 업무는 커리어 컨설팅 업무를 수행하는 데 지렛대가 됐다. 여기에 이론적으로 무장해 조기 전력화가 가능했던 거다. 전문 자격 취득(직업상담사 1급, 평생교육사 2급)으로 자격이 말해 주는 형식과 룰을 직무 내용에 자연스레 스며들게 했다. 또 다른 갱신과 혁신이 거듭된 셈이다.

고령화와 더불어 정년 연령이 느는 추세지만 아직까지는 유지기에 해당하는 연령인 65세 이전에 대부분 직장에서 퇴직하게 된다. (교수 같은 일부 직업은 65세가 정년이지만)

진로발달이론을 정립한 수퍼는 1994년에 세상을 떠났다. 30년의 세월이 훌쩍 흘렀다. 이 기간 동안 인간의 수명도 많이 늘었다. 노동 시장에서 계속해서 일하고 싶어 하는 나이대는 OECD 평균도 우리나라도 72세 수준까지 올라서서 수년간 이를 유지하고 있다. 아마 수퍼가 지금도 생존했다면 자신의 진로발달단계 '유지기'를 최소 70세이상으로 상향 조정했을 것이다. 나는 '유지기'의 상한 나이를 65세가 아닌 75세로 상향 조정하는 게 타당하다고 생각한다. 실상을 반영하지 못하는 이론은 그 생명력의 한계에 부딪칠 수밖에 없다.

이러한 맥락에서 바라보면, 아무리 법적 정년 60세를 채웠다고 하더라도, 내가 주장하는 75세와는 15년이라는 공백 기간이 발생한다. 이 기간을 무엇으로 채울 것인가. 세월 속 바람에 실려 온 모래로 뒤덮인 사막 언덕이 되도록 손 놓고만 있을 텐가. 아니면 오랜 기간 경작으로 황폐해진 땅에 다시 거름을 주고 복토까지 해서 또 다른 2모작, 3모작으로 수확하는 넉넉한 들녘을 만들어 낼 텐가. 이를 위해서 우선 시월의 풍요로운 누른 들녘을 내 시야로 가져와야 한다. 나 자신만의 상상력을 동원해서. 그리고 자신만의 페이스로 하나하나 이를 실행에 옮겨야 한다. 이게 일상이어야 한다. 이러한 일상이 모이고 쌓여서 미래의 현실이 된다. 이게 바로 실현된 꿈의 모습이다.

그럼 '유지기' 연령대에 있는 나는 어땠을까. 나는 나 자신을 위해서 퇴직 이후 남은 '유지기' 기간을 어떻게 계획하고 무엇으로 채우려고 했을까. "이에 대하여 나름 정립돼 있지 않은 채로, 상담과 강의를 하는 건 교과서적 내용을 전달하는 '메신저' 기능에 머무르는 데 불과하다."라는 생각으로 상담과 강의 현장에서도 나 자신을 그 상황에 대입하곤 했다. 이로써 퇴직 이후의 내 모습을 그려 나갔다. 그려진 모습은 어떤 모양을 띠는가. 그리고 그 모양을 만들려고 무엇을 하고 있나. 사뭇 궁금해질 수도 있겠다.

미리 그려둔 일의 모양은, 박사과정 입학 후 휴학 상태에 있던 학업을 우선 재개하고 더불어 대학 강단에 서는 거였다. 아울러, 글쓰기였다. 우선 내가 강의했던 주제와 관련 책을 발간하고 칼럼도 쓸 계획이었다. 아울러, 외부 강의도 바로 나가는 거였다. 물론 강의 의뢰도 있었다. 그러나 변수가 찾아왔다. 허리 건강 문제가 개입했다. 원점에서 재점검하고, 우선순위를 재설정해야 했다. 드로잉 작업을 다시금 시작했다. 그림 구도상, 맨 전면에 배치했던 박사과정은 뒷배경으로 물러났다. 건강 회복이 제일 전면에 배치됐다. 이와 더불어 글쓰기와 원래 계획했던 피아노 배우기가 진행 중이다. 피아노는 단순히, 악기 배우기를 넘어선다. 글쓰기와의 연결도 고려 중이다. 피아노를 배우며 글쓰기의 영감을 얻고 상상력을 키우려 한다. 다시 별도 언급할 기회가 있으리라. 그렇다. 당시 처한 상황과 생애 역할의 맥락 속에서 계획 수정이 불가피할 수도 있다. 내 경우 수정이나 변경이라기보다는 원래의 기본 틀 속에서 그림의 구도상 조정이 있을 따름이다. 앞뒤, 좌우로 계획했던 위치 조정과 드로잉 순서만 다를 뿐이다. 설상 실제 계획이 틀어지거나, 목표했던 지점에 다가서지 못하면 또 어떤가. 그 과정에서 얻을 수 있는 삶의 신성한 가치와 존엄성만 발견해도 이미 '유지기'의 인생 그릇은 차고도 넘친다고 가히 말할 수 있겠다.

일해야 하는 진정한 이유

기업에서 일과 관련 강의를 할 때 교육생들에게 다음과 같은 질문을 던지면서 시작하곤 했다. '퇴직 이후에도 과연 일을 할 것인가?'라고. 이런 질문은 그 누구에게는 자신과는 무관한 소위 배부른 사람에게나 해당된다 힐난할 수 있다. 일하고 싶어도 일자리가 없어서 못하는 그 누구에겐 사치스런 이야기로 들릴 수도 있다. 이 대상자들은 대부분 진로발달 단계의 '유지기'에 해당하는 중장년층이고 나름대로 어느 정도 경제력을 확보한 대기업 출신이다. 그래서 개인 상담을 하다 보면 앞으로 일을 할 건지 아니할 건지 고민하는 사람이 제법 있다. 그래서 돌직구를 던지면서 확인 작업부터 들어간다. 이들의 반응이 어떨 것 같은가. 예상했던 바와 큰 차이가 없다. 주로 거수로 확인하는데, 교육 차수마다 조금씩 차이는 있지만 퇴직 이후에도 '일하겠다'가 삼분의 일, '좀 쉬면서 생각해 보겠다'고 유보적인 답변이 삼분의 일, '일을 안 하고 쉬겠다'는 응답이 삼분의 일 정도로, 대략 엇비슷한 삼등분 양상으로 나타나곤 했다. 그리고 이어서 질문을 다시 한다. '일이라는 게 꼭 돈과 관련된 직업적 활동뿐만 아니라 사회공헌이나 자기개발 차원의 배움 활동도 포함된다.'라고 일의 범위를 확장해서 설명한 후 질문을 다시 하면, 삼분의 이 정도가 자신 있게 손을 들고 삼분의 일 중 일부는 들까 말까 주저하고, 일부는 미동도 않는 장면이 연출된다. 미동조차 않는 교육생은 아마 번 아웃 상태인 것 같았다. 지금까지 얼마나 힘들게, 그리고 치열하게 일해 왔길래 저럴까 하는 안타까움과 서늘한 연민이 밀려오기도 했다.

일의 범위를 재취업에서 보다 확장된 영역으로 끌고 나가면 많은 사람이 동의하고 이를 인식한다. 일은 계속해야 된다고. 굳이 '건강한 자아', '자존감 유지' 더 나아가 '자신의 유용성 확인' 같은 이상적인 수사를 나열하지 않더라도 대체로 공감하는 분위기다. 개인적으로 아는 친구나 비슷한 또래 선배들과의 사적 모임에서도 '일을 계속해야 한다'라는 의견이 늘어나는 걸 감지할 수 있다. 그런데 문제는 이러한 분위기에서도 현재의 주된 일자리에 머무르는 동안에는 이런 저런 이유로 향후 계획 수립은 물론이고 생각조차 유보하는 경우가 대부분이다. '그때 가서 생각해 보지'라고 말이다.

그러다 퇴직 이후 6개월 정도 쉬다가 회사로 찾아와 무력감을 호소하는 경우를 여럿 볼 수 있었다.

문제는 이런 유형의 고충을 늘어놓는 사례가 많음을 주목할 필요가 있다. 왜일까. 왜 이런 현상이 일어날까.

바로, 실존적 허무다. 남들같이 매일 숨 쉬고, 밥도 잘 먹고, 운동도 하면서 일상을 잘 영위해 가는 것 같지만, 삶에 대한 재미나 살아가는 의미를 못 느끼는 상태, 즉 무기력해지고 무력감에 빠지는 상태라고 할 수 있다.

이 '실존적 허무'는 빅터 프랭클의 자전적 에세이 《죽음의 수용소》에 등장한다. 나치 강제 수용소에서 참혹한 고통을 경험한 그가 깨달은 건 '인간은 의미로 충만한 존재'라는 것이다. 삶에 대한 희망이라곤 그 어디서도 찾을 수 없는 극한 상황에서도 나를 나답게, 인간을 인간답게 하는 결정적인 힘이 바로 '삶의 의미'다. 이후 그는 이러한 경험 분석을 바탕으로 '로고테라피'라는 새로운 정신분석 기법을 내놓게 된다. 이 책에서 이를 소개하는 과정에서 실존적 허무를 언급하는데, '연금생활자'처럼 아무리 경제적으로는 안정되어 있어도 별다른 일을 하지 않으면 이러한 실존적 허무에 취약할 수밖에 없다는 취지로 언급하고 있다.

앞서 언급한 무력감을 호소한 퇴직자의 사례처럼 경제적 안정 뒤에 찾아오는 목적 없는 삶이 존재 이유를 상실하게 하고 두 겹 세 겹으로 겹쳐지는 무력감과 무기력이 우연 아닌 필연처럼 찾아올 수 있다.

지금은 고인이 된 내 아버지는 공무원으로 정년퇴직을 하셨다. 이후, 대부분의 여생인 30년 이상을 연금생활자로 운동과 취미 활동을 하면서 지내오셨다. 운동은 매일 새벽 규칙적으로 집 앞에 있는 수리산을 두 시간 이상 등산하시고 아침 식사 후에는 서재에서 붓글씨 쓰기에 몰입하곤 하셨다. 여러 붓글씨 대회에 출품해 수상할 정도로 수준급이셨다. 이렇게 매일같이 운동과 취미 활동을 해오신 분도 실존적 허무의 덫에 걸릴 수 있음을 어느 날 아버지와 대화하는 과정에서 알아챘다.

어느 주말, 부모님 댁을 찾아뵀을 때 아버지 모습에서 이름모를 쓸쓸함이 느껴져서 "아버지! 요즘 어떠세요? 아니 하루하루 삶이 어떠세요? 재미있으세요? 어떠세요?"라고 여쭤보았다. 평소 과묵하신 아버지 입에서 자연스레 "재미있지도 그렇다고 아주 재미 없지도 않다. 그저 그렇다."라고 하셨다. 그런데 당시 그 말씀 앞에서 나는 잠시 스치는 허무주의의 그림자를 발견할 수 있었다. 이러한 실존적 허무가 악화되면 그야말로 약도 없는 고약한 '일요병'으로 발전한다. '월요병'이라는 말은 많이 들어 봤어도 '일요병'은 낯설 수도 있다.

지금 주 5일 근무 형태의 주 40시간 근무제가 도입되기 이전에는 토요일에도 출근했다. 내가 바로 그 세대다. 월급쟁이 대다수가 그렇 듯 나 또한 그 당시 일요일만 기다리며 한 주를 버티곤 했다. 일요일 이 되면 밀린 잠을 보충하고 피로를 푼답시고 아침 먹고 자고 점심 먹고 또 자고의 패턴이 다반사였다. 그런데 바깥에 아직 어둠이 찾아 오지 않은 오후 4시경이 되면 더 이상 잠이 안 온다. 그렇다고 피로 가 말끔히 가신 것도 아니다. 오히려 머리는 더 묵직해지고 기분도 찝찝하다. 이름 모를 옅은 슬픔도 스친다. 이것이 누적되면 바로 일 요병이다. 이를 내 앞의 남은 인생에 대입시켜 보자. 소름돋고 끔찍 하지 아니한가.

미국 심리학자 애릭 클링거(Eric Klinger) 교수는 "인간의 뇌는 목적 없는 삶을 견딜 수 없다"라고 하였다. 자기가 어떤 일을 하며 자신의 존재 가치를 드러낸다고 느낄 때 의미가 더해지는 자신을 만날 수 있 다. 돈 버는 일이 아니어도 좋다. 일을 통해 삶의 의미와 자주 자주 조우할 수만 있다면.

2

일의 실제

나에게 맞는 새로운 일을 찾는 방법

생애경력설계와 패러다임

생애경력설계란?

 '생애경력설계'라는 용어는 어떤 의미와 느낌으로 다가오는가. 학문적으로 정착된 용어가 아닌 산업 교육 현장에서 많이 사용되고 있다. 자신의 전체 생애에 걸쳐 경력을 어떻게 설계하고 개발해서 이를 활용할지 총체적 계획과 함께 실천의 의미까지 포함한다(최성재, 2020). 개념상으로는 HR 분야에서 다루는 경력관리(Career Management), 경력경로(Caree Path) 같은 일반적인 인사관리 내용까지 포괄한다고 할 수 있다.

 하지만 실제적으로는 주된 일자리에서 벗어난 후 재취업을 포함해 남은 생애 기간 어떤 일을 하면서 보낼지에 대한 의미로 많이 사용된다. 기존 경력을 활용한 전직, 기존 경력과는 무관한 분야로의 진출은 물론이고 이를 위한 새로운 경력 탐색, 경력 개발 등 사전 준비 과정도 포함된다. 이를 위해 무엇부터 어떻게 시작해서 필요 과정을 잘 헤쳐 나가면서 생애 경력을 계속해서 밝게 빛나게 할 수 있을

지 살펴보자.

먼저 주된 일자리에서 벗어났을 때 접근할 수 있는 생애 경력 시장이 어떻게 형성돼 있고, 그 속에 경력 상품(job)이 어느 정도 빈번하게 거래되고 있으며 가격대(연봉 수준)는 어떻게 책정되는지를 포함한 전반적인 탐색과 이해가 선행돼야 할 것 같다. 그리고 그 속에서 나의 보유 경력과 적성, 처한 환경 조건 등을 감안해 나의 경력 상품(job)을 어느 시점에 어떤 방식으로 거래할 건지 검토해야 한다.

이러한 과정이 계획적이고 체계적으로 이루어져, 바라는 바대로 이뤄지면 생애 경력 시장에서 대어(원하는 일자리)를 낚게 된다. 그런데 익히 잘 아는 바처럼 변화무쌍한 인생 바다에서는 순순히 원하는 고기(일자리)가 잡히지 않을 수 있다. 특히 계절과 계절의 경계에 있는, 간절기를 보내는 사람에게는 더더욱 그럴 수 있다. 그래서 간절기 외출 시 기온 변화에 바로바로 대응하게 여벌을 준비하듯, 원하는 한 가지 경력 상품에만 국한하지 말고 현실적인 조건을 충분히 검토하고 반영한 대안 경력 상품 준비도 동시에 고려할 필요가 있다.

초고령화와 일의 패러다임

인구구조 변화로 인구 감소, 지역 소멸, 초고령화 사회 임박이라는 3大 인구 리스크를 2021년 7월 정부에서 발표한 적이 있다. 굳이 정부 발표가 아니더라도, 세 가지 모두 충분히 예견 가능한 문제로 대다수가 짐작했으리라. 이 중 초고령 사회라는 울타리 안에 머무르는 개별 존재에 어떤 변화를 가져다줄지 살펴보는 것은 이를 미리 대비하고 준비하는 데 상당한 의미가 있을 것으로 판단된다. 초고령 사회는 65세 이상 고령인구가 전체 인구의 20% 이상을 일컫는다. 우리나라의 경우 베이비 부머 세대의 은퇴로 세계에서 가장 빠른 속도로 진입 중이다. 정부에서는 2025년에 진입할 것으로 전망한다.

인구의 연령 특성을 파악하는 데 유용한 자료로 총 인구를 나이순으로 줄 세웠을 때 가장 한가운데 위치하는 나이인 중위 인구가 활용되고 있는데, 통계청에 따르면 2023년 현재 대한민국의 중위 연령은 45.6세로 2030년에는 50세에 육박할 것으로 전망하고 있다.

그럼, 초고령 사회에서 일은 우리에게 어떤 모습으로 다가올까. 무척 궁금해지는 대목이다.

미래학자들은 평생직장, 평생 직업의 시대는 저물고 평생 세 분야에서 5개 직업, 19개 이상의 서로 다른 직무에서 종사할 거라고 주장하며, 40, 50, 60대 이상도 교육이 필요하다고 강조한다.

영국 런던 비즈니스 스쿨의 린다 그래튼(Lynda Gratton) 교수는 자신의 저서 《100세 인생》에서 연령대별로 교육-일-여가라는 정형화된 3단계 모형에서 교육-일-여가가 수시로 발생하는 변화무쌍한 다단계 모형으로 변화를 예고하고 있다. 이제 3단계 삶에서 벗어나라고 강조한다. 지금까지 전통적 사회에서는 20~30세까지 학교 교육을 받고 입직하여 50~60세까지 직업 생활을 하다가 은퇴한다. 이후 10~20년 정도 안락한 은퇴 생활을 하다가 생을 마감하는 모형이었다고 할 수 있었다. 그래서 큰 변화가 일어나는 과도기는 교육에서 일(직업 활동)로 넘어가는 시기와 퇴직 후 은퇴 생활로 넘어가는 시기로, 인생에서 두 번 정도 찾아온다고 봤다. 하지만 다가올 100세 시대에서는 그에 걸맞게 오랫동안 일자리에 머물러야 하므로 이전처럼 정규 교육 과정 종료로 자신의 역량 개발이 끝나는 게 아니다. 새로운 직업으로 전환하려면 이에 필요한 기술, 지식 등의 재무장이 필요하므로 여러 차례에 걸쳐 교육받을 수밖에 없는 현실에 직면한다는 것이다. 이렇게 교육과 일, 그리고 여가가 수시로 일어나므로, 이에 따른 삶의 변화 시기인 과도기도 수시로 찾아오는 구조로 변하고 있다고 주장한다.

그러면서 이러한 과도기를 슬기롭게 잘 헤쳐 나가려면 일을 수행하는 데 필요한 기술과 기능 같은 '생산 자산'도 중요하지만 무형자산 중 하나인 '변형 자산' 또한 중요하다고 이야기하고 있다. 이 책에서 크게 세 가지를 언급하는데, 첫째 자기 인식, 두 번째 다양한 네트워크에 접근할 수 있는 능력, 세 번째로 새로운 경험에 대한 개방적 태도를 들고 있다.

우선, 자기 인식부터 살펴보자. 그녀는 "삶이 길어지면 당신이 어디에서 출발했는가가 아니라 어떤 일을 하는가에 따라 당신의 정체성이 결정된다"라고 했다. 이를 위해 자신이 무엇을 좋아하는지, 무엇을 싫어하는지, 다시 말해 어떤 일을 좋아하고 싫어하는지를 명확히 해두는 게 중요하다. "이러한 자기 인식은 미래의 각 단계 성공 가능성을 높여 주고 변화가 정체성을 위협하지 않도록 해 준다"라고 주장한다.

그리고 두 번째, 다양한 네트워크에 접근할 수 있는 능력이다. 그녀는 "변화는 고립된 상태에서도 일어나지 않고 기존 인간관계를 통해서도 일어나지 않는다"라고 했다. 그리고 "이러한 네트워크가 당신이 잘 모르는 사람으로 확대될 때 신기한 정보를 많이 접할 수 있다"라고 했다. 이러한 인적 네트워크뿐만 아니라 SNS 등 다양한 네트워크에 접근할 수 있는 능력을 길러야지만 변화에 능동적으로 대처할 수 있다.

마지막으로 새로운 경험에 대한 개방적 태도다. 그녀는 "다른 사람들이 일하고 살아가는 방식에 대한 호기심이 있어야 하고, 새로운 것 때문에 발생하는 명확하지 않은 측면을 불편하게 여기지 말아야 한다"라고 했다. 나이 들수록 익숙한 것, 많이 해 왔고 접했던 것만 고집하는 경향이 있다. 나 또한 여기서 완전히 자유롭지 않다. 그렇지만, 변화무쌍하고 광속으로 변화하는 세상에 발을 딛고 적응해 나가려면 새로운 경험에 대한 개방적 태도는 지극히 당연한 이야기다. 문제는 의지와 실천이다.

인구학적 관점

앞서 살펴본 바와 같이 인구 변화는 우리 삶 전반에 걸쳐서 크고 작은 영향을 줄 수밖에 없다는 건 자명한 사실이다. 그렇지만 암 질환 중 가장 늦게 증상을 느낀다는 '간암'처럼 인구 변화가 나 자신에게 직접적 위협이 되거나 위험을 안기지 않는 이상 이에 대한 사전 대비는 소홀할 수 있다.

《인구 미래 공존》의 저자인 서울대 조영태 교수는 기회가 될 때마다 일관되게 다음을 강조하고 있다. "昧知의 미래를 旣知의 세계로 바꾸는 인구학적 관점 이해가 필요하다"라고 말이다. 다시 말해 "오늘의 인구변동이 바꾸어 놓을 미래사회는 어느 정도 지정되어 있다"라고 강조한다. 그는 인공지능, 사물인터넷 등 초연결, 초지능의 특징을 지닌 4차 산업혁명 시대 속에서 미래의 산업과 직업의 생성과 소멸, 유지를 전망하고 있지만, 그건 어디까지나 말 그대로 예측에 불과하며 실제 모습은 아니라는 것이다. 얼마든지 빗나갈 수 있다는 것이다.

그렇지만 인구학적 관점의 접근은 예측의 정확도 측면에서 차원이 다르다고 하는 데 그 의의가 있다. 과거와 현재의 인구변동 결과는 미래의 현상을 그대로 말해 준다는 데 방점을 둔다. 예를 들어 "20, 30대 가임기에 있는 여성의 인구 수와 그 출산율을 점검해 보면 5년, 10년 후 미래의 출산율을 정확히 예측할 수 있다"라는 것이다. 이처럼 출산율 저하, 고령화에 따른 인구구조의 변화는 우리 삶에 많은 변화를 가져왔을 뿐만 아니라 그 현상이 가속화되고 있다는 데 주목해야 한다. 취학 전 인구 감소는 학령인구 저하로 이어지고 이는 다시 생산가능인구 감소로 이어져 산업 전반에 걸쳐 그 변화의 소용돌이에 휘말리게 한다.

가구 수의 변화도 그가 주목하는 대상이다. 인구 수는 줄지만 가구 수는 늘고 있다. 무엇 때문인가. 가족의 단위가 대가족에서 핵가족 형태로, 그리고 언제부턴가 부부 중심의 소가족화로 급격히 이행해 왔기 때문이다. 결혼 적령기에 있지만 경제적 이유로 결혼을 안 한 1인 가구 수 증가도 이에 한몫한다.

이를 뒷받침해주는 수치를 잠깐 살펴보자. 통계청 조사 결과에 따르면 2000년도에서 2019년까지 총 인구는 470만 명 증가했다. 이에 비해 가구 수는 560만 가구나 증가했다. 인구의 증가 추세보다 가구 수 증가 수치가 더 크다는 것은 가족 분화의 속도가 훨씬 빠르다는 걸 의미한다. 조영태 교수는 앞서 언급한 그의 저서 《인구 미래 공존》에서 2020년부터 인구가 감소 추세에 접어들었지만 가구 수는 2030년까지 계속 증가할 것으로 예상하고 있다.

조영태 교수는 2015년부터 베트남 인구 정책 자문도 하는데, 베트남이 우리나라의 1990년대와 많이 닮았다고 말한다.

베트남도 도시화가 급속도로 진행되고 있는데, 총 인구가 1억 명에 육박(9,700만 명)하고 도시 인구가 35% 정도 차지한다. 가구당 인구를 보면 2009년 기준 3.8명에서 2019년 3.6명으로 한국의 '90년대와 비슷한 수준이라고 한다(한국 '90년 3.7명, '95년 3.3명). 결혼 적령기도 남성 28세, 여성 24세인데 이 또한 우리의 '90년대와 많이 닮았다(한국 '90년 남성 28세, 여성 25세).

베트남에서 일자리를 잡는 것이 좋다고 권하는 게 아니다. 이 속에서 변화의 흐름, 트렌드를 읽고 타산지석으로 삼는 지혜를 터득하자는 이야기다. 기업에서 강의할 때 베트남에서 몇 년간 주재원으로 나가 있던 한 교육생이 조영태 교수의 주장이 자신의 경험으로 봤을 때 대부분 공감이 간다고 힘을 실어주었던 기억이 스쳐 지나간다. 그러면서 그동안 베트남에서 비즈니스를 위해 1년 이상 준비해 왔는데, 몇 개월 후 베트남에 들어간단다. 이때 갑자기 잔잔하고 조용하기만 했던 강의장 바다 한가운데서 마치 돌고래 한 마리가 물 위로 비상하는 듯한 에너지가 느껴졌다. 그리고 흐릿한 안개 속을 응시하던 눈빛들이, 마치 어둠 속에서 그 진가를 발휘하는 반딧불이처럼 밝게 빛나던 모습이 아직도 눈에 선하다.

이처럼 인구 변화의 흐름을 쫓는 인구학적 관점에서 눈을 크게 뜨고 깊이 있게 바라볼 수만 있다면, 자신의 커리어 재설계를 위한 큰 그림이나 방향성을 설정하는 데 도움이 된다.

트렌드 읽기

굳이 4차 산업혁명을 끌어들이지 않더라도 산업화 시대에서 지식정보화 시대로 깊숙이 이행해 오면서 생산 단위가 대규모에서 소규모로 그리고 개인 맞춤형으로까지 세분화되는 양상을 곳곳에서 볼 수 있다.

공유경제는 어떤가. 공유경제의 활성화는 어디 어제오늘 일이 아니지 않는가. 주지하다시피, 공유경제는 물건을 구입하는 게 아니고 빌려 쓰고 같이 사용하는 경제 시스템이다. 대표적인 것이 '에어비앤비', '우버택시'를 들 수 있다. 2008년 설립된 '에어비앤비'는 원래 에어베드 같은 잘 곳을 빌려주고 같이 아침 식사도 하자(Air Bed &

Breakfast)로 시작된 사이트지만, 많은 변화를 거쳐 공유 민박업으로 정착됐다. 에어비앤비 공식 사이트에 들어가면 '191개국에서 환상적인 가격에 완벽한 숙소를 찾을 수 있습니다'라는 매력적인 카피가 시선을 사로잡는다. 나도 몇 차례 미국 여행 중 저렴하면서도 깨끗하고 안락한 독채에서 묵은 적이 있어서 에어비앤비에 대한 좋은 이미지가 있다.

에어비앤비보다 1년 늦은 2009년 설립된 '우버'는 어떠한가. 한때 우리나라 서울에도 들어왔으나 많은 논란 끝에 국내 택시 산업 보호 차원에서 1년도 채 안 된 시점인 2015년에 철수할 수밖에 없었던 우버. 나는 미국에서 여러 차례 이용한 적이 있는데, 사용자 입장에서는 아주 편리하고, 가격도 택시에 비해 저렴하여 가성비가 좋은 편이다. 이외에도 위워크(공유 오피스), 클라우드 키친스(주방 공유) 등도 유명세를 타고 있다.

한편 2025년도에 초고령 사회로 들어설 전망을 보이는 우리나라는 실버산업 규모가 2020년 72조에서 2030년 168조 원 규모로 증가할 것으로 예상하고 있다(한국보건산업진흥원).

실버 세대로 편입이 시작된 우리나라 베이비 부머 세대는 IT 기술을 접목한 기기와 서비스를 활용할 수 있는 세대로서, 향후 IT 접목 융합 기기나 서비스에 대한 수요도 높을 것으로 예상되고 있다(KIET, 2018). 따라서 주거, 돌봄, 의료, 금융, 여가/정보 등 많은 영역에서 디지털 디바이스와 실버 산업이 결합된 비즈니스가 확대될 것으로 예상된다(대한상공회의소, 2020).

한편 액티버 시니어로 분류되는 시니어 세대는 높은 활동성과 충분한 소득을 바탕으로, 새로운 문화에 쉽게 적응하는 능력을 지니고 있다. 이에 맞는 컨셉의 비즈니스가 속속 등장하고 있다.

반려동물 관련 산업도 핫이슈다. 한국농촌경제연구원에 따르면 2015년 1조 9000억 원에 머물렀던 국내 반려동물 시장 규모가 2027년에는 시장이 6조원 대까지 확대될 것으로 전망한다. 또한 KB금융지주 경영연구소가 발표한 〈2021 한국반려동물보고서〉를 보면 반려동물을 키우는 인구가 국내 1,448만 명(604만 가구)으로 추산한다. 이를 반증한 듯 세계 미래학회 선정 전망 좋은 10대 산업에 반려동물 관련 산업이 선정되기도 했다. 펫시터, 도그워커, 동물매개 심리상담사, 펫용품 디자이너, 펫푸드 요리사, 펫 포토그래퍼, 반려동물 장례지도사 등도 속속 등장한 관련 직업이다. 어디 이뿐인가. 펫휴머니제이션의 일환으로 펫푸드와 영양제 시장, 대기업의 펫가전 시장 진출도 시동을 걸고 있는데, 삼성전자, LG전자에서 세탁기, 건조기, 공기청정기 등이 진출하고 있다. 이와 더불어 펫팸족(펫가족)을 위한 펫케어 스토어(가전+사료 등 포함)도 '23년 5월에 오픈하기도 했다.

이러한 공유경제 활성화, 실버산업, 반려동물 산업 등 예시로 든 사례들은 빠르게 변화하며 혁신과 성장을 이루는 여러 다양한 산업분야 중 빙산의 일각에 불과하다. 하지만 이 속에서 변화의 흐름과 그 견인 요인을 읽어낼 수 있다면, 자신이 경험했던 경력 분야, 그리고 이와 연관성 있는 전후방에 있는 산업의 변화와 트렌드에도 인사이트를 갖고 접근해 볼 수 있지 않나 생각해 본다.

일하는 방식도 단기로 계약을 맺고 프로젝트 단위로 일하는 Gig Worker 증가, 재택근무 등 일하는 시간의 양태 변화, 고용 유연화 등이 이뤄지고 있다. 어떤 산업 분야에서 어떠한 가치를 추구하며 어떤 방식으로 일을 마주할 것인가. 자신이 처한 위치를 감안해 깊이 있게 들여다볼 안목이 요구된다.

다양하게 일하는 방식 이해

재취업

주된 일자리에서 오랫동안 머물렀지만 아직 녹슬지 않은 자신의 주 경력, 주특기를 활용해 또 다른 곳에서 한두 번 정도 더 머물 수 있다. 이를 통상 재취업이라고 칭한다. 이러한 수평적 이동 형태의 재취업 특징은 자신의 경력 활용을 최대화할 수 있고 시장진입을 위한 투자 비용이나 노력은 아주 최소화할 수 있는 잇점이 있다. 하지만 나이, 보유 경력 정도가 재취업 시장 진입에 가장 큰 바로미터가된다. 보유 경력은 매력적이나 나이가 걸림돌이 된다면 '전문계약직' 형태로 노크해 보는 것도 한 방편이 될 수 있다. 그도 여의치않으면 새로운 기술이나 기능을 익히거나 해당 지식 습득 후 접근해야 하는데 이에 대한 시간 투자와 노력은 필수로 수반될 수밖에 없다.

이처럼 주된 일자리에서 오랫동안 머무르다가 또 다른 곳의 재취업은 결코 쉽지 않다. 나는 이를 일선 현장에서 재취업 지원 업무를 수행하면서 직접 보고 느낀 사항이다.

통상 대기업은 협력업체를 많이 둔다. 자신의 경력을 활용할 시장이 많지만, 나이, 처우 설정 등의 문제로 협력업체에서도 채용을 꺼리는 경향이 있다. 대기업 출신도 이러한 상황인데, 중소중견기업이나 비교적 젊은 연령층으로 구성된 은행 등 금융권 출신은 이러한 현상이 더 심각하다. 그래서 정부가 이에 발벗고 나섰다. 2020년 5월부터 1,000인 이상 사업장에서는 50세 이상 비자발적 퇴직자에게 경력설계, 재취업 알선 등 재취업지원서비스를 의무화하도록 했다. 이런 정부의 노력을 폄하하고 싶지는 않다. 하지만 더 중요한 것은 일자리 인프라 확충이 우선이어야 한다.

재취업 방식으로는 일반적으로 자신의 경력을 활용해 동일 업종 다른 곳으로 수평 이동만을 생각하기 쉬운데, 이에 대한 인식의 폭을 넓힐 필요가 있다. 한마디로 말하면 다른 업종의 지금과 다른 직무로도 재취업이 가능하다. 그럼 재취업 방식에 무엇이 존재하는지 하나하나 살펴보자. 재취업 분야는 아주 다양하게 존재하나 종사 인력의 다수를 차지하는 민간 기업체 중심으로 살펴보고자 한다(다음 네 가지 일하는 방식 분류는 한국고용정보원 '베이버 부머 교육 과정'에서 정의 내린 분류방식 인용).

먼저, 가장 이상적인 방식일 수 있는 동일 업종, 동일 직무로의 재취업부터 살펴보겠다. 앞서 말한 것처럼 최근까지 근무했던 업종과 직무에 재취업하는 형태로, 가장 일반적인 취업 목표 설정 방법이다. 이때 불러준다고 아무 곳에나 선뜻 나서기보다는 성장 추세에 있거나 적정 수준 유지가 되는 비교적 견실한 업체가 바람직하다. 지극히 당연한 이야기지만 언급하는 이유는 조급해진 마음이 우선 취업부터 하고 보자라는 인식으로 이어지기 때문이다. 견실한 곳을 발굴하는 방법으로 대기업 종사자의 경우, 근무했던 기업의 협력업체 또는 경쟁회사의 협력업체, 협력업체의 경쟁회사 등을 고려해 볼 수 있다. 중소, 중견 기업 출신자의 경우, 동일 업종의 경쟁회사, 그리고 협력 관계를 유지해 온 해당 중소, 중견 기업 등을 발굴 대상에 포함할 수 있다.

다음으로 다른 업종의 동일 직무를 생각해 보자.

업종은 다르지만 자신의 주특기를 활용해 일할 수 있는 직무도 여럿 존재하므로, 이에 대해서도 관심을 갖고 꾸준히 탐색해 보는 것이 좋다. 업종과 무관하게 기업별 공통직무가 이에 해당한다. 예를 들면, 인사나 총무업무, 재무 회계 업무, 구매나 영업/마케팅 업무 등이 대표적이다. 이외에도 품질 업무의 경우도 경험상 동일 업종이 아니지만 품질의 기본은 같으므로 재취업을 하는 경우를 여럿 봤다. 이러한 다른 업종의 동일 직무를 찾는 방법은 어떤 것이 있을까. 이러한 직무를 찾는 방법으로 외부의 서치펌(헤드헌팅 업체)이나 오픈잡 정보 서비스를 제공하는 '사람인'이나 '잡코리아' 같은 전문기관의 정보를 유심히 살펴보는 것이 좋다. 실제로 서치펌 정보를 활용해 인지도 있는 치킨 프렌차이즈 기업의 인사 총괄, 영업본부장 등의 직책으로 재취업하는 사례를 가까이서 지켜볼 수 있었다. 어디 이뿐인가. 자신의 선배 등 지인이 근무하는 타업종 기업에 기존 대기업의 재무 경력을 살려서 안살림을 책임지는 CFO로 가는 경우도 있었다.

다음으로 동일 업종의 다른 직무도 우리를 기다리고 있다.

최근까지 근무했던 곳과 업종은 같지만 일하는 방식과 내용은 바뀌는 경우가 이에 해당한다. 이러한 경우는 높은 전문성과 폭넓은 경험이 요구된다. 예를 들어 동일 업종의 중견, 중소기업을 상대로 자문이나 컨설팅, 교육을 하는 회사에서 이러한 직무를 수행하는 경우를 들 수 있다. 생산기술혁신 직무경력자, 품질 경력자가 경영기술컨설팅 회사에 재취업하는 사례를 교육과정 입과자 중에서 종종 볼 수 있었다. 이외에도 구매 담당이 협력업체의 영업업무로 완전히 직무 전환하는 경우도 있었다. 물론 이러한 경우는 협력업체에서 전략적으로 활용하기 위한 차원의 채용이다. 그럼에도, 동일 업종의 프로세스와 일에 대한 깊이 있는 이해를 통해, 나 자신이 진입할 수 있는 또 다른 직무 영역이 존재할 수 있다는 유연한 인식으로 접근하는 것이 필요하다.

마지막으로 난이도가 가장 높은 다른 업종, 다른 직무로의 전환도 가능하다. 이렇게 연관성이 전혀 없어 보이지만 결국 그 밑바탕에는 자신의 경력을 기초로 새로운 집을 만든다고 생각하면 길이 보인다. 대표적으로 산학협력중점교수, 공무원(무기계약직) 등 비교적 새로운 기술, 지식 습득 없이 전환할 수 있는 길도 존재한다. 물론, 새로운 기술이나 지식을 습득해야 하는 준비 기간을 요하는 경우가 대부분이지만 말이다.

그 옛날 선비들이 한양으로 과거 시험을 보려면 빠르고 덜 힘들게 걸어갈 수 있는 길이 어딘지 우선 파악하고 떠나야만 했듯이, 새로운 재취업 시장에 진입하려면 들어갈 수 있는 길이 어디에 어떻게 놓여

있는지 먼저 알아야만 한다. 원하는 길이 보이는가. 찾을 수 있을 것
같은가. 함께 그 길을 찾아보자.

재취업 방식

재취업 방식	주요 내용
동일 업종, 동일 직무	협력업체, 협력업체 경쟁사, 동일 업종 경쟁사 등
다른 업종, 동일 직무	공통직무 경력자(경영지원,품질 등), 서치펌 등 구인 정보활용
동일 업종, 다른 직무	생산기술/품질경력자 -〉 컨설팅/교육, 영업 -〉 구매 전환
다른 업종, 다른 직무	산학협력중점교수, 공무원, 기술자격 취득 후 재취업

*한국고용정보원 베이비 부머 과정 분류방식 참조, 재구성

창업

재취업의 대칭 지점에 놓인 건 창업이다. 창업도 그 형태에 따라
서, 기업 창업, 점포 창업(프랜차이즈 형태), 1인 지식기업, 전문가 창업
등으로 분류할 수 있다. 기업 창업의 경우, 자신의 경력을 최대한 활
용해 자신이 종사했던 분야와 동일한 업종에서 기술이나 기능을 무
기로 창업하는 형태다. 가장 이상적인 창업 형태일 수 있으나 투자
비용과 노력, 그리고 많은 준비 기간이 필요하다. 월급쟁이로 오랜
기간 근무했던 사람들은 쉽게 접근을 못 하는 게 현실이다. 실제로
기업에서 내가 지켜본 바로 극히 소수만 이 시장으로 뛰어드는 걸 볼
수 있었다.

기업에서 강의할 때 강의 종료 시점에 이런 질문을 받곤 했다. '결

국 창업은 하지 말라는 거죠? 창업은 하면 안 되는 거죠?'라고 단도 직입적인 질문이 훅 들어온다. 그러면 그때 나는 이를 긍정도 부정도 않는 듯한 모호한 웃음을 필두로, 다음과 같은 내용이 담긴 이야기를 건넨다.

여기에서 신중에 신중을 거듭해야 하는 창업은 '기업 창업'이나 '프랜차이즈' 창업처럼 초기 투자 자본이 많이 들어가고 노력과 준비 기간 또한 만만찮은 창업의 형태를 말한다. 오랜 기간 월급 쟁이 생태계에서 머물렀던 사람이 밀림 속 정글 같은 창업 생태계에서 생존과 발전을 도모한다는 것은, 군이 통계수치를 동원하지 않더라도 결코 쉬운 일이 아니다.

"그럼, 재취업은 연령이나 경험 직무 특성 등 이런저런 이유로 진입이 어려운 가운데, 그나마 접근이 용이해 보이는 카페, 식당 등 프랜차이즈 창업 또한 많은 리스크가 도사리고 있다고 한다면, 일을 통해 돈은 벌고 싶은데 어떻게 하란 말인가." 하는 푸념과 한숨 또한 새 나온다.

이럴 때, 구체적인 대안은 될 수 없지만 스스로 길을 모색하는 데 도움이 될 수 있는 방향성을 제시하는 차원에서 재취업과 창업의 중간지대 탐색을 통한 직업의 혁신을 위한 창조적 접근(Re-Creation)을 강조한다. 어떻게 해야 재창조가 가능한가. 이를 멀리서만 찾으려 한다면 길은 점점 요원해진다. 자신의 보유 경력을 기반으로, 기존의 일하는 형식만 바꾸어도 재창조가 된다.

대표적인 것이 직업의 형식적 분류는 창업이지만 실제 일을 제공하는 내용 측면에서 보면 재취업으로 분류될 수 있는 '1인 지식기업'을 들 수 있다. 법적 근거가 있고 그 보호를 받는 기업 이외에도, 통상 혼자서 꾸려 나가는 지식 관련 유무형의 상품과 서비스를 제공하는 기업을 일반적으로 '1인 지식기업'이라고 불리고 있다.

예를 들면, 강의나 코칭, 컨설팅, 전문서적, 웹툰 발간, 유튜브 활동, 블로그 활동 등을 들 수 있다. SNS 공간에서 얼마나 많은 유튜버가 직업적으로 활동하는가. 유명 유튜버가 고수익자가 많다는 건 널리 알려져 있다. 유튜브 상위 5%인 셀렉트 크리에이터의 연봉 수준이 7~8,000만 원 수준인 데 비해, 네이버 웹툰은 지난 2021년 국내 작가 700여 명의 평균 연 수익이 2억 8000만 원이라고 밝힌 바 있다. 이처럼 웹툰 작가가 고수익자로 급부상한다는 뉴스가 여기저기서 들려온다. 이처럼 고수익을 바라지 않더라도 자기가 잘할 수 있는 분야에서 투자 비용에 대한 리스크에서 자유로운 가운데, 자신의 재능과 역량을 잘 발휘할 수 있다면 얼마나 값진 일인가.

투자 비용에 대한 리스크를 분산시키면서 자신의 전문역량을 십분 활용할 수 있는 또 다른 창업이 있다. 바로 '전문가 창업'이다. 분야별 전문가들의 집합체 형식을 띠는데, 넓은 의미로는 앞에서 살펴본 1인 지식기업도 전문가 창업의 범주에 포함된다. 분야별 전문가들이 모여서 공동 브랜드를 사용하면서 상품 생산이나 판매, 그리고 서비스에서 협업해 함께 살아가는 모델이 전형적인 전문가 창업이다.

주요 사례를 살펴보면, 신축 공장건설 프로젝트 수주를 통해 설계부터 공종별 전문가가 기능별 업무수행을 하는 경우를 들 수 있다. 한 편 제조 및 품질 분야 컨설팅 회사를 설립해 제조 기술, 설비 기술, 품질 전문가 협업 체제로 운영하는 사례는 주변에서도 많이 볼 수 있다.

그럼, 이런 질문을 다시 한 번 할 수 있다. "1인 지식기업, 전문가 창업은 가능하고, 프랜차이즈 창업이나 기업 창업은 절대 하면 안 된다는 얘기인가요?" 꼭 그렇지만은 않다. 오랫동안 꾸준히 준비해 왔고 자기 자신에 대한 믿음과 확신만 있다면 도전 그 자체만 보더라도 얼마나 매력적이고 아름다운 일인가. 그렇지만 열정과 용기, 도전 정신에 앞서 현실에 대한 냉철한 통찰이 삶을 살아가는 데 더 요구되는 계절과 함께하고 있다면, 보다 무겁고 엄중한 발걸음이 더 절실할 수밖에 없다.

귀농귀촌

다양하게 일하는 방식 중 귀농귀촌도 있다. 여기서 귀농은 경제 논리로 접근하면, 자신이 투자해 생산한 농산물을 시장에 내다 팔고 수익을 창출하는 구조이므로 형식상 창업의 한 형태로 볼 수 있다. 그러나 그 성격과 작동 원리가 일반 창업과 다른 측면이 많아 일반적으로 귀농귀촌은 별도 영역으로 분류된다. 귀농과 귀촌의 개념도 엄격히 얘기하면 다르다. 귀농은 도시민이 농업을 하기 위해 농촌 지역으로 이주하는 걸 말한다. 이때 주민등록상 전입신고와 함께 농지원부를 보유하고 농업경영체에 등록하는 요건을 갖춰야 한다. 농지원부는 농사를 짓고 있다는 증명서다. 그리고 농업경영체는 주무부처에서 발급하는 농업인 등록증을 말한다. 이에 반해 귀촌은 거주지만 농촌 지역으로 변경해 농업 이외 직업 활동을 하거나 은퇴 생활을 하는 경우다. 거주하는 장소만 농촌이다. 이처럼 귀농과 귀촌은 엄연한 개념상 차이가 존재하지만, 귀농귀촌이라 붙여서 귀농 중심의 하나의 개념으로 불리우는 경우도 있고, 각각 분리해서 독립된 개념에 맞게 사용하는 경우도 있다. 엄격히 얘기하면 각각 분리해서 독립적으로 사용하는 게 맞지만, 흔히 '귀농귀촌'이라 통칭하는 경우가 많은 편이다. 그 이유는 귀촌도 직업적 영농 활동은 아니지만, 여가 형태로 농사를 짓고 농촌이라는 삶의 공간에서 거주하므로 실제 닮은 부분이 많고 때론 그 경계가 모호할 수도 있어서다. 참고로 귀산촌도 있다. 산림 면적이 70% 이상으로 이뤄진 산촌으로 이주하는 것(전국 466개 읍면)을 말하는데 이도 귀농귀촌의 일종으로 포함하면 된다.

(귀어귀촌도 존재한다. 농어촌 이외 지역에 거주하는 어업인이 아닌 사람이 어업인이 되기 위하여 농어촌 지역으로 이주한 사람이 이에 해당하는데 귀어귀촌 종합센터에서 구체적인 정보를 얻을 수 있다.)

실제 귀농을 위해서는 귀농 정보 수집, 가족들과 충분히 논의, 생산 제품에 해당하는 농작물 결정, 이를 위한 영농기술 습득, 정착지 결정, 주택과 농지 확인, 영농계획 수립 등 절차가 필요하다고 귀농귀촌종합센터(www.greendaero.go.kr)에서 알려 주고 있다. 특히, 사전 가족과 충분한 논의 없이 시작할 경우, 중간에 가족의 심한 저항에 부딪혀 중도 포기 사례도 있고, 막상 귀농을 밀어붙이다 제대로 정착도 못 하고 조기 유턴하는 사례도 종종 볼 수 있다고 전문가들이 이구동성 말한다. 지자체별로 농촌 공동화 현상을 막기 위해 사활을 걸고 귀농귀촌 유치를 위한 다양한 지원책을 펼치고 있다. 어느 지역에 정착해서 어떤 작물을 재배하고 주택과 농지를 어떻게 할지 사전 면밀한 비교 검토가 필요하다.

사회적 기업

나는 기업에서 커리어컨설팅 업무를 수행하면서 사회적 기업에 관심이 많았다. 국내 전체 사업을 관장하는 '한국사회적기업진흥원'을 방문해 관련 현황도 듣고, 퇴직자의 참여방안도 논의했다. 관련 전문서적 탐독도 했다. 퇴직자들의 관심이 기대에 못 미쳤고, 조직 차원의 접근은 시기상조였다. 강의와 상담을 통해서 정보를 알려 주는 수준에 머무를 수밖에 없어서 아쉬움이 남는다.

사회적 기업은 2007년에 제정된 사회적기업육성법에 그 근거를 두고 있다. 사회적 기업을 둘러싸는 경제 프레임이 바로 사회적 경제다. 구성원 간 협력, 자조를 바탕으로 재화, 용역의 생산 및 판매를 통해 사회적 가치를 창출하는 모든 경제 활동을 의미한다(사회적경제 활성화 방안, '17.10). (사회적 경제 틀 안에는 사회적 기업 이외에도 협동조합, 마을기업, 자활 기업도 존재)

사회적 기업은 취약 계층에게 사회 서비스 또는 일자리를 제공하거나 지역사회에 공헌하여 지역 주민의 삶의 질을 높이는 등 사회적 목적을 추구하면서 재화 및 서비스의 생산, 판매와 같은 영업 활동을 하는 기업으로 사회적기업육성법 제7조에 따라 고용노동부장관이 인증한 기업을 의미한다. 이처럼 사회적 목적 추구와 영업 활동을 동시에 추구하므로 사회적 기업 관련 강의를 할 때, 나는 영리기업과 비영리기업의 중간지대에 있는 것이 사회적 기업이라 설명해 주곤 했다. 이때 교육생들은 아주 알아듣기 쉽게 설명해 준다는 반응을 보이곤 했다. 사회적 기업은 매년 확대 발전하고 있다. '07년부터 사회적 기업이 운영된 이후 '23년 3월까지 4,296개가 인증받았으며, 현재 3,568개 소가 활동 중에 있다(한국사회적기업진흥원 홈페이지). 대표적인 사회적 기업 유형으로 사회 서비스 제공형, 일자리 제공형, 혼합형, 지역사회 공헌형, 기타(창의/혁신)형 등 5가지 형태로 나눌 수 있다.

나는 기업에서 강의할 때 퇴직 이후의 삶에서 일에 대한 가치와 의미를 달리해야 한다는 이야기를 종종 하곤 했다. 즉, 일에 대한 인식의 전환이 요구된다고 말이다. 그 이유는 인생 후반기에는 전반기만큼의 소득 창출이 어려울 수 있다는 데부터 출발한다. 즉, 인생 전반부는 직장에서 지위나 소득 같은 외적인 가치에 역점을 두었다면, 인생 후반부에는 쓸모 있는 자신의 모습을 드러내고 스스로 확인할 수 있도록 하는 게 중요하다. 즉, 유능감이나 유용성에 초점을 맞춰야 한다. 이러한 유능감이나 유용성에 초점을 맞출 수 있다면, 사회적 기업이 인식의 틀 안에 들어오게 되고 관심을 가질 수도 있다고 목소리를 높인다. 사회적 기업이 자신의 유능감과 유용성을 확인하고 삶의 의미를 더할 수 있는 활동 무대가 될 수 있다고 말이다. 일을 통해 성취감도 느끼고 일정 소득 확보도 가능하고 사회공헌 가치 창출도 가능한 일석 삼조의 효과가 있는 게 사실이다.

이때 당연히 나의 높아진 목소리에 귀를 기울여서 공감은 하지만 실제 창업이나 재취업 형태로 진출하는 사례는 흔치 않았다. 창업으로 이어진 경우는 없었고 재취업 형태로 진출한 케이스도 수년간 몇 손가락 꼽을 정도에 불과했다. 물론 확인되지 않은 사례도 있을 수 있지만 그래도 소수 사례에 그친다. 충분히 이해가 가긴 한다. 창업을 한 경험도 없고 사회적 기업을 창업해 인증까지 받기에는 여러 어려움이 있어서 도전이 쉽지 않다. 그렇다고 사회적 기업으로 재취업을 하기에도 너무 영세한 기업 수준에 머물러 있다 보니 자신의 경력을 찾는 기업도 거의 없고, 있다 치더라도 연봉 수준이 아주 낮은 데 그 이유를 찾을 수 있다. 사회적 분위기 조성과 함께, 스스로의 인식 전환이 요구된다.

산학협력중점교수

교수라는 직업은 일반적으로 선망의 직업으로 분류된다. 그만큼 그 반열에 오르기가 쉽지 않은 직업 중 하나이기 때문이다. 하지만 산업체에서 오랜 경력을 통한 전문역량이 있는 중장년층도 교수의 길에 접어들 수 있다. 공략만 잘하면 말이다. 자신에게 맞는 옷인지, 구입할 건지도 한번 생각해 보면 좋겠다.

산학교수(약칭)는 산학협력을 통한 교육, 연구, 창업, 취업 지원활동을 중점 추진하고, 산학협력 실적 중심으로 평가받는 교원을 말한다. 산학협력 촉진을 위한 대학 교원 인사제도 개선방안('11년 4월) 마련으로 시작됐다.

산학교수 기본 자격 요건으로 우선 산업체 경력이 10년 이상을 충족해야 한다. 그리고 별도로 학력 제한을 두고 있지만 통상 석사학위 소지자 또는 학사 학위 소지가 필요하다. 도입 초창기에는 학사 학위 소지자 중에서도 채용이 많았으나, 갈수록 지원율이 높아지면서 몇 년 전부터 학사 학위 소지자를 채용하지 않는 대학교가 늘고 있는 추세다. 그리고 산업체에서 제품제조기술, 생산, 품질, 연구개발 등 직무경력자 중심으로 뽑고 있다. 인사, 재무 등 경영지원 분야 경력자의 채용 빈도는 아주 낮은 편이다.

대학이 원하는 산학교수 역량은 4차산업 트렌드에 부합하는 역량 보유, 지적 재산권 전문성, 공공기관/산업체 등 폭넓은 네트워크 보유, 국가/지자체 등과 연구과제 수행경력 보유, 강의, 연구, 창업 지원 노하우 등을 들 수 있다.

현재 본 산학교수 제도는 정부 일부 부처의 특화사업 일환으로 운영되고 있다. 이 중 대표적인 몇 가지만 소개하면 교육부에서는 기업체에 맞는 신기술 인재 육성을 목표로 LINC+(Leaders in Industry-University Cooperation) 사업을 운영하고 있으며, 고용노동부에서는 대학 학습과 산업체 현장훈련을 병행하는 장기 현장실습제도 중심으로 하는 IPP(Industry Professional Practice) 사업을 운영 중이다. 그리고 과학기술정보통신부에서는 글로벌 경쟁력을 갖춘 실무형 SW인재 양성을 목표로 SW중심대학 사업을 운영 중이다.

산학교수의 주요 역할은 교육, 연구, 취업/창업지원, 정책기획 및 봉사 등을 들 수 있다. 교육 분야는 현장 실무 중심형 강의, 기업가 정신 교육, 현장실습 지도 등이 있다. 연구 분야로는 산학 공동 연구 사업 기획, 산학 공동 연구수행, 대학 특허 관리 및 기술이전 사업화 지원 등이 있다. 취업/창업 지원 분야에서는 학생 취업과 연계한 현장실습 지원, 창업강좌 운영, 창업동아리 운영 등 창업 지원이 있다. 정책기획 및 봉사 분야에서는 학내 산학협력 정책기획, 산학연 네트워크 구축, 기업체 기술 경영자문 등의 활동이 있다.

자 그럼, 이러한 역량을 보유한 사람을 찾는 대학을 어디서 찾을지 알아보자. 각 대학교 홈페이지에도 공고하기도 하지만 그렇지 않은 경우도 있다. 대학마다 홈페이지에 들어가서 찾기에는 너무 비효율적이다. '하이브레인넷(www.hibrain.net)'이라는 고급 전문인력 채용 사이트를 활용하면 된다. 간혹 '사람인' 같은 채용포털사이트에도 포스팅하는 경우도 있지만 산학교수 채용정보 대부분은 하이브레인넷에서 공고를 낸다고 보면 된다.

전형 프로세스는 일반 기업체 방식과 유사하다. 1차 서류 전형에 통과하면 2차 면접이 이뤄지는데, 이때 면접도 인터뷰와 프리젠테이션 면접이 같이 이뤄지는 경우가 많다.

지금도 생생히 기억나는 사례 하나를 소개한다. 품질관리 담당 경력이 있는 학부 출신의 모 퇴직자는 여러 대학에 몇 차례 지원하였으나 고배를 마셨다. 그러다가 모 대학에 1차 서류합격을 한다. 이어서

2차 프리젠테이션 면접 준비 과정에서, 내가 PPT 작성 자료부터 발표 시현까지 몇 차례 코칭 지도를 한 적이 있다. 다행히 좋은 결과로 이어져 지금까지 5년 이상 그 대학에서 보람을 느끼면서 재직 중에 있다. 얼마 전에도 유선 대화 기회가 있었다. 4차산업 선도 관련 새로운 프로젝트를 이번에 다시 맡아 수행 중에 있단다. 엄청난 보람을 느낀다고 고양된 목소리로 안부를 전해 왔었다.

산학교수는 연령상 60세 이후에도 할 수 있는 장점이 있고 후학 양성에서 오는 보람과 직업적 가치를 얻을 수 있다. 그리고 나름대로 사회적 명예를 유지할 수 있다는 이점도 분명 존재한다. 하지만, 연봉 수준은 높지 않은 편이므로 자신이 현재 처한 경제적 상황도 감안해서 결정하는 게 좋다. 보람과 그 가치에 의미를 크게 부여한다면 지금 당장 도전해 보는 것도 좋다.

창직

'창직'도 존재한다. 창직은 공식적으로 국어사전에는 등재돼 있지 않지만, 일반적으로 자신의 적성과 능력에 맞게 새로운 직업이나 직무를 만들어서 시장에 보급하는 일이나 활동을 말한다. 기존 분야에 진입하는 것도 어려운데 새로운 직업이나 직무를 창조한다는 게 쉬운 일인가. 그래서 요즘은 기존 직업이나 직무의 일부 변형도 창직 범주에 포함하는 경향이 나타나고 있다.

한국고용정보원에서는 최근 《함께할 미래 5060창직사례집》을 발간했는데, 여기에 실린 창직 의미를 살펴보자.

창직은 말 그대로 직업을 만들어 내는 것입니다. 하지만 전에 없던 '새로운 직업'을 만드는 결과에 치중하는 게 아닌, 내가 잘할 수 있고 좋아할 수 있는 '나의 직업'을 만드는 과정이 핵심입니다.

사례집에 실린 창직 내용으로 웨딩 쇼퍼(Wedding Chauffeur), 라이브 커머스 크리에이터, 전통시장 육성 전문가, 윷놀이 콘텐츠 개발자, 창직컨설턴트, 스마트 화가, 도시여행해설가, 도시재난전문가, 모험상담가, 쌀큐레이터 등 열 가지 사례다. 이중 웨딩 쇼퍼 창직 사례를 좀 더 살펴보자.

창업 공부를 하던 중 아들이 결혼하게 됐는데요. 결혼식 날, 주인공이어야 할 아들이 혼자 운전하고 바쁘게 움직이는 걸 보고 웨딩 쇼퍼(Wedding Chauffeur)라는 사업을 창직하게 됐습니다. 쇼퍼라는 이름은 18세기 유럽 상류사회의 마차를 모는 마부 이름인데요. 웨딩 쇼퍼는 웨딩과 쇼퍼를 합성한 이름으로 결혼식 날, 신랑신부에게 고품격 이동 서비스를 제공하는 로드 매니저입니다.
                                    – 사례집에서 실린 노경환 님 인터뷰 중 일부 발췌

그렇다. 이 세상에 없는 직업을 만든다는 자체는 결코 쉬운 일이 아니다. 사회변화와 사람들의 니즈를 반영해 기존의 직업 세계에서 이를 새롭게 변형하면 가치를 더 높이는 창직이 된다. 웨딩 쇼퍼도

'운전'을 업으로 한다. 하지만 수요가 존재하거나 수요발굴이 가능한 타겟 시장을 설정해 일정 준비 과정을 거치면, 기존 호텔 서비스업 근무경력, 서비스업종 사업경력, 실제 운전 기술 등을 창조적으로 연결해 부가가치를 창출하는 '창직'으로 재탄생한다.

《인디 워커, 이제 나를 위해 일합니다》의 저자 홍승완은 "창직은 일에 나를 맞추는 대신, 나에게 맞는 일을 새롭게 만드는 것이다"라고 했다. 아울러 일에 있어서 '독보성'을 강조한다. "독보성은 전문성에 차별성이 더해져야 가능하다"라고 한다. 즉 전문 분야에다 차별 분야를 곱하면, 차별적 전문성이라는 공식이 성립한다는 것이다. 주된 일자리에서 오랜 기간 근무했던 수퍼의 진로 발달 단계 '유지기'에 해당되는 연령 단계라면, 그 분야에 대한 전문성이 반드시 있을 것이다. 여기에 자신만의 차별 분야를 결합해 그 분야에서 독보성을 유지할 수만 있다면, 바로 창직 대열에 어깨를 나란히 할 수 있다. 홍승완이 같은 책에서 소개하는 사례 중 몇 가지만 소개해 보자. 광고에 인문학을 결합한 광고 전문가 박웅현은 최고의 크리에이티브 디렉터다. 그가 쓴《인문학으로 광고하다》가 이를 잘 대변한다. 이울러, 인문학 강독회 내용을 담은《책은 도끼다》를 집필하여 40만 부 이상 팔린 베스트셀러이자 스테디셀러 반열에 오르기도 했다. 이외에도 《좋은 기업을 넘어 위대한 기업으로》저자 짐 콜린스는 암벽 등반 마니아로 소문났는데, 등반 경험에서 얻은 통찰을 조직 경영에 적용할 수 있었다고 고백하기도 했다.

나의 현재 전문 분야는 '커리어 컨설팅'이다. 커리어 및 생애설계

강의와 상담이다. 아직까지 '차별화 분야'는 없다. 차별화 분야는 전문 분야처럼 그 분야를 전문 분야로 삼는 사람보다 경쟁력이 없어도 무방하다고 말한다. 취미 활동 수준도 해당된다. 그렇다면 나의 전문 분야인 커리어 컨설팅에 현재 취미 활동으로 막 시작한 음악, 구체적으로 '피아노'를 어떻게 창의적으로 연결해 독보적 영역으로 구축할지에 대한 고민과 더불어 이에 대한 역량을 키워나갈 계획이다. 아직은 걸음마 단계(바이엘 4권)지만 최소 몇 곡 연주할 수 있는 수준(체르니 50번)까지는 끌어올릴 예정이다. 그다음 도전 과제는 '첼로'다. 피아노와 첼로를 매개로 음악 세계에도 몰입하고 싶다. 왜 하필이면 음악인가 의문이 들 수 있다. 강신주의 책 《철학 VS 철학》에는 들뢰즈의 《천 개의 고원》에 실린 들리는 세계(음악)와 보이는 세계(그림)의 차이를 비교 사유하면서 음악이 주는 힘을 잘 묘사하고 있다.

> 음은 탈영토화될수록 그만큼 더 정련하고, 특수성을 획득해 자율적인 것이 되어가는 것처럼 보인다. 이와 반대로 색채는 사물까지는 아니더라도 적어도 점점 더 영토성에 밀착되어 간다. 즉 색채는 탈영토화될수록 용해되고, 다른 성분에 의해 인도되는 경향이 있는 것처럼 보인다.

강신주는 이렇게 설명한다. "탈영토화는 고정된 지역을 벗어난다는 의미로서, 새로운 가치와 의미를 창조하기 위하여 기존의 가치와 의미를 떠나는 운동이다. … 들뢰즈가 즐겨 사용하는 은유에 따르면 '정주민적인 삶이 현실성을 상징한다면, 유목민적인 삶은 잠재성을 상징한다고 할 수 있다."

아울러 그는 이런 비유를 함께 든다. "그림 속의 여러 색깔은 탈영토하려는 순간 용해되어 그림의 모양을 식별할 수 없게 된다. 하지만 대중음악은 탈영토화가 되면 더 세련되고 자율적인 것으로 들리는 음악, 순수 추상음악으로 얻게 된다"고.

이처럼 음악이 지니는 잠재성은 무궁무진하다. 나의 전문성과 음악을 통해 탈영토화된 잠재성이 만나면 흉내 낼 수 없는 독창성이 스며든 나만의 영역을 구축할 수 있지 않을까. 들뢰즈의 말처럼 "대지가 떠난 음이 우리를 우주를 향해 열어 주지 않을까."

그래서 음악이 인간의 정신 능력(정서적/인지적)과 신체 능력(뇌 기능) 유지와 발달에 얼마나 영향을 미치는지 연구도 해보고 싶다. 나 또한 예외 없이 나이를 먹는다. 언젠가 노년이 될 것이다. 연구자도 나 자신이고 연구 참여자(연구 대상)도 바로 나 자신이다. 나를 하나의 연구 테이블 위에 올려서, '인간 발달 영역'에서 탐색하고 이를 조명해 그 모습을 드러내 보고자 한다. 이것들이 창조적으로 연결되고, 상호 반응과 응축과정을 거쳐 '독보적 영역'을 만들 수 있지 않을까? 이것이 바로 창직이다. 물론 중간에 걸림돌도 나타날 터다. 기간도 오래 걸릴 터다. 그래서 긴 호흡으로 접근하겠다. 나에게는 유약하면서도 하얀 눈을 좋아하는 어린아이 자아, 경쟁에 길들여진 사회적 자아 등 여러 자아가 동시에 존재한다. 이러한 자아의 통합과 '자아 완성'을 향해 나아가리라. 내가 개척한 창직 분야를 핵으로 하여.

학습

앞서 살펴본 재취업, 창업, 사회적 기업, 귀농귀촌 등 다양하게 일하는 방식 중 자신의 전문역량을 바탕으로 동일업종, 동일직무로 수평 이동을 하는 재취업 방식을 제외하고, 창업을 비롯한 대부분의 새로운 일자리로 이동하려면 정도의 차이는 있겠지만 일정 부분의 준비, 즉 해당 분야의 전문역량 확보를 위한 학습이 절대적으로 요구된다. 심지어 재취업 분야에서도 경험하지 않은 아이템이나 프로세스가 존재하는 분야에 진입하려면 사전 준비가 필요하다.

실례로 몇 년 전 S전자 출신의 모 부장이 전자업종의 모 중소기업에 사업부장으로 재취업을 했는데, 자신의 경험 분야가 아닌 에너지 관련 아이템을 같이 관장하게 됐다. 그래서 주변 소개로 해당 분야 전문가 자문을 받고 어느 정도 지식을 쌓은 후 입사한 케이스를 가까이서 볼 수 있었다.

이처럼 재취업 분야에서 자신의 부족한 부분을 채우는 자체를 학습 범주에 포함할 수 있다면, '학습'이라는 어휘가 주는 무게감이나 부담은 일정 부분 제거하고 접근할 수 있지 않을까.

평생교육학에서 분류하는 학습의 형태를 살펴보면서 학습의 실질적 접근을 위한 논의를 이어 가보자.

평생교육학에서는 형식학습, 비형식학습, 무형식학습이라는 세 가지 형태의 학습 모습을 제시하고 있다.

먼저, 형식학습은 사전 목표 수립 후 목표 달성을 위해 체계나 형식을 갖춘 제도권 교육을 의미한다. 주로 교실 기반의 활동으로 매우 구조화된 학습으로 볼 수 있다. 소위 제도권 내 공식 졸업장, 학위 등이 수여되는 학습의 모습을 말한다. 제도권 학습에서 벗어난 지 오래된 사람은 이제 와서 이러한 제도권 학습이 과연 필요할까 강한 의문을 가질 수도 있다.

앞서 살펴본 인생 100세 시대에는 전통적인 교육-일-여가 모형에서 벗어나, 교육-일-여가가 수시로 반복되는 패러다임의 변화 이야기를 상기해 보자. 내 주변에는 실제로 자신의 기존 학력보다 레벨업을 통해 대학교수로 진출하거나, 자신의 분야에서 전문성을 제고시켜 전문 영역을 공고히 한 사례가 여럿 있다. 경제적 측면에서도, '박사학위 취득에 들어간 시간적, 금전적 투자 비용 대비, 복리(複利)의 경제적 이득을 취하는 것 같다.'라고 아주 인상적으로 들려준 이야기도 귀에 생생하게 맴돈다.

자신이 새롭게 진입하려는 분야가 형식학습이 필수적인지, 비록 필수는 아니라도 진입과 이후에 어느 정도 도움을 줄지를 따져보고 접근하는 게 좋겠다.

그다음 '비형식학습'에 대해서 살펴보자.

형식학습과는 달리 국가에 의한 학력, 학위 인증이 되지 않는 학습 형태로, 대부분의 사적 학습 영역이 여기에 포함된다. 새로운 도약을 위한 전문지식이나 기술, 기능 함양을 위한 다양한 형태의 학습 활동이 여기에 해당한다. 자격증 취득, 구직스킬 프로그램, 기술 교육 등 여러 형태의 학습 프로그램이 있다.

새로운 일자리 진입에 도움이 될 만한 교육기관을 살펴보면, 지자체, 대학에서 운영하는 평생교육기관, 서울시 50플러스재단 교육, 폴리텍대학 기술교육, 지자체 기술교육, 고용노동부 중장년일자리센터에서 운영하는 재취업교육 등 여러 교육기관에서 다양한 교육프로그램을 운영 중이므로, 이를 십분 활용하는 것도 고려할 필요가 있다.

마지막으로 '무형식학습'이 있다. 무형식학습은 제도권 밖 교육으로 일상생활 속에서 자연스럽게 발생하는 학습이다. 다시 말해 일정한 형식, 교육장, 교육프로그램, 교육 강사 등이 배제된, 형식이 존재하지 않는 학습이다. 전문서적 탐독, 특정 분야에 대한 꾸준한 접근을 통한 통찰 등 어떠한 형식에도 구애받지 않고 이뤄지는 학습 활동이다. 하지만 무형식학습도 의도적이고 의식적인 노력을 필요로 한다.

사전에 등재되지도 않았던 '통섭'이라는 단어를 화두로 던져서 엄청난 반향을 일으킨 최재천 교수는 '기획 독서'의 중요성을 이렇게 말한다. 폭풍 공감이 갔던 대목이라《통섭의 식탁》에 실린 내용을 그대로 옮겨본다.

가령 이런 시나리오를 상상해 볼 수 있다. 대학에서 인문사회 계통을 공부하고 직장에 다니던 사람이 40대 초반에 쫓겨나 새로운 직장을 찾고 있다고 하자. 길에서 예전에 친하게 지내던 동창을 만났다.

"반갑다. 친구야, 요즘 어찌 지내나?"

"어. 난 다니던 회사 관두고 새 직장을 알아보고 있어. 너는 어찌 지내나?"

"아, 나는 사업을 하나 시작해서 요즘 정신이 없어."

"사업? 어떤 사업인데?"

"으응, 나노기술을 이용하여 제품을 만들고 있는데…"

이쯤에서 당신이 만일 기껏해야 취미 독서만 한 사람이라면 당연히 나노기술에 대해 아는 게 없을 것이고 그러면 이렇게 말하고 헤어질 것이다.

"그래, 잘해라. 다음에 또 만나자."

그러나 당신이 기획 독서를 통해 나노과학에 관한 책을 두어 권 읽은 사람이라면 그 친구와 대화를 시작할 것이고 어쩌면 그 대화가 길게 이어지며 그 친구와 동업을 하게 될지도 모른다. 이 상황에서도 마찬가지로 당신이 나노과학계의 대가라서 직장을 얻은 것은 물론 아니다. 쥐뿔만큼만 알고 덤빈 것이다. 하지만 일이란 대개 그렇게 시작한다.

이와 같이 자신의 의지와 지속적 노력만 더해지면 그 누구도 무형식학습을 통해서 소기의 성과를 달성할 수 있으리라 생각된다. 예를 들어, OA실무능력이 부족하다면 파워포인트, 엑셀 등의 활용능력을 배가하는 학습 활동을 스스로 하는 것, 특정 자격증 취득을 위해서 전문서적과 인터넷 강의 참여를 병행해서 학습하는 것 등이 무형식학습이 가져다주는 학습효과다.

지금까지 형식학습, 비형식학습, 무형식학습이라는 세 가지 형태의 학습을 소개하면서 각 학습이 가져다주는 효용성도 함께 살펴보았다. 많은 시간과 비용이 수반되는 형식학습이 아니어도 좋다. 자신이 처한 상황을 감안해 비형식학습, 무형식학습을 통해서도 얼마든지 자신이 원하는 목표에 근접할 수 있다. 중요한 것은 학습에 대한 편견이나 부담을 버리고 지금 바로 도전하는 것이다. 체계적인 학습 활동을 통해 자기효능감을 증진시키고 나아가 예상치 못한 목표 지점에 성큼 다가선 자신의 모습을 발견할 수도 있다. 준비되었는가. 그럼 바로 실행하자.

잘하거나 좋아하는 일 찾기

　주된 노동 시장에서 오랫동안 머물다 새로운 시장으로 진입이 어렵거나, 지금까지의 직업 활동과는 달리 진정 내가 잘하거나 좋아하는 일을 찾아 새롭게 시작하고 싶은 생각이 들 때는, 자기 자신에 대한 깊이 있는 이해가 전제돼야 한다. 물론, 평소 자기성찰이 잘 이뤄지는 사람은 자신에 대한 이해도가 높다고도 할 수 있다. 하지만 이는 어디까지나 자기라는 주관적인 울타리 안에서 자기중심적 평가의 산물일 수밖에 없다. 직업의 바다를 건너가려면 어떤 수영을 잘하는지, 그리고 자신의 체격조건에 맞는지 객관적인 평가와 검증이 우선 요구된다. 이를 위해 먼저 직업심리검사를 통해 객관적으로 조명해 보는 것이 자신을 이해하는 지름길일 수 있다.

　먼저, 가장 보편적으로 활용되는 홀랜드 '직업선호도검사'를 살펴보자. 홀랜드 직업흥미유형은 미국의 저명한 심리학자 홀랜드(John L. Holland)가 개발했으며, 성격유형에 기반해 직업유형을 선택할 수 있게 한 심리검사이론이다. 성격유형은 진로발달 및 선택이론을 바탕으로 6가지 직업적 성격유형인 현실형, 탐구형, 예술형, 사회형, 진취형, 관습형으로 나타난다.

- 현실형(R): 활동적이며 실물적인 일을 선호
- 탐구형(I): 관찰하고 탐구하며 사고하는 일을 선호
- 예술형(A): 창의적이고 변화를 추구하는 일을 선호
- 사회형(S): 사람들과 교류하고 협력하는 일을 선호
- 진취형(E): 목표를 정하고 성취하도록 이끄는 것을 선호
- 관습형(C): 조직적이고 안정적이며 체계적인 일을 선호

한국고용정보원에서는 이러한 6가지 성격유형에 기반한 '흥미검사'뿐만 아니라 개인의 성향을 측정하는 '성격검사(5가지 요인)', 과거의 다양한 생활 경험을 측정해 개인을 이해하도록 돕는 '생활사검사'를 포함해 직업선호도 검사(L형) 서비스를 무료로 제공하고 있다. 워크넷에 접속하여 쉽게 검사하고 검사 결과도 바로 받아볼 수 있으므로 많이 활용할 것을 적극 권장한다(S형은 흥미검사만 제공).

다음으로 직업가치관(Career Anchor) 검사를 살펴보자.

Career Anchor는 미국의 조직심리학자 샤인(Schein, E.H)의 이론을 바탕으로 개발한 검사 도구다. 자아개념의 하나인 직업 관련 가치관을 말한다. Career Anchor는 자신의 능력, 기술과 자질, 그리고 일에 대한 가치와 동기 등 여러 요소가 조합된 결과다. 우리말로는 '경력 닻'으로 번역되는데, 항구에 배가 닻을 내리면 절대 쉽게 흔들리지

않듯, 자신의 경력 닦은 단기간에 쉽게 바뀌지 않는 특징을 지니고 있다. 한국고용정보원에서 개발한 검사의 경우, 결과 유형으로 사회적 공헌, 변화지향, 성취, 경제적 보상, 자기 개발, 일과 삶의 균형, 사회적 안정, 자율성 등 9가지 유형이 있다. 직업가치관 검사는 자신의 직업과 관련된 기본 가치를 알아보는 데 유용한 검사 도구이므로 직업선호도 검사와 함께 적극 활용을 권장한다.

계속해서 교류분석(Transactional Analysis)에 대해 살펴보자.

미국 정신과 의사 에릭 번(Eric Berne) 박사가 프로이트의 정신분석 이론을 토대로 교류분석 이론을 개발했다. 이는 한마디로 인간관계 교류를 분석하는 것으로, 인간관계가 존재하는 여러 다양한 장면에 모두 적용할 수 있다. 교류분석은 사람의 성격이나 행동을 명확히 이해함으로써 일상의 행동이나 태도를 즉시 바꾸어 조직 생활과 함께 가정생활, 그리고 다양한 사회적 활동을 적합하게 하기 위한 다양한 방법을 제공해 준다. 교류분석에서 이야기하는 3가지 마음 상태는 외부영향을 받은 나를 뜻하는 P(부모의 마음), 생각하는 이성적인 나를 의미하는 A(성인의 마음), 본래 느끼는 나 자신을 뜻하는 C(어린이 마음)로 구성돼 있다. 검사 결과를 통해서는 총 5가지 성격 중 하나로 아래와 같이 나타난다.

- CP(통제적 부모): 권위적, 지시, 편견, 비판, 도덕, 규율 중시
- NP(보호적 부모): 양육, 보호, 지지, 맹목적 애정, 과잉보호
- A(이성적 성인): 합리적, 논리적, 객관적, 현실 지향적, 냉정
- FC(자유로운 아이): 자유분방, 충동적, 관능적, 호기심, 개방적

- AC(순응적 아이): 복종, 순응, 겸손, 우유부단, 폐쇄적

교류분석은 '80년대 중반에 도입된 이래 국내 대기업 중심으로 일선 관리자 교육, 승격자 교육 등에 많이 활용되었다. 이처럼 조직적 차원에서의 접근 이외에도, 개별적으로도 새로운 일자리를 준비하는 과정에서 자신의 성격, 성향을 객관적으로 확인한 후, 이에 걸맞는 일자리 선택, 그리고 일을 선택한 이후에도 조직 내에서 어떻게 행동하고 대처할지 스스로 깨닫게 하는 유용한 검사 도구라 할 수 있다.

마지막으로 전용성 소질검사(Transferable Skill Profile)를 함께 살펴보자.

본 검사는 미국의 심리학자인 프레티저(Dale. J. Prediger) 박사의 이론을 기반으로 개발됐다. 그는 개인의 흥미 패턴을 종합하여 2차원 모델을 주창했다. 바로 People/Things(사람/사물)과 Idea/Data(사고/자료)에 의해 직업적 흥미가 이뤄졌다는 것이다.

전용성 소질은 새로운 직업을 찾거나 커리어를 전환할 경우, 이전 커리어로 습득된 능력 중에서 다른 커리어로 전환될 때 사용할 수 있는 역량을 의미한다. 어떤 새로운 일을 할지 의사결정을 하거나 직업 탐색 과정에서, 이전에 받았던 교육훈련, 직무경험, 취미, 관심 분야, 사회공헌활동 등을 통해 섭렵해 온 모든 기술과 능력, 스킬을 점검해 보는 게 필요하다.

이러한 검토과정을 통해 자신이 잘할 수 있고, 보람되게 할 수 있는 직업을 찾는 데 도움을 얻을 수 있다. 또한 지금 검토하는 직업 대안에 어떤 강점이 있는지, 어떤 도전과 어려움에 직면할 수 있는지를

어느 정도 가늠할 수 있다. 본 검사를 통해서 파악된 강점은 어떻게 발전 유지시키고, 또한 파악된 약점을 어떻게 보완할지 검토하는 데 유용하게 활용할 수 있다.

전용성 소질 검사는 앞서 언급된 4가지 유형 P(사람), T(사물), I(사고), D(자료)로 나타나는데, 검사 결과 가장 높게 나타난 2가지 유형에 해당하는 직업을 면밀히 검토해 직업을 선택하는 데 가이드라인으로 활용할 수 있다. 특히, 50대 이후 연령층 중 기존 경력으로 수평 이동이 어려운 사람은 본 검사를 필수로 해보기를 권장한다.

최근에는 새삼 MBTI 검사가 우려될 만큼 선풍적 인기를 끌고 있다. 맹신보다는 활용 목적에 비추어서 타 검사 도구 결과를 보완하는 수준에서 활용하는 게 바람직하다. 이외에도 다양한 검사 도구가 존재하고 기존 검사 도구를 변형한 새로운 도구가 개발되고 있다. 추가 검사 도구를 활용하여 보다 폭넓게 자신을 조명해 볼 수도 있으나, 너무 많은 검사 도구에 노출되면 오히려 혼란을 가중시킬 수 있다. 새로운 직업 활동을 위한 접근이라면, 앞서 소개한 직업선호도 검사, 직업가치관 검사, 교류분석, 전용성소질검사 등 4가지 검사 도구 중 일부만 잘 활용하여도 자신의 커리어 대안을 수립하는 데 아주 유용하게 자리매김 되리라 생각한다.

기업에서 근무할 때, 교육 입과자 중 한 명이 들려준 자신의 직업 심리검사 결과가 '요양보호사 교육원'을 설립하는 데, 지대한 영향을 미쳤다는 후일담이 기억에 맴돈다. 이 교육생의 경우, 개인적으로 같은 검사를 외부기관에서도 하고, 사내 교육과정에서도 동일하게 실시해 봤단다. 검사 결과는 동일했고, 평소 자신에 대한 자기평가와 검사 결과가 일치하다는 확신이 들었단다. 새로운 직업 선택에 결정적 영향을 미친 단초가 되었던 것이다. '직업선호도검사' 결과 사회형(S) 소유자로서 5년 이상 이 분야에서 발전을 이어가고 있다. 이런 경우는 전방위적인 그리고 객관적인 자기평가와 자기성찰이 함께 만들어 낸 결과물이라 할 수 있다.

하지만 직업심리검사 결과 하나만을 놓고 이를 너무 맹신해서는 안 된다. 이것만 의존해서 의사결정을 하는 것은 더더욱 바람직하지 않다. 어디까지나 객관적으로 자신을 살펴보는 참고자료로 활용하는 것이 좋다.

자기성찰적 접근

이러한 직업심리검사와 함께 자기를 이해하는 데 도움이 될 수 있는 방안으로 자기성찰이 있다. 먼저 조금만 주의를 기울여서 자기 자신을 응시해도 발견할 수 있는 게 유전적 재능이다.

진로선택 사회학습이론의 대가인 크롬볼츠(John D. krumboltz)는 "유전은 직업 결정에 아주 중요한 영향을 미치는 요소다. 어떠한 특정 능력이든 부모로부터 물러받은 것이 존재하는데, 특히 예체능의 능력은 유전적 요인이 강하게 작용한다"라고 했다. 이 말에 동의하는가. 나는 이 내용을 접하면서 경험적으로 주변에서 이에 딱 들어맞는 실제 사례를 많이 접해 왔던 터라, 딱히 문제제기를 할 수는 없을 것 같다. 굳이 이름을 거론하지 않더라도 잘 알려진 가수나 운동선수 중에서도 얼마든지 실제 사례를 발견할 수 있다.

예체능 능력 이외에도 유전적 영향을 많이 받는, 식별이 비교적 용이한 분야는 손을 사용해 무엇을 만들거나 기능적 향상 또는 유지와 관련된 분야다. 소위 손재주도 예체능 능력에 못지않게 유전이 잘 되는 능력의 하나다. 나는 실제 사례를 주변에서 관찰함으로 확신할 수 있었다. 예를 들어 아버지가 기계 수리를 잘하고 실제 기계를 수리하는 직업에 종사한 경우, 그 자녀는 동일한 계통의 직업을 선택하거나, 비록 동일한 직업은 아니더라도 기계 또는 특정 사물을 조립하거나 수리하는 걸 좋아하는 경우를 많이 봤다. 물론 잘 드러나지 않아서 눈으로 식별이 쉽지 않은 분야도 일정 부분 유전적 요인이 개입될 수 있음을 충분히 유추할 수 있다. 어떤가. 발견할 수 있겠는가. 아니면 이미 발견했는가. 그도 아닌 전혀 발견하기 힘들어 보이는가. 짐작컨대, 전혀 발견할 수 없는 경우는 그 유전적 재능이 분명히 존재하나, 수면 아래 깊숙이 잠재돼 있어 발견을 못 할 수도 있다. 부모도 물려받은 유전적 재능을 개발하지 않고 직업적으로 다른 분야에 종사한 케이스가 이에 해당한다. 자신이 물려받은 유전적 재능과 동일한 분야에서 직업 활동을 했다면 그 분야에서 더욱더 전문역량을 발휘하는 게 좋다. 하지만 이런저런 외부 요인으로 계속 직업 활동을 하기 어려운 사람은 동일한 분야는 아닐지언정 유전적 능력과 연관성 있는 분야를 검토해 보기를 조언하고 싶다. 유전적 능력은 천부적 재능이다. 이를 자신의 소중한 자산으로 여기고 연관성이 조금이라도 있는 분야가 없는지 살펴보는 안목도 필요하다. 자신의 유전적 능력을 익히 잘 알고 있었지만, 이런저런 이유로 다른 길을 오랫동안 걸어 온 경우도 적지 않으리라 생각한다. 이런 경우에는 물려받은 유전적 재능과 연관성이 조금이라도 있는 직업 분야는 어떤 것이 있는지 먼저 살펴보는 게 중요하다. 그다음 그 연관성의 정도와 자신의 주어진 상황과 여건 등 다른 요인도 함께 종합적으로 검토한 후 진입 여부를 결정하는 게 좋다.

지금까지 유전적 재능을 전혀 발견하지 못하고 직업 활동을 해 왔다면, 굳이 유전적 재능에 매달리기보다는 본인이 좋아하고 잘할 수 있는 분야는 어디에 숨었는지, 자신의 내면 저 오지까지 찾아 나서는 노력이 필요하다. 다시 말해 깊이 있는 자기성찰적 활동이 요구된다. 누구나 어렸을 때 앞으로 어른이 되면 어떤 직업을 갖고 싶다, 무엇이 되고 싶다는 최소 한두 가지 꿈을 가져본 적이 있었으리라. 이러한 꿈 중에 오랜 기간 가슴속에 머물렀던 것이 혹시 떠오르는가. 또는 최근까지 문득 떠오르고 맴도는 직업적 꿈이 기억나는가.

어릴 때 읽었던 위인전 속 선망의 대상이었던 인물이 있는가. 어떤 연유로 선망의 대상으로 자리매김했는지 기억할 수 있겠는가. 아니면 위인전이 아니더라도 실존했던 인물 중 닮고 싶은 사람을 기억하겠는가. 아울러 그 이유도 설명할 수 있겠는가. 이러한 질문에 답할 수 있다면 이러한 인물과 관련된 직업도 자신의 직업적 대안 리스트에 올려서 검토할 수 있다.

비록 직업적으로 연결되지는 못했지만 어릴 때 주변에서 칭송의 대상이었던 재능이나 소질이 있는가. 예체능이든, 손재주든 암기력이든 그 어떤 분야도 무방하다. 진지한 성찰로 직업적 연결고리가 있지는 않은지 면밀히 살펴보자. 혹시 선택하지 않아서 오랫동안 후회됐거나 회한으로 남은 직업 세계는 존재하지 않는가. 후회와 회한 그 자체가 새로운 직업 선택의 추동체일 수도 있음을 생각하자.

주변에는 수퍼의 발달 단계로는 '확립기'에 해당하는 40대 초반에 직장 생활을 그만두고 한의과 대학에 입학해 지금은 한의사로 활동 중인 사람도 있다. 이런 유형이 바로 오랜 기간 자기성찰의 결과로 나타난 직업적 사례다.

고용시장 이해

잘하거나 좋아하는 일을 찾으려면 우선 자신에 대한 이해가 전제되어야 하므로, 앞서 직업심리검사, 자기성찰(유전적 재능 포함) 등 자신을 잘 살펴서 잘하거나 좋아하는 일을 찾는 방법에 대해서 함께 고민해 봤다.

설상 이런 과정에서 잘하거나 좋아하는 일을 찾았다고 하더라도 실제 직업 세계, 직업 현장에서는 이러한 일이 어떻게 작동하고 어떤 방식으로 이뤄지는지, 그리고 어디에 존재하는지, 내가 보유한 경력과 나이 등을 감안할 경우 실제 고용 가능성이 어느 정도 되는지 가늠할 수 있어야 한다. 아울러 이러한 일을 했을 때 자신에게 어느 정도의 보상이 돌아오는지, 아무리 좋아하고 잘할 수 있는 일이더라도 나의 체력 같은 생리적 조건을 감안했을 때 내가 감당할 수 있는지, 감당한다 해도 얼마까지 할 수 있는지 등 직업 세계 전반에 대한 폭넓고 깊이 있는 이해가 뒤따라야 할 것이다.

이에 외부 고용시장 전반에 대한 폭넓고 깊이 있는 검토를 위해 어떻게 하는 게 효과적이고 체계적인 접근이 가능한지, 이해를 돕기 위해 편의상 '온라인 콘텐츠 검색하기', '발품 팔기', '전문가 만나기' 등 세 가지 활동 영역으로 나누어서 살펴보도록 하겠다.

첫째, '온라인 콘텐츠 검색하기' 영역이다.

우선, 인터넷에서 제공되는 공공 서비스인 워크넷(구인/직업정보 등), Q-Net(자격증 등), HRD-net(교육정보 등), 지자체 홈페이지(구인/교육정보)에서 제공하는 정보를 눈여겨 잘 살펴보자. 직업 세계에 대한 안목을 넓힐 뿐만 아니라, 자신에게 맞는 직업 정보를 얻을 수도 있다. 어디서 어떤 경력을 찾고 있고, 어떤 자격 요건이 필요한지, 보상은 어떻게 되는지, 그럼 나는 이러한 직업 세계에 들어가려면 무엇을 준비해야 하는지, 교육 과정을 밟아야 하는지, 사전 자격증을 취득하는 게 좋은지, 직업 관련 전반적인 정보를 얻을 수 있다.

특히, 구인 정보는 '사람인', '잡코리아' 같은 민간 사이트에서 유용하게 정보를 취득할 수 있다. 실제 구직 활동 과정에서는 상기 두 개 사이트를 적극 활용하는 게 좋다.

블로그나 카페, 신문 기사를 통해서도 각광받는 직업 정보나 고용시장 정보, 구인처 정보 등을 용이하게 습득할 수 있다. 이 밖에도 직업과 관련된 도서, 연구보고서, 학술자료, 정부정책자료를 살펴보면 다양한 정보와 지식을 얻는 데 도움이 될 수 있다.

두 번째로 '발품 팔기' 영역이다.

서울시 50플러스재단 같은 지자체 교육기관, 평생교육기관을 통해서 직접 오프라인에서 교육받는 걸 적극 권장한다. 이러한 교육과정 참여를 통해 전문지식이나 정보 획득뿐만 아니라 비슷한 고민과 관심사를 갖고 옆에 앉은 교육 참가자에게 훨씬 더 살아있는 정보를 얻을 수도 있다. 실제 경력을 전환하는 과정에서의 성공담, 실패담 등 다양한 정보를 생생하게 청취할 수 있는 좋은 기회일 수 있다.

취업박람회를 포함한 각종 박람회, 포럼, 학회 세미나 참여를 통해서도 여러 다양하고 깊이 있는 정보와 함께할 수 있다.

아울러, 도서관이나 직업 정보를 제공하는 관련 단체에 방문해 보는 것도 안목을 넓히는 데 도움이 된다. 새로운 산업 트렌드나 직업 트렌드를 얻을 수 있는 관련 정보지가 도서관에서는 계속 업데이트돼서 보여 준다. 관련 단체에서는 해당 산업이나 직업과 관련된 보다 생생하고 상세한 정보를 접할 수 있다.

세 번째로 '관심분야 전문가 만나기'다.

일선 현장에서 근무할 때, 구직 활동과 관련해서 상담할 경우, 단골로 내담자에게 들려준 이야기가 바로 '사람을 많이 만나야 한다.'라고 했었다. 이 이야기는 아직도 확고한 신념으로 자리하고 있다. 실제로 지인을 통해 재취업하거나 유용한 채용 정보를 얻는 경우를 많이 목격했기 때문이다.

비슷한 맥락에서 살펴보면, 구인 정보는 물론이고 관심 있는 분야에 대해 실제 그 분야에 현재 종사하거나 과거 오랫동안 종사해서 그 누구보다도 잘 알고 있는 전문가 이야기를 접하는 것은 실패 확률을 줄이면서 자신에게 맞는 일을 찾거나 실제 그 분야로 진입할지, 말지를 결정하는 데 매우 중요한 도움을 얻을 수 있다는 걸 명심해야 한다.

예를 들어, A라는 새로운 일이 자신의 적성에도 맞고, 오랫동안 해보고 싶었던 일이라 하더라도, 실제로 A라는 Job을 둘러싼 고용환경과 근무 여건, 처우 조건 등은 자신이 생각했던 부분과 많은 괴리가 있을 수도 있다. 자칫, 장밋빛만 상상하고 이를 쫓다가 실제 기대치 이하로 확인되면, 이런저런 기회 손실은 자명한 현실로 다가온다. 특히, 그게 창업이라면 막대한 금전적 손실로 이어질 수도 있다.

전문가를 만나되, 기회가 주어진다면 전문가가 현직에 직접 종사하는 경우 그 활동 현장까지도 살펴보는 것이 좋다. 현직에 종사하지 않는 경우는, 현직 종사자를 소개받는 수고로움도 감수하는 것이 좋다.

경력목표 수립

새로운 일을 찾기 위한 직업심리검사, 의도적 자기성찰 과정, 직업세계 전반에 대한 다양한 접근을 통한 이해 증진 같은 일련의 준비 과정이 이뤄졌다면 그다음 경력 목표를 수립하는 절차가 기다린다.

경력 목표는 어떻게 수립하는 게 좋을까. 두말할 필요 없이 경제적 수준과 향후 재정 운용계획을 감안해, 경제적 측면을 최우선 고려하는 게 중요하다. 하지만 여기서는 생계형 일자리가 아닌, 경제적 보탬도 물론 되지만 이보다는 자아실현형 일자리에 무게 중심을 두고 논의해 보고자 한다.

혹여 자신이 주된 직업에서 오랫동안 머물다 다시 새로운 직업 세계를 준비하는 시기인 인생 후반부에 진입했다면, 오랫동안 함께했던 인생 전반부 직업은 어떠했는가. 혹시 가족과 자신의 생계 유지를 위해서 별로 하고 싶지 않지만 어쩔 수 없이 하지는 않았던가. 상당수가 여기에 해당하지 않을까. 물론 나 자신도 여기에 해당한다.

그럼, 인생 후반부는 내가 진정 좋아하는 일, 하고 싶은 일을 할 수 있는 절호의 기회, 신이 내게 내려준 황금의 시간이라 여기고 나 자신을 중심에 두고, 자아실현을 위해서 어떤 일을 할 것인가, 자신의 직업 가치를 바탕에 두고 접근하는 게 좋을 것 같다.

각자의 직업 가치는 다를 수밖에 없지만 생애 전환기라는 특수 상황을 감안한다면, 참고가 될 만한 전문가 이야기에도 귀를 기울여 보는 것도 도움이 될 것 같다. 은퇴전문가들은 인생 후반부 추구 조건으로 "지위나 승진, 권력, 연봉 같은 출세 가치를 우선시하지 않아야 하며, 보수에 크게 구애받지 말고 보람을 느낄 수 있는 일, 여기에 놀듯이 즐기면서 할 수 있는 일이면 가장 좋은 일이라고" 강조한다. 비슷한 맥락에서 여러 전문가가 이구동성 이야기하는 인생 후반부 일의 의미를 조금 더 살펴보자. 사회참여와 봉사, 급변하는 사회 적응을 위한 학습, 젊은 세대와의 접촉, 외로움 해소, 경제적 수입, 자신에 대한 유용성 확인, 건강 증진 등이 이에 해당한다. 대체로 공감 가는 이야기가 아닌가 싶다. 나는 이 중에서 세 가지만 고른다면 자신의 유용성 확인, 건강 증진, 경제적 수입 이상 세 가지를 꼽고 싶다. 자신에게 제일 중요하게 생각되는 세 가지는 어떤 것이 있는지 깊이 있게 생각해 보면 경력 목표를 세우는 데 도움이 될 수 있겠다.

그런데, 이와 관련 주제로 강의하다 보면 "굳이 이처럼 계획적인 절차를 통해 경력 목표를 설정해야 하는가. 지금까지도 직업 활동을 하는 데 이런 과정 없이 잘 해왔는데, 그냥 기회가 오면 새로운 일자리에 편입하면 되지 않는가."라고 이야기하는 교육생이 간혹 있다. 나름대로 이해가 가지만, "이러한 측면도 함께 고려하면 어떨까요?" 라고 이야기하면 대체로 수긍한다.

다름 아닌 인생 후반부를 진입하는 생애 전환기라는 간절기적 특징이 있어서, 자신에게 닥쳐올 상황은 변화무쌍할 수 있다. 그래서 소위 플랜B도 수립해야 한다. 뜻하는 바대로 기대했던 바대로 일이 진행되지 않으면 충동으로 연결될 가능성이 있으므로 이를 방지하기 위해서라도 명확한 경력목표 수립을 통해서 계획적이고 체계적 접근이 필요하다.

Part 2

Life

삶

삶 속에 머물고 있는
잊혀진 질문

3

여행

진정한 여가를 위한 여행은
어떤 모습인가

여가로서의 여행

인생 6대 영역 중 하나로 '여가'라는 게 있다. 여가의 사전적 의미는 '일이 없어 남는 시간'이라고 정의하고 있는데 여가라는 단어 뒤에 활동이나 생활이라는 어휘가 뒤따르면 실제로 사용되는 쓰임새는 취미와 유사어가 된다. 취미 활동, 취미 생활처럼 말이다.

일의 대척점에 서 있는 것이 여가인데, 일은 힘들고 어렵고 일을 위해서는 때론 사전 훈련이 필요하지만, 여가는 특별한 훈련도 필요 없고 이를 즐기는 데 특별한 재능도 필요 없어서 아무나 즐길 수 있어 보이고, 실제 그렇게 인식돼 왔다. 그러나 실제는 그래 보이지 않는다. 심리학자 미하이 칙센트미하이(Mihaly Csikszentmihalyi)는 《몰입의 즐거움》에서 이렇게 말한다.

여가는 일보다 즐기기가 어렵다. 마음대로 쓸 수 있는 시간이 주어져 있다 하더라도 이를 효과적으로 쓰는 요령을 모르면 삶의 질은 올라가지 않는다. 그건 절대로 사람이 저절로 터득할 수 있는 게 아니다. 정신분석학자 샨도르 페렌치는 세기말에 이미 환자들이 다른 날보다 일요일에 유달리 히스테리와 우울증 증세에 시달리는 경우가 많다는 걸 간파하고 그것을 일러 '일요신경증'이라고 불렀다.

2020년 문화관광부 국민여가조사 결과를 보면 가장 많이 하는 여가 활동으로 TV 시청이 뽑혔으며 45.7%나 차지했다. 이는 인터넷 검색, 게임, 산책 및 걷기 같은 다른 활동보다도 압도적으로 매년 높게 나타나고 있다.

심리학자 미하이 칙센트미하이는 이러한 TV 시청을 수동적 여가로 분류하며 반대편에 있는 능동적 여가보다 몰입 효과가 떨어지고 심리적 효과도 낮다고 같은 책에서 이야기한다.

미국의 10대는 TV를 보는 동안에는 13퍼센트가, 취미 활동을 하는 동안에는 34퍼센트가, 운동이나 게임을 하는 동안에는 44퍼센트가 몰입을 경험한다. …… TV 시청보다 취미 활동이 두 배 반 가까이, 적극적으로 임하는 운동이나 게임이 세 배나 더 강한 즐거움을 선사한다는 걸 의미한다.

그러면 이러한 의미 있는 공유 지점에 다가설 수 있다. 여가 활동 자체가 저절로 즐거움을 선사할 수 없으므로 적절한 능동적인 여가 활동 개발이 필요함을 말한다.

여가 중 으뜸은 바로 여행

기업에서 강의할 때 인생 6대 영역 중 하나로 꼽는 여가에 관해서도 시간을 할애해 짚고 넘어가곤 했다. 대표적인 여가로는 여행을 손꼽을 수 있다. 강의 중간중간 인생 버킷리스트 10가지를 적어 보라 하면, 대부분 (해외)여행을 첫 번째로 꼽는다. 비단 정년이 얼마 남지 않은 중장년층을 위한 교육과정 말고도 승격자 교육 등 내가 이전에 피교육생으로 참여했던 여러 다양한 사내교육조차도 버킷리스트 얘기가 나오면 (해외)여행은 맨 앞에 위치하곤 했다.

이처럼, 퇴직을 앞둔 말년 부장이든 신입사원이든, 10년 차 과장, 차장이든, 그 누구라도 여행을 그 무엇보다도 선호했다. 이는 특정 기업 집단에만 해당하는 특수 현상이 아닌, 어찌 보면 대부분의 인간에게 적용되는 보편화된 생각과 바람이 아닐까 싶다.

여가 중에 대표적인 게 바로 여행이고, 특히 중장년의 여가 활동으로 최고일 수 있는 이유를 서울대 심리학과 최인철 교수의 말로 종종 인용하곤 했다. "여행은 걷기, 말하기, 체험하기, 맛있는 음식 먹기 등 건강과 행복으로 가는 중요한 요소를 압축해서 보여 주고 있다. 지금까지 시간이 없어서 여행 갈 기회가 많지 않았다면, 앞으로는 여가 활동의 하나로 여행을 많이 했으면 좋겠다고 목소리에 힘주어 얘기하곤 했다.

이처럼 여행에 대한 교과서적 장점만 부각해 설명하다 보니, 강의를 끝내고 나면 정작 나 자신은 여행하면서 이런 예찬론에 부응할 만큼 만족과 행복감을 느꼈던가 하는 의구심이 고개를 내밀곤 했다. 물론, 지금도 나 자신에게 버킷리스트를 말하라 하면, 당연히 여행을 최고로 꼽겠지만 말이다.

지금까지 나의 여행 심리와 그 모습

여행을 죽기 전에 제일 하고 싶은 일 중 하나로 생각하면서도 지금까지의 여행 경험에 대한 주관적 만족도는 버킷리스트상 진열된 화려하고 멋있는 모습과는 다소 괴리감이 있다. 이는 분명 문제가 있어 보인다.

나는 지금까지 이런저런 여행을 해봤지만, 막상 여행을 갔다 오면 대부분이 밋밋한 수준에 머물렀거나 때론 피곤한 기억만 남곤 했다. 주로 직장 휴가 기간에 재충전 차원에서 휴식이나 기분 전환이 이뤄졌지만, 기대수준에 못 미쳤던 경우가 많았다.

미하이 칙센트미하이의 '몰입'의 관점에 입각해 내 여행 경험을 분석해 보면, 능동적인 여가 활동의 일환으로 이뤄진 여행이 아닌, 별다른 준비나 개발 없이 맹목적으로 이루어졌다고밖에 볼 수 없다. 수동적이고 의례적인 활동 그 자체였다.

그럼 이처럼 여행이 수동적으로 이뤄졌던 원인이 어디에 있을지 궁금해졌다. 그래서 나의 여행 심리부터 나름 다시 점검해 보고 싶다고 생각했다. 물론 여행 심리의 밑바탕에는 잘 변하지 않는 타고난 천성이 존재한다. 이러한 천성과 후천적으로 형성된 자아가 어우러진 마음 밭에서 여행이라는 씨앗이 뿌려지고 여행 식물로 자라난다.

나의 마음 밭 토양에 잘 자라는 여행 식물은 어떤 게 있는지, 이를 어떻게 가꿔야 하는지, 씨는 언제 뿌리고 수확은 언제 해야 하는지 등 말이다.

이처럼 나의 여행 심리에 대한 이해를 통해 내게 맞는 여행 나무가 계속 잘 자라나도록 그 재배 방법을 계속 개발해 나가고, 혹시 나와 비슷한 이해와 처지에 있는 여행자가 있다면, 인식의 전환으로 형성된 나의 여행 세계관을 공유해 보고 싶다는 지점에 이르렀다.

그런데, 나의 여행 심리를 파악하려면 자아 한켠에 잠자고 있는 의식부터 깨워내야 했다. 이러한 잠재의식에 대한 알아챔이 있어야지만 진지한 자기성찰이 가능할 듯 싶었다. 하지만 이러한 잠재의식에 접근하려면 외부로부터의 자극이 요구됐다. 객관적으로 자아 내면의 구석구석을 비춰 줄 수 있는 서치라이트가 필요해 보였다. 바로 객관적인 조명이었다. 그래서 여행에 대한 타인의 생각이나 객관적 이해에 도움이 될 만한 여행 심리 관련 책을 몇 권 찾아내 꾹꾹 눌러 읽어 내려갔다. 한편 여행 관련 책이 아니더라도 책 속 작가의 여행에 대한 단상도 주목하면서…. 그리고 아직 지워지지 않은 지나간 여행의 길목마다 이 책들을 올려놓았다.

잠자던 내 의식에 틈이 생겨 깨닫는 부분으로 이어지기도 했고, 미처 정리되지 않았던 장면은 분명한 언어로 선명하게 자리매김한 부분도 있었다. 물론 어떤 부분은 아직도 분명히 와닿지 않은 채 그럴 수도 있겠다는 공감 그 이상도 이하도 아닌 방관자적 수준에 머무르기도 했다.

자, 그럼 본격적으로 여행에 대해 한 발자국 더 들어가 보자. 앞에서도 언급했듯 여행을 최고의 버킷리스트로 삼으면서도 막상 실행에 옮기고 난 후 남아 있는 여행 이후의 모습은 여행 이전보다도 기쁘거나 즐겁지 않았다. 이런 것까지 바라지 않더라도 마음의 평화나 편안함조차도 길 떠나기 이전의 일상과 비교했을 때 오히려 못한 경우도 여러 번 있었던 것 같다. 그래서 여행에서의 아쉬움을 흔히 '원래 길 떠나면 고생이다'라는 말에서 위안을 삼았는지도 모르겠다. 이처럼 미완성으로 남은 여행을 누구나 다 비슷하겠거니 여기며 이를 나만의 문제로 정면에서 진지하게 바라보고 싶지는 않았다.

여행을 의미하는 영어 travel이 원래는 고생을 뜻하는 의미인 travail에서 파생됐다는 이야기가 있다. 그래서 여행에서 고생이 일부 수반됨을 지극히 당연하게 받아들이는 경향이 있는 것도 사실이다. 그렇지만 여행을 떠나는 이유는 여행 중에 수반되는 고생을 상쇄하고도 남을 만한 더 좋은 무언가가 주어질 거라는 믿음과 기대가 있기에 떠나는 것이다. 그럼, 그 기대와 실제로 구현된 여행과의 차이가 어디서 오는 것일까. 바로 마음에서 비롯된다.

직장 생활을 하면서 주어진 내 여행은 분명한 시간적 제한이 있는 휴가 기간에 이뤄져야 했다. 이처럼 시간이 절대적으로 지배하는 여행 속에서 상상했던 기쁨이나 안락 같은 환상을 담아 돌아와야 한다는 강박 심리가 강하게 작용했다. 환상을 현실의 여행 속에 제대로 담지 못해 생기는 심리적 방황은 미래의 불안을 끌어들이는 한편 여행 전에 있던 사소함에도 집착하게 했다. 마치 깜빡하고 미처 끄지 않고 나온 것 같은 주방의 가스 불에만 집착하며, 생각의 배수구를 빠져나가지 못한 채 고여 버린 형국이 되곤 했던 것이다.

여행을 방해하는 훼방꾼

설상가상 여기다 여행 중에 좋지 않은 컨디션이나 불편을 주는 사소한 일, 함께 여행 간 동반자와의 의견 차이로 기분이 상해지는 것도 한몫 더해 불난 집에 부채질하는 꼴이 되곤 했다.

이처럼 기대를 벗어나게 하는 여행 사례는 알랭 드 보통이 쓴 《여행의 기술》이라는 책에서 밝힌 자신의 소소한 경험담에서도 엿볼 수 있다.

나는 아침의 흥분을 느끼며 허공을 질주하는 새 몇 마리를 보기는 했지만, 이들에 대한 나의 관심은 어울리지도 않고 관계도 없는 다른 수많은 요소 때문에 곧 시들해졌다. 그중에는 비행기를 타고 오는 동안 얻은 목감기, 한 동료에게 내가 휴가를 떠난 사실을 알리지 않았다는 걱정, 양쪽 관자놀이를 눌러오는 압박감, 점차 강해지는 화장실에 가고 싶은 욕구 등이 있었다. …… 이번에는 섬을 완전히 떠나 내년에 시작하기로 한 골치 아픈 프로젝트를 찾아갔다. …… 몇 시간 전 (여행동반자 M과의) 크렘 캐러멜을 둘러싼 말다툼 이후로는 미학적인 것이나 물질적인 것은 어떤 것도 즐길 수 없었다.

여행 중에 함께 떠난 동반자와의 불화로 여행 전체를 망친 실제 사례가 여기저기서 들리곤 한다. 특히, 퇴직 후 중장년 부부끼리 함께한 해외여행에서 작은 불화로 수십 년간 쌓아온 좋은 인연이 물거품이 됐다는 슬픈 사연도 접했다. 그런데 사실 이런 현상은 꼭 여행지에서만 일어나는 특별한 사례가 아니라 세상 관계 어디서나 누구에게나 찾아온다. 하지만 여행지에서의 이런 경험은 파급력이 더 크다. 일상 속에서 보다 더 날카로운 금속이 돼 가슴을 찌르는 듯한 아픔을 주는 것이다. 그 이유가 뭘까.

여행지에서는 대체로 많은 점에서 일상보다 더 불편하다. 사람마다 조금씩 다르긴 하지만 시차나 잠자리가 다른 데서 오는 수면 장애, 언어 장벽에서 오는 자유로운 활동 제약, 생체리듬 변화에 따른 스트레스 증가 등 크고 작은 요인이 생겨날 수 있다. 이러한 불청객이 초기에는 잠복했다가도 일행과의 의견 차이로 불쾌감이 발생하는 등 어떤 결정적 계기를 만나면, 기름에 불을 지피듯 생각지도 못한 상황을 맞게 되는 것이다.

이처럼 여행길에서, 특히 환경 변화에 대한 순발력이나 적응력이 젊은 연령층보다 상대적으로 떨어질 수밖에 없는 중장년층은 더 취약할 수밖에 없는 게 사실이다.

여행 자체가 가져다주는 불편함에 대한 대응력 부족은 물론이고, 여행의 만족도가 반드시 100점이어야 한다는 강박 심리가 여행 효과를 반감시키는 요인 중 핵심 요인이라 생각한다.

여행 훼방꾼으로부터 멀어지기

그럼, 여행 장애 요소를 없애는 방법은 없을까.

해결방안 또한 멀리서가 아닌 가까이에서 그 원인을 찾을 수 있다. 우선 여행의 환상에서 벗어나 기대심리를 너무 높이지 않는 게 중요하다. 기대가 크면 실망도 당연 큰 법이다. 여행에서 고통을 단번에 들어주는 진통제나 일시적인 쾌락을 바로 안겨 주는 마약 같은 효험을 절대 기대해서는 안 된다.

실제로 나는 얼마 전 보름간의 미국 여행에서 이를 깨달았다. 퇴직 이후 처음 맞는 여행이었다. 그전에도 회사 출장을 비롯해서 사적으로도 여러 차례 미국 여행을 다녀온 전력이 있어서인지 몰라도 큰 기대 없이 여행길에 올랐다. 물론 퇴직 전과는 달리 휴가 기간이라는 시간 제약이 없어서 시간이 주는 압박감은 없었다. 그냥 주어진 시간 속에 자유롭게 나 자신을 던지기로 했다.

어느 순간 나는 이국땅 어느 특정 장소에 머물지 않고 현재라는 무한한 시간 속을 자유롭게 거니는 중이었고, 세상의 공간에 자리하는 여러 다양한 모습과 마주하면서 그 리듬과 질감을 느끼고 있었다. 시각, 청각, 촉각, 후각 같은 내 몸의 감각 기관이 자연스레 각자의 역할을 잘 수행하며 내 안에 깃든 고요를 오롯이 감지할 수 있었다. 평소 수시로 찾아왔던 울퉁불퉁한 마음에서 벗어나, 평화를 떠올리는 순간이 많아졌다. 특히, 캘리포니아 와인 주산지인 나파밸리 어느 와이너리에서 잠시 머무를 땐 '영원'의 의미까지 떠올렸다.

저 멀리 지평선까지 펼쳐진 포도밭 위에 소낙비처럼 쏟아져 내리는 진노란 햇살이 녹색 이파리들에 내리쬐며 찬란한 세상을 끌어올리는 녹색 향연의 지휘자를 자처했다. 그리고 그 햇살은 내 몸 위에도 내려앉으며, 마치 상처 난 부위에 스며들 때 따갑지만 시원함을 동시에 선사하는 소독제처럼 다가왔다. 영혼이 거하는 내 몸속 구석구석마다 지친 세포, 오랜 억압 속에 숨죽인 세포, 죽어가는 절망의 세포 속으로 스며들었다.

이런 영원의 순간은 정신과 의사 문요한의 책《여행하는 인간》이 잘 묘사하고 있다.

> 우리는 여행지에서 눈에 보이는 것뿐만 아니라 보이지 않는 것까지 보고, 귀에 와닿지 않는 소리까지 듣게 된다. 생각은 자꾸 우리를 과거와 미래로 끌고 가지만 감각은 우리를 현재에 머무르게 해 준다. 감각이 살아나기에 우리는 점점 '지금-여기'에 존재할 수 있다. 시간은 천천히 흐르고 우리는 점점 시간을 의식하지 않게 된다. …… 우리가 영원으로 들어간 것을 어떻게 알 수 있을까? 그 시간 동안 생각과 판단이 중지되면서 우리의 의식은 경험으로 꽉 차고 특별한 이유 없이 행복감을 느낄 수 있다. …… 방랑 시인 아르튀르 랭보(Jean-Nicolas-Arthur Rimbaud)는 불과 열아홉 살에 '영원'이라는 시를 썼다. 어떤 바닷가에서 그의 영혼에 영원이 깃든 것이다.
> 나는 그것을 다시 찾았다! 무엇을? 영원을. 그것은 태양과 함께 간 바다.

여행지에서 크고 작은 불편으로 싹트는 실망, 불쾌감, 고통으로 인해 급기야 여행 자체가 엉망이 되는 사태를 어떻게 막을 수 있을까. 이 또한 해법은 가까이서 찾을 수 있을 듯하다.

썩 내키지 않는 왠지 불편해 보이는 여행지는 가급적 선택 대상에서 배제하는 게 좋다. 장거리 이동, 기대치를 훨씬 뛰어넘는 물가 같은 외부 요인은 물론이거니와 자신의 성향이나 취향에서 비롯된 내적 요인도 있다. 예를 들어 평소 동물과 무더운 기후 자체를 무척 싫어한다면, 아프리카 사파리 여행은 당연히 배제해야 할 여행지가 아닐까 싶다.

자신에게는 전혀 해당하지 않는 지극히 당연한 이야기로 들릴 수도 있겠다. 하지만 인지도 높은 유명 여행지거나, 주변에 가까운 사람이 함께 가자고 해서 그 부류에서 이탈되는 게 싫어(아니 두려워서) 강행하는 경우도 있다. 자신도 모르게 어느새 원치도 않았던 여행지에 가 있는 자신을 발견하는 것이다. 뚜렷한 목적도 없이 이처럼 여행을 강행한다면 이후 후회할 가능성이 높다.

그리고 왠지 불화가 야기될 것 같거나 함께하기가 불편하고 꺼려지는 여행 동반자가 있다면 그 여행을 정중히 거절하는 것도 고려해보자. 다른 그럴듯한 이유를 대서라도 말이다.

이처럼 큰 불편이 예상되건만 그럼에도 불가피하게 떠나야 하는 여행이라면 여행 중에 일어날 만한 다양한 불편 요소를 사전에 잘 대비하는 게 필요하다. 이를 피하거나 최소화할 수 있는 전략을 미리 마련해서 떠나는 것이 좋다. 그래야 조금이라도 덜 불편하고 당초 기대한 여행에 가까워지지 않을까. 특히 해외여행은 비용과 시간이 많이 든다. 여행의 기대치를 충실히 반영하는 장소 선택부터 가서 뭘 보고, 듣고, 느끼고 일상으로 돌아올지, 이 여행이 내 삶에 어떤 색깔로 채색되고 어떤 무늬로 구현될지 여행 기획 단계부터 잘 살펴봐야겠다. 어떤 여행이 당신의 기대심리를 충족시키는가. 어디에서 찾을 수 있는가.

진정한 휴식으로의 여행

여행 이유와 목적 살펴보기

여행이란 도대체 자신의 삶에서 어떤 기능을 하고 어떤 의미로 자리매김되는지 한 번쯤은 진지한 고민이 필요하다. 특히, 인생 전환기에 있는 중장년층에게는 더 그렇다.

있어도 그만 없어도 전혀 불편함이 없는 액세서리에 불과한지, 아니면 정기적으로 반드시 갈아야 하는 자동차 엔진오일처럼 중요한 몫을 하는지, 소유하고 싶은 아주 귀중한 보석 같은 존재지만 형편상 가까이 다가가지 못한 채 그림의 떡으로만 남아 있는지….

이처럼 지나온 여행의 흔적을 더듬어 보면서 어떤 수준에 있는지, 나에게 여행 이유와 그 목적이 무엇이었는지 진지하게 살펴보는 것은 앞으로의 여행 방향을 설정하는 데도 여러 도움이 될 터다.

소설가 김영하는 자신의 책《여행의 이유》에서 "내가 여행을 정말 좋아하는 이유 중 하나는 과거에 대한 후회와 미래에 대한 불안, 우리의 현재를 위협하는 이 어두운 두 그림자로부터 벗어날 수 있기 때문"이라고 했다.

문요한은 같은 책에서 새로움, 휴식, 자유, 취향, 치유, 도전, 행복, 유연함, 각성, 노스탤지어, 전환 등 12가지 주제를 설정해 자신의 실제 생생한 여행 경험담을 기초로 성찰적 담론을 펼치면서 여행의 이로움을 보여 준다. 독자들에게 보다 가까이 다가가 풍성하면서 쉬운 이해를 도우려는 의도가 엿보인다.

나는 여행 목적이자 성과로 자리매김하기 위한 주제를 세 가지 유형으로 보다 압축해서 살펴보려 한다.

바로 휴식으로의 여행, 학습으로의 여행, 하나의 삶으로 통합되는 여행이 그 세 가지다. 나는 이 세 가지 유형을 삶이라는 시간의 흐름과 함께 단계적으로 발전해 나가는 여행의 모습으로 상정해 이를 그리고 드러내 보고 싶다.

하지만 오해는 하지 말자. 여행에 투자한 시간에 비례해 여행 효과가 크다는 얘기는 아니다. 삶이라는 바닷속으로 유입되는 여행의 강줄기가 갈수록 맑고 투명해지며 바다와 이어짐을 의미한다. 이건 여행 횟수나 여행 경력과는 무관하다.

휴식으로의 여행 유형

먼저 이번 장에서는 '휴식으로의 여행' 유형을 그려 보고자 한다. 많은 사람이 선호하는 여행 유형일 수 있다. 나이가 어느 정도 있는 중장년층 이상에서는 더더욱 그렇다.

여행지에서의 휴식 시간으로 누리게 되는 여행 효과를 상상해 보라. 무엇이 떠오르는가. 쉼을 통해 그동안 쌓인 근심과 피로가 풀리면 활력이 생기고 방전된 삶의 배터리 또한 재충전된다. 빨간불에서 녹색불로 바뀌면 다시 일상으로 돌아갈 수 있는 에너지가 채워지는 것이다. 조금 더 나아가면 일상에서는 쉽게 오지 않던 편안함과 즐거움도 찾아온다. 그리고 고통스러웠던 일상에서 잠시나마 벗어남으로써 치유의 언덕에 다다를 수도 있다.

같은 맥락에서 김영하는 동일한 책에서 스토아학파 철학자들의 말을 인용하면서 이를 요약해 잘 설명해 주고 있다.

"미래에 대한 근심과 과거에 대한 후회를 줄이고 현재에 집중할 때, 인간은 흔들림 없는 평온의 상태에 근접한다. 여행은 우리를 오직 현재에만 머물게 하고, 일상의 근심과 후회, 미련으로부터 해방시킨다"고.

문요한의 같은 책에는 진정한 휴식에 대해서 이렇게 짚는다.

"소극적 휴식은 주말에 맛있는 과자를 먹으며 하루종일 TV를 보거나 늘어지게 잠을 자다가 월요일에 출근하는 것과 별로 다르지 않다. 충분히 쉰 것 같지만 월요일 출근길에 나서면 몸과 마음이 물에 젖은 솜뭉치처럼 무겁기만 하다. …… 스포츠 의학 전문가들은 진정한 휴식이란 아무것도 하지 않는 무활동 상태가 아니며, 그보다는 활동하는 신체 기관을 바꾸는 것이 중요하다고 이야기한다. 즉, 의자에 오랫동안 앉아서 머리를 썼다면 스트레칭이나 산책 등을 하며 몸을 움직이는 것이 활력을 주는 적극적 휴식이다. 그렇다면 진정한 휴식으로의 여행이 뭘까? 핵심은 휴식이 에너지를 쓰지 않는 것이 아니라 에너지를 채우는 것이라는 점이다. …… 알프스에서 가족과 함께 한 트레킹이 내게는 큰 휴식이다"라고 이야기하고 있다.

진정한 휴식의 의미를 음미하다 보니 내게도 있었던 비슷한 경험이 떠오른다. 얼마 전 제주 여행에서 하늘이 낮게 내려앉아 안온함을 주는 제주 생태공원과 울창한 사려니숲길을 천천히 걸으면서 햇살과 바람결이 나의 몸과 마음에 스며드는 걸 느낄 수 있었다. 이것이 바로 당시의 내게 딱 맞는 적극적 휴식이자 진정한 휴식이었다.

사람마다, 또 같은 사람이라도 그 시기와 상황에 따라 진정한 휴식으로 자리매김되는 여행 방법이 제각기 다르다. 중요한 것은 그 시간, 그 장소, 그 길 위에서 단순히 풍경이나 사물을 바라보는 수준에서 벗어나 온전히 머무르고 함께하면서 그 느낌과 질감까지 담아내는 게 중요해 보인다.

나는 이번 미국 여행길에서 캘리포니아 남부에 위치한 요세미티 국립공원에 머무르면서 빼어난 자연경관에 순간적으로 넋을 잃었다. 하늘 높게 치솟은 장엄한 절벽과 그 사이로 내려오는 폭포, 그리고 마치 영화 〈흐르는 강물처럼〉에 나오는 듯한 맑디맑은 강물과 넓게 펼쳐진 초원 위에 노랗고 연한 분홍색으로 핀 이름 모를 야생화, 새소리, 바람 소리까지 더해진 자연은 그야말로 감탄을 자아냈다.

이러한 순간을 문요한의 같은 책에서는 H. 매슬로가 말한 '절정경험'으로 언급한다. '절정경험이란 부모가 되는 경험, 신비 또는 광활함에 대한 경험, 자연에 대한 경험' 등으로 정의한다.

나는 '절정'과 '숭고함'이 깃든 이 순간을 조금 더 오래 붙들고 싶어서 흐르는 강물을 옆에 끼고 더 넓게 펼쳐진 초원을 가족과 함께 한 시간여를 걸었다. 이는 내 몸 혈관을 통해 각각의 신경 기관으로 전달하는 작업이었다. 마치 잘 달리던 자동차의 배터리가 방전됐을 때, 다른 차에 연결해 정상 운행이 되도록 하는 것과도 같다. 그래도 아쉬움은 남았다. 다음에 또 갈 기회가 생기면, 배낭을 메고 며칠간 길게 트레킹하는 대열에 합류하리라.

휴식과 관련된 여행 사례를 열거하다 보니 내가 실제 좋아하고 경험했던 숲이나 산과 같은 자연에만 한정해서 살펴본 것 같다.

휴식을 위한 여행에는 자연을 무대로 하는 것 말고도 아주 다양한 형태의 여행이 존재한다. 자연과는 대척점에 위치한 도심지 여행도 있다. 요즘 유행하는 호캉스 여행이 대표라 할 수 있다. 내가 직접 경험하지 않은지라 평가 자체는 어렵다. 이에 대한 선호도는 사람마다 취향에 따라 호불호가 갈릴 것 같다. 사람이 많이 붐비고 화려한 조명과 빌딩 숲에 있는 시간이 오히려 더 편안과 안락을 줄 수도 있다. 본능적으로 발길이 이끄는 곳도 함께 주목할 필요가 있다. 자신에게 잘 맞고 입기도 편한 여행이라면 말이다.

학습으로의 여행

깨달음을 주는 여행

휴식으로의 여행에 이어서 이번에는 '학습으로의 여행'을 떠나보자. 학습으로의 여행이라 하면 왠지 반감이 들지 않는가. 여행과 학습은 서로 정반대에 있는 것 같다. 마치 양복 재킷에 한복 바지를, 아니면 거꾸로 한복 저고리에 양복바지를 입은 꼴이다. 하지만 그와 다르다. 내가 정의하는 학습은 상식과 지식을 넓혀 주는 의식적 학습 활동뿐만 아니라, 여행지에서 깨달음을 얻는 무의식적 경험을 통한 학습도 포함된다.

진정한 경험은 단순히 눈으로 보는 데 그치지 않고 이를 지각하고 인지하는 행동이 총체적으로 일어나는 것이다. 이러한 경험을 재구성하고 재해석하는 과정에서 성찰적 경험 학습이 이뤄진다.

알랭 드 보통의 《여행의 기술》에서는 장엄한 대자연의 모습 앞에서 느끼는 '숭고함'에 대해 구체적으로 묘사하고 있다. 이 중 한 가지만 살펴보자.

숭고한 풍경은 우리를 우리의 못남으로 안내하는 것이 아니라, 우리가 그 익숙한 못남을 새롭고 좀 더 도움이 되는 방식으로 생각하도록 해준다. 이것이야말로 숭고한 풍경이 가지는 매력의 핵심이다. 숭고한 장소는 일상생활이 보통 가혹하게 가르치는 교훈을 웅장한 용어로 되풀이한다. 우주는 우리보다 강하다는 것, 우리는 연약하고 한시적이고, 우리 의지의 한계를 받아들일 수밖에 없다는 것, 우리 자신보다 더 큰 필연성에 고개를 숙일 수밖에 없다는 것. 이것이 사막의 돌과 남극의 얼음 벌판에 쓰인 교훈이다.

그렇다. 대자연의 숭고함 앞에서 신과도 같은 절대적인 힘을 느끼고, 작고 어리석은 자신의 모습을 본다. 그리고 깨닫는다. 보다 겸손해진다. 존재에 대한 감사함도 느낀다. 관점의 전환으로 보다 새로워진 모습으로 돌아온다. 이는 의도하지 않은 상황에서 무의식적으로 일어나는 학습 중 하나다.

특정한 그 무엇을 얻기 위한 의도된 여행에서 의도하지 않은 그 무엇을 얻거나 깨닫고 돌아오는 여행도 있다. 이를 김영하는 같은 책에서 '추구의 플롯' 옆에 가져다 놓는다. 추구의 플롯에서는 작품 속 주인공이 결말에 이르러 '뜻밖의 사실'을 알게 되고 이를 통해 깨달음을 얻는다. 김영하는 책 속에서 두 번의 중국 여행을 떠올리며 이를 풀어나간다. 한번은 사회주의 이데올로기에 경도돼 있던 대학 4학년 때 중국 여행 중 평소 자신이 상상했던 사회주의와 실제 현실과의 괴리 속에서. 또 한번은 소설을 쓰기 위해 중국으로 떠났다가 하루 만에 추방됐던 경험과 추방된 이후에 목표했던 소설 집필 활동이 기대 이상으로 잘 됐던 경험이 '추구의 플롯' 형식 언저리에서 설명이 된다.

나도 이번 미국 여행에서 아주 짧은 순간이었지만 예상치 못한 뜻밖의 교훈, 깨달음을 얻었다. 다름 아닌 요세미티 국립공원에 위치한 '마리포사 그로브'를 방문할 때였다. 아주 오래된 자이언트 세쿼이아 숲으로 유명한 이곳에서는 입구부터 셔틀버스를 이용해야 한다. 개인 차량으로는 진입이 안 된다. 에버랜드 동물원에서 운행하는 셔틀버스와 비슷한 형체의 길쭉한 버스다. 좌석은 그다지 많지 않다. 탑승 후 많은 사람이 서서 입구와 목적지까지 이르는 길을 오간다.

나는 이 목적지에 도착 후, 한 시간여 머물면서 숲길을 걸어 둘러본 이후, 입구 주차장으로 돌아오려고 다시 버스에 탑승했다. 벌써 빽빽하게 선 탑승객 가운데 나이 드신 할머니 두 분이 뒤늦게 올라탄다. 잘은 모르겠지만 최소한 70대 후반은 돼 보였다. 딱 보기에도 좁은 공간에 서 있기에는 무척 불편해 보였다. 이때 고등학생쯤 보이는 두 청소년이 앉았던 자리에서 벌떡 일어나더니 자리를 양보한다. 그리고 이 두 할머니는 고맙다고 인사하며 앉아서 내려오는 내내 이 청소년들과 웃으면서 이런저런 대화를 나누는데 그 모습이 인간이 그리는 최고의 아름다움 그 자체로 다가왔다.

이때 그동안 내 맘속에 굳게 드리워져 있던 편견의 벽, 즉 '확증편향(Confirmation Disorder)'이 일시에 허물어지는 느낌이었다. '개인주의 성향이 강하고 경로사상이 없는 미국인은 당연히 자리를 양보할 일이 없을 거라 지레짐작한 믿음'이 일시에 와르르 무너졌다. 그러면서 사람과의 관계나 마주하는 특정 현상에서 일방적으로 가지는 믿음과 신념 때문에 왜곡해서 바라보는 오염된 시선이 얼마나 많을 수 있는 지를 생각해 보는 성찰의 시간이었다. 자이언트 메타세쿼이아 나무보다도 더 높은 울림을 주는 경험이자 학습 그 자체였다.

휴식 말고 아무것도 의도하지 않았지만 여행이 가져다줄 수밖에 없는 이미 그 길 위에 노정되어 있는 깨달음도 있었다.

나는 지난해 연말 가까운 친지와 베트남 여행을 다녀왔다. 이미 6개월여 전에 계획한 여행이었다. 여행 당시 내 몸 상태는 좋지 않았다. 허리 디스크로 보행도 불편한 상태였다. 어찌 보면 여행할 만한 상황이 아니었다. 그럼에도 강행했다. 내가 빠지면 전체 여행 분위기가 저하될 것 같은 우려에서였다.

실제는 예상보다 더 힘들었다. 여행 동반자들 도움으로 간신히 여행을 마치긴 했어도 온전히 걷기 힘든 상태에서 오는 불편과 걸을 때 나타나는 통증은 고통 그 자체였다. 그런데 고통 가운데 깨달음이 스며들었다. 티베트의 순례자들이 길 위를 걷다가 오체투지 속에서 얻게 된 깨달음에는 비길 바가 못 되겠지만…. 아주 자연스럽게 여행지를 둘러보는 일행과 자유롭게 오가는 현지인의 모습 속에서 보다 선명한 실체가 분명하게 다가왔다. 평범하지만 진리일 수밖에 없는 '건강이 최고임을, 아프면 아무것도 할 수 없다'는 깨달음 말이다. '정상적인 직립보행이 평소에는 잘 못 느끼는 물과 공기처럼 소중하다고', 원하는 방향을 자유롭고 활기차게 오가는 정상적인 발걸음이 이렇게 전해 왔다.

이곳저곳 여행하다 보면, 여행지 정주자에게는 일상이어도 여행자에겐 낯선 시선으로 다가오는 삶의 모습과 여러 정경을 마주한다. 낯선 공간에서의 마주침 가운데 그동안 침잠해 있던 여러 아픈 기억이 표면 위로 올라오는 순간! 아무런 보상 없이 세상에 쏟아지는 햇살에 상처가 아무는 기적을 맞이하기도 한다.

모 선배는 터키 여행 중에 차창으로 들어오는 풍경을 보면서 생전 그렇게 원망했던 작고한 아버지 모습이 불현듯 떠오르면서 평생 지우지 못한 원망이 이해로 바뀌게 되었단다. 그리고 자신도 또 다른 아버지로서 자식들에게 어떻게 비치는지, 어떻게 보여야 할지를 성찰해 보는 시간이었다는 얘기도 아울러 한다. 막상 듣고 보니 경험하지 않은 경험 속으로 완전히 들어갈 수는 없었지만 그 표정에서 얼핏 알 것도 같았다. 마음이 또 다른 마음으로 전해져 왔다.

테마 기행

이처럼 특별히 의도하지 않았지만 부딪히는 가운데 자연스레 형성되는 소극적 학습 경험이 있는가 하면, 의도된 목표를 달성하기 위해 이뤄지는 적극적 학습 경험도 있다. 대표적인 것이 자신의 취향에 따라 이뤄지는 테마 여행이다. 일종의 탐사 형태다.

음악이나 미술을 좋아하면 관심 있는 국내외 음악당이나 미술관을 방문할 수도 있다. 아니면 베토벤이나 고흐의 생가가 위치한 곳을 찾아 그 시간 속에서 함께 호흡할 수도 있겠다.

역사에 관심이 있으면, 예를 들어 고대 유럽 문명의 발자취를 따라서 그리스나 이탈리아를, 삼도 수군통제사였던 이순신 장군의 발자취인 경상도, 전라도, 충청도의 피비린내 났던 바닷길을 따라서, 그리고 고향 아산 현충사까지 여행할 수도 있다. 예습 또는 보충학습을 하고 떠나면 더 좋다. '아는 만큼 보인다'. 당연히 이러한 테마 여행으로 상식의 폭이 확장되고 지식의 깊이까지 더해진다. 그리고 새로운 영감이나 아이디어가 묻어날 수 있다.

이처럼 창의적인 생각이나 영감, 아이디어는 보다 적극적인 여행 활동일 수 있는 일과 연관된 벤치마킹이나 박람회 등에서 그 빛을 더욱 발한다.

그 점에서 스타벅스 회장 슐츠 이야기는 여기저기서 많이 회자된다. 스타벅스 회장 하워드 슐츠는 1983년 이탈리아 밀라노 출장 여행 중 에스프레소 매장을 우연히 들른다. 그곳에서 커피를 만드는 바리스타와 손님들이 커피를 매개로 대화를 나누며 친밀감을 형성하고 서로가 서로를 잇는 공동체적 모습을 보면서, 충격과 함께 얻은 영감으로 이후 스타벅스 커피 매장을 기획하는 데 도움이 됐단다.

그렇다. 미리 의도하지 않았지만 비즈니스 여행지에서 우연히 들른 장소에서도 새로움을 느끼고 큰 영감을 얻을 수 있다.

공연기획자 '세계축제연구소' 유경숙 소장의 여행 관련 얘기도 있다. 다음은 월간 〈여성동아〉에 실린 내용의 일부다.

티켓링크 마케팅연구소에서 문화마케팅을 담당하던 유경숙 씨

(33)는 어느 날 텅 빈 사무실에서 업무 보고서를 작성하던 중 해외 문화시장이 궁금했다고 한다. 해외 공연문화에 정통한 사람을 머릿속으로 꼽아보던 그는 마땅히 떠오르는 사람이 없자 '내가 직접 공부해 볼까' 하는 생각을 갖게 됐다. 그로부터 6개월 뒤 그는 회사에 사표를 내고 결혼자금 6천8백만 원을 들고 뉴욕 브로드웨이로 날아갔다.

......

뉴욕에서 시작된 그의 공연 기행은 브라질·아르헨티나·쿠바 등 중남미를 거쳐 아프리카·유럽·호주·아시아로 이어졌다. 그가 지난 1년 동안 세계 41개국, 3백여 편의 공연을 관람하면서 지출한 공연 티켓 값만 해도 1천만 원을 훌쩍 넘는다고 한다.

이처럼 일이 여행이 되고 여행이 일이 되어서 한 사람의 인생을 새로운 전문가 반열에 올려놓는 디딤돌 역할을 하기도 한다.

통합된 삶과 함께하는 여행

삶 그 자체로의 여행

이번 장에서는 휴식으로의 여행과 학습으로의 여행이 발전된 하나의 통합된 삶으로의 여행을 생각해 보자. 이 통합된 삶으로의 여행은 휴식이나 학습 같은 의도된 목적을 가지고 떠나는 여행이 아니라, 여러 형태의 여행 모습이 통섭적 사고 과정을 통해 희미하게나마 그 의미가 빚어지는 관념 속에 자리하는 여행 모습이다.

이러한 여행의 모습은 나이와 더불어 시간의 흐름 속에서 빚어지는 여러 여행 경험 중 최상위층인 여행의 모습이다. 우리의 삶에 의미와 가치를 더해 주는 그 무언가를 발견하는 경험은 전체 삶 속에 자연스레 녹아들어, 오늘의 안식과 에너지, 내일의 희망이 되는 온전한 삶으로 통합되는 모습이다.

내가 좋아하는 소설가인 김훈 작가의 여행 목적을 살펴보자.

자신의 산문집《라면을 끓이며》에서 이렇게 이야기하고 있다.

나에게 여행은 세계의 내용과 표정을 관찰하는 노동이다. 계절에 실려서 순환하는 풍경들, 노동과 휴식을 반복하면서 사람들이 살아가는 모습들, 지나가는 것들의 지나가는 꼴들, 그 느낌과 냄새와 질감을 내 마음속에 저장하는 것이 내 여행의 목적이다.

실제로 김훈 작가는 이러한 여행 목적을 몸소 노동으로 실천한다. 자신의 여러 책에 이를 잘 녹여낸다. 때론 슬픔으로, 때론 기쁨으로 때론 고뇌에 찬 모습으로 삶을 노래한다. 노동이 깨달음이 되고 깨달음을 실천하는 삶이 되면서 온전한 삶의 언덕에 더 가까이 다가간다. 세상에는 낮게 깔린 채 저 멀리까지 내보내는 북소리가 된다.

계절과 함께 순환하는 꽃, 나무, 숲, 산, 강, 바다, 갯벌 같은 자연의 풍경 속에서, 천진난만하게 뛰어노는 어린아이의 웃음소리에서, 사랑을 속삭이며 포옹하는 연인의 모습에서, 아기를 안고서 사랑이 충만한 젊은 엄마들의 표정에서, 나이 든 할머니들의 며느리 화제로 한 열띤 이야기 속에서, 공원 벤치에 홀로 앉아 있는 할아버지의 모습에서, 해남 이순신 장군의 혼을 기리는 사당이나 안성 고려시대 미륵불상과 같은 역사의 발자취 앞에서. 감히 나 같은 범부에게는 보지만 볼 수 없고 관찰하지만 포착되지 않는 부분까지 드러내는 혜안을 지녔다. 그리고 이러한 모습을 지면에 기어이 노출시키고 만다. 아날로그 연필이 디지털 시대 속을 관통한다. 온갖 거짓과 모순, 오염된 시간이 석양과 함께 저 썰물이 자취를 감추듯 밀려 나간다. 단순 노동이 아닌 숭고한 삶 그 자체로 다가온다.

이처럼 여행이 삶과 합일을 이루는 통합된 모습이려면 여행 속에서의 자기성찰과 학습이 일상 속으로 연결돼 일상에 새로움을 안겨주는 하나의 의미로 자리매김하고, 또다시 떠난 여행지에서의 경험은 일상의 풍요와 행복으로 되돌아오는 선순환의 틀에 자아가 위치할 때 가능할 터다.

여행 연습

이를 위해서 여행 연습을 해보면 어떨까. 나처럼 여행의 걸음마 단계에 있다고 인식된다면 말이다. 이는 마치 피아노 초보 단계인 바이엘 수준에 머물러서 음악의 아름다움을 손끝으로 칠 수도, 만질 수도, 느낄 수도 없음과 같다. 이때는 일정 수준에 올라서기까지는 프렉티스! 프렉티스! 이것밖에는 도리가 없어 보인다. 곡을 자유자재로 치면서 자신도 피아니스트 조성진처럼 손끝에서 시작하여 손가락 관절 마디 마디를 지나 팔목 정맥을 통해 어깨까지 올라왔다가 다시 내려가며 심장으로 한데 모으고, 여기에서 장기로 분배되면서 파고드는 음악의 청혈을, 그 전율을 느끼려면 말이다. 이 순간만큼은 피아노와 하나이면서 자신만의 음악으로, 삶으로 승화시킨다.

음악을 악기를 통해서 온몸으로 다루려면 우선 악보 보는 법부터 익혀야 하듯, 삶과 통합되는 여행을 하려면 세상 관찰하는 방법부터 익혀야 한다.

여행지에서 마주하는 흙과 나무, 숲과 들과 산, 그리고 흐르는 강물과 바다와 오가는 사람의 표정, 일하는 모습, 시인 그 자체인 아이들의 천진난만한 모습, 또 다른 여행자의 모습, 이 모양 저 모양의 집, 빌딩 같은 건축물, 도로 위를 오가는 자동차, 강물이 갈라놓은 여기와 저기를 잇는 콘크리트 다리, 그 밖의 여러 모양의 무수한 인공 구조물, 사물들이 세상 속에 각자의 개성과 모습을 드러낸다. 이를 어떻게 바라볼 텐가, 이를 어떻게 자신의 몸속으로 끌어들이고, 삶의 한편에 놓아둘 텐가. 그럼, 어떻게 하면 관찰하는 법, 보는 법을 배울 텐가.

영국의 사회사상가이자 미술비평가였던 존 러스킨(John Ruskin)의 말에 귀 기울여 보자. 알랭 드 보통이 책《여행의 기술》에 이를 잘 담고 있다.

러스킨의 생각에 따르면, 아무런 재능이 없는 사람도 데생을 연습할 만한 가치가 있는 것은 그것이 우리에게 보는 법을 가르쳐주기 때문이었다. 즉 그냥 눈만 뜨고 있는 것이 아니라 살피게 해준다는 것이다. 눈앞에 놓인 것을 우리의 손으로 재창조하는 과정에서 우리는 아름다움을 느슨하게 관찰하는 데서부터 자연스럽게 발전하여 그 구성 요소들에 대한 깊은 이해를 얻게 되고, 따라서 그것에 대한 좀 더 확고한 기억을 가지게 된다.

이를 통해 데생 그 자체보다 관찰하는 법, 보는 힘을 기르자는 데 그 의의가 있다.

데생을 배우면 사물을 보다 더 잘 볼 수 있는 힘이 생길 수 있다는 러스킨의 말을 한번 생각해 보자는 거지 무조건 배워야 한다는 얘기는 더더욱 아니다. 아주 초보적인 대안으로 사진 촬영부터 습관화하는 것도 도움이 될 수 있다. 러스킨도 과학 문명이 가져온 여러 기기나 도구들을 무척 부정적으로 봤지만 카메라에 대해서만은 예외적인 반응을 보였다. 그러고 보니 순간의 집중 효과는 물론이거니와 그리고 이후 두고두고 보관하고 회상하면서 또 다른 영감을 얻을 수도 있을 것 같다. 평소 나는 사진 촬영을 귀찮아하는 편인데 카메라가 주는 의미가 새롭게 다가온다.

보는 힘을 기르는 데 있어서 이런저런 관찰 스킬이 중요한 영향을 미치는 것은 분명해 보인다. 여기에 하나 더 보태면 원초적으로 그 대상과 사물을 보는 힘을 기르려면 나름대로 사전적 정보나 지식이 기반이 돼야 한다. 책이나 그림 등에서 초보적인 수준이더라도 그 대상을 미리 조금이라도 알고 접근하면 보다 더 풍부하게 그리고 깊이 있게 다가오지 않을까 생각한다. 아니면 사후에 순서가 뒤바뀌더라도 말이다.

알랭 드 보통이 고흐가 생전에 몇 년간 머물렀던 프랑스 프로방스 지방에 여행을 갔다가 느낀 감정을 자신의 책에 묘사하고 있다.

반 고흐가 없었다면 올리브 나무 역시 지금처럼 눈에 들어오지 않았을 것이다. 나는 전날 내 눈에 띄었던 올리브 숲을 땅딸막한 덤불로 치부해 버렸다. 그러나 반 고흐는 노란 하늘과 태양과 올리브 나무와 올리브 숲(오렌지색 하늘)에서 올리브의 줄기와 잎의 모양을 도드라지게 끌어냈다(즉, 전경을 가져왔다).

나는 이제 올리브 나무에서 전에는 보지 못했던 각진 면을 보게 되었다. 이 나무는 높은 곳에서 땅을 향해 던진 삼지창을 닮았다 ……. 올리브 나뭇가지에는 마치 사람을 때리려고 구부린 팔처럼 억센 면이 있었다.

알랭 드 보통은 화가 반 고흐(Vincent van Gogh)가 생전 마지막 몇 년 간 머물렀던 프로방스에 대해서 사람들이 보통 가졌던 좋은 감정이 없었다. 그러나 반 고흐의 예술작품을 통해서 이처럼 관점이 달라지고 인식을 달리하는 계기를 몸소 경험했던 것이다.

자신만의 알찬 여행 그리기

나에게 적합한 여행 찾기

지금까지 여행과 관련해 이런저런 이야기를 나누어 봤다. 나름대로 지극히 당연하다 생각하던 여행에 관한 관념의 틀 속으로 여행에 대한 여러 다양한 시선이 숙성 과정을 거쳐 자신만의 여행을 다시 그려 보고, 또 떠나고, 꿈꾸는 데 자극제가 되기를 고대해 본다.

자신만의 여행 모습을 다시 그려 보려면 먼저 선행 조건이 충족돼야 한다. 하나는 여행에 대한 적성 문제, 다른 하나는 여행 투자 시간과 비용 충당 문제다.

두 가지가 충족된다는 걸 전제로 이야기를 전개했지만, 아직까지 경제활동에 전념해야 하는지라 시간을 내는 문제라든지, 경제적 형편상 고비용이 수반되는 장거리 해외여행은 엄두를 내기 어려운 사람도 있을 수 있다.

그리고 성향상 바깥에 나가는 걸 싫어하고 직장-가정, 가정-직장만 오가는 사람도 있다. 천성적으로 멀리 다니는 걸 싫어하는 성품의 소유자도 분명 있다. 이건 탓하거나 비난할 문제가 전혀 아니다.

내 직장 후배 아버지는 서울 모 명문대 교수로 재직하셨다. 이분은 학교와 집 이외에는 여행을 모르시는 분이셨다. 지금까지 해외여행 한 번을 다니신 적이 없단다. 심지어는 제주도조차도.

아침에 학교로 출근하고 집에 퇴근하면 집에 머물고, 주말도 마찬가지로 특별한 일이 없으면 외출조차 잘 하지 않는단다. 그렇다고 특별히 대인관계나 성격에 문제가 있는 것도 아니고 학교에서는 훌륭한 교육자요, 집에서는 자상한 가장인데도 말이다.

이처럼 새로움보다는 익숙함을 선호하는 사람이 분명 존재하는데, 이는 타고난 유전적인 영향으로 보인다. 우리 주변에는 생각보다 익숙함을 선호하는 사람이 의외로 많은데 이러한 익숙함을 선호하는 성향이 여행 자체를 자꾸 밀어내는 것 같다. 그러나 한 개인이 가진 성향은 양면적 특성을 지니고 있어, 그 정도가 사람마다 조금씩 다르다. 그렇듯 익숙함을 선호하는 성향 정도도 극단적인 수준이 있는가 하면 미미한 수준까지 제각기 다르다고 할 수 있다. 그렇다면 여행을 밀어내는 힘의 크기도 당연히 개개인마다 다를 수밖에 없다.

이처럼 성향상 여행을 크게 선호하지는 않지만 그렇다고 아예 싫어하지도 않는 수준이라면, 그리고 여행은 좋아하지만 시간적 · 비용적 부담이 있는 심리적 상태라면, 다음과 같은 대안 여행도 고려해 보면 어떨까.

알랭 드 보통의 같은 책에서는 프랑스 작가 사비에르 드 메스트르가 쓴《나의 침실여행》에 대한 생각이 언급된다.

사비에르는 여행을 준비하면서 이런 식으로 설명했다. '지금까지 감히 여행을 떠나보지 못한 수많은 사람들, 여행을 할 수 없었던 사람들, 그리고 여행은 생각도 해본 일이 없는 더 많은 사람들이 나의 예를 따를 수 있을 것이다. 이제 아무리 게으른 사람이라고 하더라도 돈도 노력도 들지 않는 즐거움을 찾아 출발하는 일을 망설일 이유가 없을 것이다.' 그는 특히 폭풍이나 강도나 절벽을 무서워하는 사람들과 가난한 사람들에게 방 여행을 권했다.

그러나 내용의 단조로움으로 큰 성공을 거두지 못했지만 나름대로 의의가 있다고 판단해 알랭 드 보통도 방 여행을 시도하려 했으나 너무 비좁은 방이라 공간이 좀 더 확장된 동네 전체에 적용하여 여행을 시도해 본다. 그리고 다음과 같이 그 체험을 전한다.

전에 이곳에 와본 적이 없는 것처럼 주위를 둘러보기로 한 것이다. 그러자 서서히 여행의 보람이 나타나기 시작했다. …… 지금까지 한 줄로 늘어선 가게들을 보면 서로 구별할 수 없는 하나의 크고, 불그스름한 덩어리라고만 생각해 왔다. 그러던 것이 이제 건축학적인 신분을 드러내기 시작했다. 꽃가게 주위에는 조지 시대의 기둥들이 있었다. 정육점 꼭대기에는 빅토리아 시대 말기 고딕 스타일의 이무기 돌들이 있었다.

나도 비슷한 시도를 해본 적이 있었다. 내가 사는 동네지만 주로 걷는 길, 차로 이동하는 길이 따로따로다. 그리고 차로 이동하는 구간은 스쳐만 지나가지 자세히는 볼 수 없다. 그래서 어느 날 시간을 내서 평소 걷던 구간은 물론 주로 차로 이동하는 구간도 함께 걸어 봤다. 일부러 말이다. 지금까지 그냥 스쳐 지나간 모습에 새로운 것들이 나타났다. 큰길을 따라 이어지는 골목길, 건물들의 색상, 높낮이, 건축물 양식, 걸어가는 사람들 표정까지 한눈에 들어왔다. 어떤 구간에는 완전히 처음 마주하는 것 같은 낯선 분위기마저 느껴졌다.

이 모양, 저 모양으로 여행이 부담된다면 동네 근처부터 시작해 보면 어떨까. 그리고 조금 더 나아가서 그 범위를 확장해 보면 어떨까. 여행지 선정이 어려우면 TV에 매주 방영되는 KBS 〈동네 한 바퀴〉를 참조해서라도 말이다. 몸과 마음의 찌꺼기를 씻어내고, 동네 공간에 깃든 역사적 의미도 발견하고 살아가는 동네 사람들의 표정 속에서 정서적 의미도 담아내면서, 공감과 위안이 되고 새로운 희망도 싹트는 여행! 그런 여행이 소소하지만 바로 위대한 여행이 될 수 있는 것이다.

나만의 여행 계획

이제 앞으로의 나의 여행 계획을 공유하면서 마칠까 한다. 자신의 여행 생각을 잘 정리하고 여가 생활의 일환으로, 나아가 전체 삶과 통합되는 자신만의 여행 모습을 그리는 데 자그마한 참고라도 되기를 소망한다.

나는 자연을 좋아한다. 나무, 숲, 산, 늪, 강이 있는 대자연을 따라 걸어가고 머물면서 그 느낌, 그 색깔, 그 소리, 그 질감을 내면화하고 싶다. 나의 일상 속 보폭과의 리듬이 맞고, 다양한 일상의 소리와도 화성이 잘 어우러지도록….

그리고 역사적 공간을 탐방하는 것도 빼놓을 수 없다. 가까운 시일 내 이순신 장군의 발자취부터 따라 걸어가 보고 싶다. 나는 이번에 이순신 장군이 쓴《난중일기》를 읽고 난 후 너무 큰 충격을 받았다. 그동안 이순신 장군이 훌륭하지만 정치적으로 너무 영웅화돼 있을 거라는 편견에 사로잡혀 있었다. 물론 실제 약간 논란의 여지가 있긴 하지만 말이다. 그래도 내가 너무 큰 편견에 사로잡혀 있었던 게 분명해 보인다. 그 부끄러움을 발자취를 따라가 보는 걸로 조금이라도 만회해 보고 싶다. 이 밖에도 여러 역사 현장을 따라 사라진 흔적 앞에 서보려 한다.

한편, 클래식 음악과 미술이 함께하는 곳도 따라가 보고 싶다. 먼저, 공부부터 좀 해야겠다. 음악적·미술적 지식부터 쌓도록 하겠다. 음악당 공연, 미술관 관람을 병행하려 한다. 이를 바탕으로 현지를 탐방하고 싶다. 반 고흐가 마지막 몇 년을 보낸 프로방스도 빼놓을 수 없을 것 같다.

마지막으로 오로지 내 취향에서 발현된 설경 여행을 빼놓을 수 없겠다. 나는 무색무취하다. 그나마 자신 있게 말할 수 있는 게 바로 '눈'이다. 왜 좋아하느냐고 물어오면 답변을 잘 못 하겠다. 그냥 눈 내리는 모습을 보는 게 좋다고밖에는…. 기회가 주어지면 심리전문가에게 한번 물어보고 싶다. 그냥 쌓여진 설경도 좋지만, 하염없이 흩날리며 내리는 눈이 더 좋다. 어릴 때 툇마루에 앉아서 하염없이 내리는 눈을 한참 동안 그냥 넋을 잃고 바라본 기억이 생생하다. 2017년 북해도 여행 중에도 이러한 기억들이 더욱 생생하게 소환되면서 절정 그 자체의 경험이 됐다.

4

/

관계

꼭 사람들과 관계를 유지하면서
살아야 하는가

/

관계의 의미

관계는 연결이다. 접속이다. 사람과 사람과의 연결이고 접속이다. 사람과 사람 사이를 잇는 가장 강력한 연결 도구는 바로 탯줄이다. 이 탯줄은 세상 그 어떠한 산업용 케이블보다 더 강력하게 연결하는 힘이 있다. 엄마와 태아를 잇는 탯줄은 가장 신비롭고 숭고하다. 가장 밀착된 관계의 상징이자 실재다. 사람과의 관계에서 가장 중요한 가치이자 덕목이 바로 신뢰다. 탯줄이 끊기기 전 엄마와 태아의 신뢰 관계는 무한대다. 그 어떠한 의심이나 불신도 끼어들 틈이 없다. 둘이지만 둘이 아닌 하나의 상태다. 탯줄이 끊어지는 순간, 다시 말해 세상에 나오는 순간 신뢰 건너편에는 불신도 공존한다.

이때부터 인간은 평생 사람과의 관계에서 신뢰와 불신 사이에 머물게 된다. 그 누군가와는 평생 정을 나누며, 서로 배려하고 위로하며 잘 지내는가 하면, 반대편에 있는 그 누군가와는 언제부턴가 쌓이는 불신과 외면의 단계에 이르기도 한다. 사람은 이처럼 정을 나누면서도 때로는 상처받으며 괴로워하면서도 사람의 울타리에서 벗어나지 못하며 또 다른 이런저런 관계를 유지하며 살아가는 존재다. 사람과의 관계가 어긋나거나 문제가 생기면 삶 자체가 헝클어지거나, 심지어는 활력과 역동성을 잃게 된다. 급기야는 삶의 의미조차도 그 빛을 잃게 된다. 이런 부정적 생각에 함몰될 때는 '사람과 관계 맺느니 차라리 그냥 혼자 살아가는 게 더 낫겠다. 그럴 수는 없는 건가?'라는 엉뚱한 생각까지 하게 된다. 인간은 뼛속까지 사회적 동물일 수밖에 없는 속성을 지녔으면서 말이다. 그럼, 인간의 관계 속성을 조금 더 구체적으로 살펴보면서 논의를 이어가 보자.

주지하다시피, 인간은 삶을 영위해 나감에 있어서 나 이외 다른 사람들과 관계를 맺고 그 속에서 삶을 영위해 나간다. 아니 반드시 관계 속에서 삶을 영위해야 한다. 그렇지 않으면 사람으로서 정상적인 범주에 속할 수 없다. 인간이 될 수 없다. 人間이라는 의미를 한자로 직역하면 '사람 사이'가 아닌가. 사람과 사람 사이에서 웃고 울고, 경쟁하고 협력하고, 싸우고 화해하고 배신하고 용서하고 등등 수많은 정서적 상호작용이 이뤄진다. 그리고 생존과 번영을 위한 여러 다양한 물질과 문명의 생산과 소비, 그리고 분배 과정상의 권력적 관계 속에서, 즉 지배적·피지배적, 수직적·수평적 관계 속에서 사회 공동체를 일구며 살아간다.

나는 "나"라는 개별적 주체로 살아가지만 이처럼 무수히 많은 타자와 이 모양 저 모양의 관계를 일구면서 공동체를 형성하며 살아간다. 이 대목에서 철학자 하이데거의 목소리에도 귀 기울여 보자. 장석주의 산문집《불면의 등불이 너를 인도한다》에서 소개한다.

이렇게 함께하는 세계-내-존재에 근거해서
세계는 그때마다 각기 이미 언제나, 내가
타인과 함께 나누는 그런 세계인 것이다.
현존재의 세계는 공동세계이다.
안에-있음은 타인과 더불어 있음이다.
타인의 세계 내부적인 자체 존재는 공동현존재이다.

김동규의《철학의 모비딕》에서 재인용

이처럼 인간은 사람과 사람 사이라는 '사회적 공간'에 놓인 사회적 존재다. 이 속에서의 개별 존재는 혼자 태어나서 혼자 죽지만 타자와 함께 건설한 공동체의 삶 속에서 삶의 의미를 발견하고 성장하는 자신의 모습도 발견할 수 있다.

관계 바운더리를 벗어났을 때
일어나는 일

그러나 사회적 공간이 그어 놓은 경계, 그 바운더리를 벗어나면, 다시 말해 그 문화, 규범, 관습 등에서 더불어 나아가지 못하고 이탈하면, 삶의 의미 발견은 물론이고 급기야는 그 공동체 내에서 정상적인 삶의 영위가 불가능해질 수도 있다. 특히, 가족이라는 틀 안에서 보호받으며 필연적, 피동적으로 놓인 상황이 지속되면 사회공동체로 진입하는 것 자체가 어려워지고 불가능해지기까지 한다.

그 예가 일본 젊은이의 은둔형 외톨이를 뜻하는 '히키코모리'가 언제부턴가 우리나라에도 상륙해 '한국형 히키코모리'라는 신조어로 등장한 것이다. 지하철역 주변 등 사람이 많이 오가는 오픈된 장소에서 무차별적 묻지 마 흉기 난동 사건의 가해자가 대표적인 예로 지목된다. 겉으로 드러나는 그 가해자의 외형적인 조건을 들여다봤을 때는 특별히 문제가 없어 보인다. 비행 청소년도 아니었고 경제적으로도 비교적 무난한 가정에서 잘 성장한 사람으로 보일 수 있다. 그러나 한 꺼풀만 더 벗기고 들여다보면 금세 윤곽이 드러난다. 삼수 사수 끝에도 결국 원하는 대학에 못 들어가거나, 대학 졸업 이후에도 장기 취준생으로 머물다 30대가 돼서도 부모님 용돈을 받으면서, 아르바이트도 하지 않고 집에 머무는 케이스와 비슷한 사례가 잊힐까 하면 또다시 어디선가 들리곤 한다. 이런 경우가 바로 사람과 사람 사이라는 공간에 거하지 못한 채 방황하거나 이탈하는 현상 중 하나로 볼 수 있다.

그럼, 이렇게 사람과 사람 사이에 존재하지 못하고 이탈하는 경우가 사회에 제때 진입하지 못한 취준생 청년에게만 해당되는가. 당연히 아니다. 영유아기 성장 과정에서 가정이라는 작은 혈연공동체에서, 그리고 아동기, 청소년기 학교 공동체에서 이탈하는 경우도 흔히 볼 수 있다. 정상적인 학교 생활 자체가 어려워 대안학교를 간다든지 홈스터디를 하면서 심리치료를 받는 경우도 주변에서 가끔씩 목격되곤 한다.

관계에서 일어나는 문제의 원인

그 원인을 살펴보면 일차적으로 심리적인 문제에서 비롯되는데, 그 핵심에 주로 사람과의 관계가 있다. 영유아기 때 부모와의 관계나 애착 형성 단계로의 문제로 바라보는 것은, 굳이 전문가 시선이 아니더라도 가까이서 조금만 사려 깊게 바라보기만 해도 그 맥락에 가 닿을 수 있다.

이처럼 그 원인이 부모와의 관계든 아니면 그걸 뛰어넘어 학교라는 공동체에서 발생하는 초중고 학우와의 관계, 선생님과의 관계든 간에 공통으로 따라붙는 것이 '사람'이다. 유명한 화가의 그림을 조금만 신경 써서 살펴보면 한쪽 귀퉁이에서 아주 선명하게 드러내 보이는 '낙관'처럼 말이다.

나는 '인생 6대 영역'이라는 주제로 기업에서 강의할 때, 체크 리스트를 활용해 자기 점검을 하게끔 한다. 일, 재정, 여가, 가정, 건강, 관계 등 6대 영역과 관련한 자기 점검을 통해서 지금까지 얼마나 이를 잘 이행해 왔는지, 현재 수준은 어느 정도인지, 이 중 어느 영역의 점수가 높은지 스스로 비교해 보면서 잠시 생각해 보는 시간을 갖게 한다. 그리고 피드백 시간에 가장 높게 나온 영역과 낮게 나온 영역에 대해서 확인해 본다. 확인 과정에서 늘 비슷한 경향을 보이는 것은 '관계'가 제일 낮게 나오거나 아니면 네 번째 또는 다섯 번째 후순위에 머문다.

왜일까. 강의할 때마다 의문이 들고 의아스럽다. 일반적으로 봤을 때 교육생 대부분은 남들이 부러워하는 대기업에서 장기근속 하면서 원만하게 직장 생활을 잘 해왔고, 경제적인 기반도 대체로 안정화 단계에 올라섰고, 자식 교육도 잘 시킨 소위 남들이 봤을 때 모범인 가장으로서 그리고 한 사회의 구성원으로 평가되기에 손색이 없는데도 말이다.

그런데 이러한 의구심과 의아스러운 감정은 이내 수그러든다. 여기에 나 자신을 갖다 놓으면 금방 답이 나온다. 나 역시 대인관계에 별로 자신이 없어서다. 주변에 어느 정도 친구도 있고 정례적 모임도 있고 사람들과 활발히 교류하며, 직장에서도 동료들과 대체로 원만하게 관계를 유지해 왔는데도 말이다.

이처럼 아무리 표면상 아무 문제 없이 대체로 좋은 인간관계를 유지하는 듯 보이지만 내면화된 인간관계에 관한 감정은 '어렵고 힘들다' 쪽에 시계추가 멈춰 있음을 언제부턴가 알 수 있었다.

인간도 포유류 동물인지라 그 본능은 다른 포유류 동물과 유사하다. 이 본능은 원래 자기가 하고 싶은 대로 이끈다. 먹고 자고 입고 느끼고 말하고 행동하는 데 있어서 본능이 개입한다. 그러나 인간은 한편으로 이성적 동물이라 특히, 인간관계의 틀에서는 하고 싶은 대로 말하고 행동할 수가 없다. 바로 나를 중심에 두고 내가 하고 싶은 대로 해야 하는데, 잘 받아들이기 힘들지만 이를 무시할 수 없는 현실적 상황 때문에 어려운 게 아닐까 생각된다. 언제부턴가 수평적 직장문화가 깊숙이 자리 잡은 터라, 예전과 달리 이제는 상대방이 거절하거나, 겉으로 내색하지 않아도 속으로는 싫어할까 봐 그조차도 두려워서 쉽게 이러지도 저러지도 못한 심리적 딜레마에 빠진 거라 할 수 있다.

흔히 대인관계에서 문제인 부분을 해결하려면 상대방이 틀린 게 아니고, 자기 자신과 다름을 인정하는 것부터 시작해야 한다고들 한다. 심리전문가뿐만 아니라 광고 카피에도 등장할 만큼 일반화되다시피 한 이야기다. 맞다. 그런데 이게 어디 쉬운가. 이해되지 않는 다름의 영역을 어떻게 인정해야 하는가.

세상에는 노력해서 되는 일이 있고 노력해도 잘 안 되는 부분도 있다. 어학 공부를 한다든지, 악기를 배운다든지, 목공 기술을 배운다든지 할 때 개별 차이는 있을지 모르지만 노력한 만큼 실력이 늘고 몰랐던 것을 터득할 수 있다. 그런데 노력해서도 잘 안 되는 부분도 있다.

노력해도 어려운 인간관계

그중에 대표적인 게 바로 인간관계다. 그 이유는 혼자서만 노력한다고 되지 않기 때문이다. 섣부른 노력, 즉 직접적인 화해 제스처나 제3자의 도움을 청한 '중재'가 오히려 또 다른 갈등 국면으로 치닫기도 한다. 그럼, 어떻게 해야 하는가. 가만히 있거나 회피하면 되는가.

사람과의 관계에서 상처받거나(실제는 자신도 상처를 주었을 수도 있지만) 불쾌한 어려운 상황에 직면하게 되면 그 관계에서 어느 정도 거리를 두려는 경향이 있다. 바로 나 자신이 그렇다. '불가근불가원' 하겠다고 다짐한다. 이전처럼 너무 가깝게도 그렇다고 너무 멀리 피하지도 않고 적당한 거리를 두고 지내겠다고. 어쩌면 아주 그럴듯해 보이는 대인관계 전략처럼 보인다. 그런데 실제는 껄끄러운 대상을 피하고 싶지만, 그럴 수는 없으니, '나는 원만한 대인관계를 유지하고 있다', '나는 대인관계에 문제가 없다'를 나 자신에게 무의식적으로 주입하기 위한 '자기 합리화'의 방어기제가 작동됐던 게 아니었나 싶다. 돌이켜 보면 실제는 그 관계 바운더리에서 도망치고 싶은데, 그랬을 때 나타나는 또 다른 현실적인 문제로 겉과 다른 내면에서는 벌써 36계 줄행랑 치고 있었던 것이다. 내가 만들어 놓은 내면의 울타리 속으로 꼭꼭 숨어들었던 것이다.

서양 속담에 'Out of sight, Out of mind'가 있지 않은가.

'안 보면 멀어질 수밖에 없다'는 명제가 실제 성립된다면, 이전보다 덜 보게 되면 조금씩 더 멀어질 수밖에 없다. 특정 대상과의 이러한 소원함은 소통의 부재로 이어지고 오해와 서운함, 원망 등 부정적인 감정을 싹틔우고 종국적으로 돌이키기 힘든 강을 건너는 경우도 주변에서 보게 되지 않는가. 특히 첨예한 이해관계로 얽힌 '직장 공동체'에서의 관계 실패는 안 좋은 '평판'으로까지 이어져서 연쇄적으로 또 다른 타자와의 관계에도 영향을 미치는 '오염적 관계'를 싹틔울 수 있다. 날이 시퍼렇게 선 칼날 같은 첨예한 이해관계 상황에서는 더더욱 그럴 수 있다. 자신의 비즈니스에 바로 악영향을 끼친다. 평판에 기초해서 자신을 바라보는 사람이 바로 눈앞에 마주하고 있기 때문이다.

그런데 대인관계는 나이가 들수록 점점 더 중요하다고 이구동성

이야기한다. 생애 전환기에 있는 중장년이나 노년기에 있는 고령층에게 가해지는 그 압력과 무게감은 더 클 수밖에 없다. 왜 그럴까. 젊었을 때도 어려운 수학 문제였는데, 나이가 들어서도 여전히 풀어야 하는, 뛰어넘어야 하는 고등수학 문제로 자리하고 있는가. 분명한 건 나이가 들어서도 사람 사이에 존재해야 하기 때문이다. 그런데, 나이가 들면 소위 공감적 이해를 해 줄 사람이 나이에 비례해 점점 더 줄어든다. 공감적 이해는 같은 경험이나 관심사, 사상, 종교적 신념을 공유할 때 그 진가를 발휘한다. 나이 듦에 따라 동시대의 경험과 문화, 관습, 교육 등을 공유하고 향유했던 사람들이 하나하나 사라진다. 저세상으로 말이다.

앞서 걸어간 시간의 먼지가 바람에 실려 쌓아놓은 저 희로애락의 언덕을 오른 자는 남아 있는 자 중에서 찾기가 더욱 어려워진다. 먼 발치에서 바라만 보는 자가 있을지언정, 삶을 공유하지 않은 사람이 점점 주변에 더 많아진다. 의식이 있는 일부 젊은 층은 공감적 이해를 하려 애쓴다. 그러나 분명 한계가 있다. 경험되지 않는 경험인지라 마치 드라마나 영화를 보면서 이해하는 수준에 머문다. 그래도 이 정도는 양호하고 봐줄 만하다. 저 오르지 않은, 앞서 걸어간 자의 저 시간의 언덕을, 외면하거나 애써 무시하는 젊은이도 많단다.

에이지즘(Ageism)이라는 말이 있지 아니한가. 자신도 언젠가는 늙을 수밖에 없는데 언제나 청춘인 듯 노인을 차별하고 비하한다. 지하철에서 경로석인데 버젓이 앉아서 비켜주지 않는다든지 하는 행위가 한 번씩 목격되고 이에 눈살마저 찌푸려진다.

주변에 사람들이 점점 사라지다 보면 가족만 남게 되는데, 결혼하지 않는 독신자거나 배우자 사별로 홀로 기거하는 경우, 자녀의 보살핌조차 없으면 바로 홀로 남다가 고독사로 이어진다. 나이 들수록 가장 경계해야 하는 게 바로 '고독'이다. 경제적 여유가 없거나 건강이 허락되지 않다 보면 고독의 늪으로 쉽게 빠지는데, 그래도 주변 사람들과 좋은 관계를 지속적으로 유지하는 노력이 이어진다면 그렇게 절망적이지만은 않다. 물론 사회적 안전망을 통해 사회적 보살핌도 필요하다.

나이가 들면서 기력도 쇠해지고 대인관계가 주는 무게가 힘에 부친다. 그리고 마치 조심히 다뤄야만 하는 '사기그릇' 같아서 깨지면 그 중력의 힘에 압도된 나머지 산산조각 나, 다시 붙일 수 없는 회복 불능 상태에 이르기도 한다. 이 회복 불능 상태는 소위 생의 절망이자 죽음으로까지 이어진다.

〈뉴욕 타임스〉에서는 '사회적 관계가 적을수록 심장질환, 뇌졸중 등에 걸릴 확률이 정상적인 사회적 관계를 유지하는 사람보다 30% 더 높다'는 연구 결과도 있다. 관계가 죽음에도 영향을 미칠 수 있다는 것이다. 실제로 관계가 사람을 살리기도 하고 죽이기도 한다. 사람을 통해 위로와 위안, 활력을 얻기도 하고 비관과 절망의 늪으로 빠지게 하는 아주 무서운 살상 무기와도 같다.

살아서 생명이 다하는 순간까지 혼자였다면 죽어서도 혼자다. 바로 고독사다. 우리나라에서도 고독사가 많이 발생한단다. 통계청 조사를 보면 2021년 기준 3,371명으로 집계됐다. 매년 그 수치가 증가

하는 추세다. 인구 고령화가 심화되면서 더욱 확대되지 않을까 우려하는 목소리가 많다.

지금까지 나와 타자라는 두 개의 철로 위에서 삶이 다하는 날까지 쉼 없이 달려가야만 하는 인생 열차 속에서 스쳐 지나온 관계라는 풍경을 개략적으로나마 바라보면서, 관계가 주는 의미에 조금 더 가까이 다가서려 여러 측면에서 살펴보았다.

관계라는 창에 드리운 어두운 그림자

고독과 외로움

이번 장에서는 '관계의 부재'라는, 인간관계의 최고 극단에 위치한 관계의 절망적 사태인 '고독'과 같은 병폐가 가져오는 현상에 대해서 조금 더 들어가 살펴보고자 한다.

고독을 느껴본 적이 있는가. 인간이면 남녀노소 누구에게나 찾아올 수 있지만, 아무려면 나이 들면 더 많이 더 자주 찾아오는 게 바로 불청객 '고독'이 아닐까 싶다.

나의 어머니는 현재 93세다. 80대 중반에 아버지가 돌아가시고 그때부터 10여 년 가까이 홀로 지내오셨다. 가능한 한 매주 주말에 찾아뵙기는 했지만 의무적 이행을 통한 자기만족 수준에 머물렀던 게 아닐까 반성해 본다. 지금은 거동조차 불편하여 몇 년 전부터는 누워지내면서 24시간 간병인 도움을 받고 있다. 하지만 가족의 손길이 직접적으로 많이 닿지 않으므로 외롭게 지내는 거나 마찬가지다. 지금은 인지적 기능이 계속 저하되고 있어서 '외롭다'는 정서적 표현조차도 잊으신 듯하다. 몇 년 전까지 혼자 지내시던 표정에서 외로움을 어렴풋이나마 읽을 정도였고 그리 대수롭지 않게 여겼었다.

그런데 한번은, 어머니가 등 부위 골절로 병원에 두어 달 입원해 계셨다. 그 기간 동안 평소와 다르게 유달리 편안한 어머니 표정에서, 아! 하는 탄식이 나도 모르게 나왔다. 평소에는 그저 아주 옅게만 드리워진 '외로움의 그림자' 정체를 뒤늦게 알아챌 수 있었다. 의료진과 주변 입원 환자들과 생기 있게 대화를 나누는 모습이 이를 웅변하였다. 혼자 있는 공간의 그 적막을, 적막이 가져다주는 쓸쓸함을, 그 어둠을, 몸서리쳐 오는 그 외로움의 절규를.

나는 십여 년 전에 지방사업장에서 잠시 근무한 적이 있다. 주말부부로 몇 달간 생활할 때다. 그때의 고독의 날들을 도저히 잊을 수가 없다. 퇴근 후 혼자 숙소로 들어가는 순간 어둠 가운데 엄습하는 그 외로움을, 쓸쓸함을. 그리고 전등불 켜는 순간의 그 전등 불빛은 수술 환자의 환부를 예리하게 비추는 수술실의 고발광 불빛으로 돌변한다. 순간의 공포가 환한 불빛에 실린다. 이내 그 불빛은 환부를 예리하게 드러내듯 방 구석구석을 스캔한다. 그리고 야멸차게 말한다. '툰드라의 겨울 동토' 속으로 들어왔음을. 그 어떤 존재조차도 부존재함을.

그래서 나보다 몇 년 전 먼저 내려와서 근무했던 직장 선배는 나에게 이런 얘기까지 들려줬다. 그 선배는 그 공포를 잘 알기에 언제부턴가 술을 먹지 않고는 절대로 숙소로 돌아가지 않는다고. 그 어떤 부연 설명이 필요 없는 말이었다. 날 선 서릿발처럼….

이러한 고독에 대한 나의 실존적 체험은 다른 사람에게 보다 가까이 다가서게 하는 흡착제가 되는 것 같다. 장석주 시인의 수필《우리를 행복하게 하는 것들》에서 몸서리치도록 외로웠던 고독의 경험을 잘 묘사한다. 안성 시골 마을에 내려가서 혼자 살 때다.

나는 30대 중반에 출판사를 접고 시골에서 살아보기 위해 서울을 떠났다. 시골에서 혼자 사는 것은 뼛속까지 파고드는 서린 고독과 마주치는 일이었다. 어느 해 겨울 새벽, 검푸른 하늘에서 눈발이 날렸다. 우주에서 외톨이로 고립되어 있다는 생각과 함께 고독이 날카로운 금속이 찌르는 듯했다. 누군가의 온기가 미친 듯이 그리웠다. 누구라도 옆에 있었다면 나는 그의 품에 무너졌을 것이다.

어떤가. 그 고독의 깊이에 함께 다가설 수 있겠는가. 인간은 그 누구도 고독과 외로움에서 자유로울 수 없으므로, 충분히 공감할 수 있으리라.

그런데 한 가지 짚고 넘어가야겠다. 이 글에서 나는 고독과 외로움을 혼용해서 사용하고 있고, 실제 국어사전조차도 비슷하게 정의하고 있다. 그런데, 영어의 의미로 접근해 보면 그 의미상 결이 사뭇 달라진다. 둘 다 혼자 있는 상태를 말하는 건 맞다. 그런데 고독(solitude)은 원해서 혼자 있는 상태다. 이에 반해서 외로움(loneliness)은 자기의 의지와는 무관하게 그 누구하고도 대화할 수 없거나 또는 친구 자체가 곁에 없는 불행한 상태를 일컫는다.

엄격히 얘기하면 장석주 시인은 원해서 하는 '고독'이었고, 우리

어머니 그리고 나의 주말부부 경험은 원치 않은 현실이 만들어 놓은 '외로움'이었다. '고독을 즐긴다'라고 흔히 말하지만 '외로움을 즐긴다'라고는 거의 말하지 않는 데서도 그 맥락적 의미에 보다 가까이 다가갈 수 있다.

그렇지만 나의 외로움은 비록 외부 요인에서 비롯됐더라도 나의 의지로 회피할 수 있다. 이에 반해 나의 어머니의 외로움은 회피 불능의 사태다. 자식 된 자인 나는 이 사태를 애써 회피하려 한다. 사회적 통념에 기댄 몰염치다. 요양원에 모시지 않고 집에서 모시는 걸 큰 위안으로 삼은 채 말이다.

염치 불구하고 계속 이어가 본다. 논점을 확대하여 이 개별 사례를 보다 일반화된 사례의 대열에 올려놓는다. 나이가 들면서 혼자만 있을 때 더 잘 전염될 수 있고, 독버섯처럼 자라날 수 있는 그 '외로움'을 조금만 더 이야기해 보자.

행복의 저 반대편에 있는 이 '외로움'이라는 존재는 도대체 그 정체가 뭔가. 그 씨앗은 어디서 날아들어 우리의 몸 어딘가 기생충처럼 기식하다가 그 허물을 벗고 눈앞의 적으로 변신하여 우리의 몸과 마음을 위협하고 있는가. 그 누구는 맞짱 한번 떠보지도 못하고 외로움이 휘두른 창칼 앞에서 장렬하게 전사하고, 그 누구는 칠전팔기의 결기로 당당히 이를 물리칠 수 있는지 그 또한 궁금해진다.

그럼, 외로움이 찾아오는 그 근본 원인부터 추적해 보자.

일반적으로 외로움의 범주에서 나타나는 증상은 의욕이나 집중력 저하, 무기력, 무력감, 고립감, 열등감 같은 감정의 상태를 들 수 있다. 그 근본 원인을 심리학자 미하이 칙센트미하이는 자신의 책《몰입의 즐거움》에서 다음과 같이 이야기한다.

> 아무리 낯선 사람이라도 남과 어울릴 때 우리 주의력은 외부의 요구에 의해 구조화된다. 타인의 눈앞에 있다는 사실 자체가 목표를 제공하고 행동의 결과를 곧바로 알려주는 효과를 낳는다.
> 남에게 시간을 물어보는 아주 간단한 교섭도 어느 정도의 사교술이 동원되어야 하는 결코 만만찮은 행위다. …… 이렇게 타인과의 교제에는 집중이 필요하다. 반면에 아무것도 하는 일 없이 혼자 있을 때는 정신력을 집중할 필요가 없어서 마음이 서서히 무너지고 무언가 걱정거리를 찾게 된다.

이처럼, 그는 '집중', '몰입'의 관점에서 관계의 중요성을 바라보고 있다. 사람과의 상호작용조차 없는 아무것도 하지 않는 상태에서 찾아오는 걱정거리는 그 시간에 비례해서 늘어나 불안, 무력, 무기력, 고립감 등 신경 증상을 일으킨다. 이처럼 누적된 감정 상태인 만성 외로움이 관상동맥 질환, 뇌졸중, 치매 발병 위험을 높이고 조기 사망 위험을 30%가량 높이는 위험인자임은 다양한 연구에서 밝혀졌다. 만성 외로움은 우울증, 불안증을 초래해 신경계에 만성 염증을 유발한다. 이 때문에 사이토카인 불균형 같은 면역반응과 세로토닌, 도파민 호르몬 분비 변화가 발생하고 뇌 기능 저하로도 이어질 수 있다(한창수, 2022).

그럼, 또 다른 의구심이 또 꼬리에 꼬리를 물고 찾아온다. 왜, 혼자인가. 보다 정확히 말하면 왜, 혼자로만 남을 수도 있는가.

그런데, 이 혼자인 상태에서 찾아오는 것이 외로움이라고 할 때, 이 혼자는 물리적 공간에 놓여 있는 실재뿐만 아니라 심리적 공간에서 혼자라고 느낄 때도 찾아온다. 요즘 군중 속의 고립감, 함께하는 모임 속에서 외로움을 많이 호소한다. '왕따'가 바로 그렇다. 집단 내에서 심리적으로 고립시키거나, 스스로 그렇게 느끼는 외로운 상태가 바로 '왕따'인 것이다. 이는 집단의 폭거로 탄생한 괴물이며, 스스로 왕따를 자처하여 만들어지기도 한다.

외로움의 원인

외로움의 요인을 다양한 관점에서 바라볼 수 있겠지만 나는 이를 외부적 요인과 내부적 요인이라는 두 가지 관점에서 살펴보고자 한다. 흔히, 사람은 홀로 태어나서 시간의 흐름 속에서 혼자 죽는다. 생로병사의 길 위에 서 있는 것이 바로 사람이다. 그런데 길 위를 함께 걸어가던 친구, 동료, 이웃이 세월과 더불어 하나둘씩 사라져 간다. 어느새 주위를 둘러보면 주변에 있던 친구들은 손으로 셀 만큼 줄어든다. 나의 아버지가 돌아가시기 6, 7년 전, 들려주신 말씀이 아직까지 귀에 생생히 맴돈다. '중학교 동창회에서 매년 모임 일정을 전해 오는데, 올해는 못 나갈 것 같다고.' 왜냐하면 살아 있는 동기가 아버지를 포함해서 세 명인가밖에 없단다. 그중 한 명은 병중에 있단다. 70대 후반에 들려주신 말씀이다. 이것이 바로 자연적으로 발생하는 외부적 요인이다.

그리고 인위적으로 발생하는 외부적 요인은 사회적 관계에서 비롯된다. 사회적 고립, 사회적 기회 박탈, 사회적 배제 등과 같이 자신이 속한 사회의 울타리에 들어서기 힘든 상태에 놓인 것을 말한다. 그 울타리의 종류는 아주 다양할 수 있지만 하나로만 설정해 얘기해 보자. 사회적 울타리의 높이를 넘어설 수 있는 학력, 능력, 경제력 등 그 요구 조건을 갖추지 못한 데서 오는 미충족에서 오는 박탈 그 자체다. 이러한 박탈감, 상실감은 내면으로 깊이 파고들어 소외감, 무력감, 외로움 등으로 이어지고 심각한 우울증으로 악화되는 건 물론이고 그 이상의 심각한 사태로도 확대될 수 있다.

다음은 내부적 요인이다.

내부적 요인은 유전과 관련된 선천적 요인과 후천적으로 어릴 때 부모와의 애착 형성 단계에서 그 원인을 찾아볼 수 있다.

유전과 관련된 선천적 요인은 일반적으로 내향적·외향적 성격으로 나눈다. 내향적 성격의 소유자는 자신의 에너지가 내부세계를 향해 있고, 외향적 성격의 소유자는 자신의 에너지가 외부세계를 바라보는 상태다. 그래서 통상 외향적 성격의 소유자는 사람을 만나는 것을 좋아하고, 그러다 보니 주변에 사람도 많다는 것이다. 그 반대편에 위치한 내향적 성격의 소유자는 어떠한가. 사람을 싫어하고 주변에 사람이 없다는 이분법적 결론을 쉽게 내리는 경향이 있는데, 그렇지 않다는 것이 정설이다.

전문가 의견은 말할 것도 없고 내향적인 성격의 소유자인 나 자신의 경험에 입각해 살펴보더라도, 내향적인 성격의 소유자가 사람을 싫어하는 게 아닌 것은 분명해 보인다. 내향적인 성격의 소유자도 사람과 같이 있는 걸 좋아하고, 홀로 있으면 외로움을 탄다. 그런데 내부로 향해야 할 에너지가 외부로 향하다 보니 사람과의 관계에서 쉽게 에너지가 소진돼서 피로감을 느낄 수 있고, 다른 한편으로는 불편할 수 있다. 더더군다나 이때 관계하는 사람과의 성격, 의견, 취향, 관심 사항 등의 상이에서 오는 괴리는, 그 상대 사람과의 상호작용 과정에서 더욱더 피로, 피곤을 촉발시킨다.

이를 다수의 무리나 집단 속 상황으로 옮겨보자. 보다 더 선명하게 이 내향적 성격 소유자의 표정이 떠올려지지 않는가. 한동안은 좋을 수 있지만, 시간이 경과하면서 자신과 맞지 않는 사람과 부대끼는 과정에서 쉽게 자신의 에너지가 고갈되는 순간과 마주하는 걸 스스로 느낀다. 물론 여기서도 예외의 케이스가 있고, 사람마다 정도 차이가 있음을 잊지 말자. 내 경험인 이 개별적 특수성을 모든 내향적 사람의 공통적인 인간관계 특성으로 치부하기에는 무리가 따를 수도 있다는 걸 말이다.

다음은 어릴 때 보호자인 부모와의 관계에서 나타나는 '애착손상'이 내부 요인의 중요한 요인이라고 보는 견해가 지배적이다.

정신과 의사인 문요한은 《관계가 흐르는 시간》이라는 책에서 심리치료 현장에서의 경험에 기반해 건강하고 행복한 인간관계를 가로막는 요인과 그 해결방안을 제시하고 있는데, 여기서 중요하게 다루는 것이 바로 어릴 때 부모와의 '애착관계 형성'이다. 자신의 책에서

'애착이론'의 창시자인 존 볼비(John Bowlby)의 이론을 소개하고 있다.

애착이론의 창시자인 존 볼비에 따르면, 아이의 애착욕구에 양육
자가 적절하게 반응하지 않는 경우, 아이는 '부분적 박탈'이나 '완
전한 박탈'을 경험할 수 있다. 부분적 박탈은 애착에 더 매달리게
하지만, 완전한 박탈은 양육자와 분리되는 것으로 나타난다. 즉,
양육자와의 애착손상으로 완전한 박탈을 경험한 아이는 저항하
다가 이어서 절망하고, 결국 분리하는 과정을 겪는다. 부분 박탈
이 미분화를 설명해 준다면, 완전한 박탈은 과분화를 설명해 준다
고 볼 수 있다.

문요한은 이 이론에 근거하여 어릴 때의 애착손상이 어른이 되어
서도 나타나는 것을 상담 현장에서 발견하곤 한단다.

인간관계로 어려움을 겪는 사람들은 대부분 '지금 겪는 관계 문
제'를 들고 상담실을 찾는다. 하지만 상담하다 보면 그들 중 상당
수에서 유아기의 '애착손상'을 발견하곤 한다.

지금까지 인간관계에서 나타나는 여러 문제점 중 가장 상징적인
문제라고 할 수 있는 '외로움'을 전면에 등장시켜서 이런저런 사례와
함께 그 원인까지 외부적 요인과 내부적 요인으로 나누어서 개략적
으로 살펴보았다. 그리고 외부적 요인은 다시 자연 발생적 요인, 그
리고 인위적 요인, 내부적 요인은 다시 타고난 유전적 요인과 후천적

부모와의 애착 형성 요인에서 살펴봤다.

인간관계, 대인관계는 매우 복잡다단하여 상황에 따라서, 또 같은 사안이라도 시간의 흐름에 따라 출렁이는 물결과도 같다. 따라서 이를 풀어헤쳐서 쉽게 재단할 수 있는 성질의 것이 아니다. 그렇지만, 이를 보다 거시적인 관점에서, 큰 강의 물줄기를 따라 거슬러 올라가다 보면 발원지를 만날 수 있다는 신념으로 접근하려는 노력이 필요하다. 그 도도히 흐르는 물줄기의 방향성을 확인하고, 시간의 흐름과 함께 같이 흘러가는 물줄기 속에서 막히는 구역을 확인하고, 필요하다면 물꼬를 새롭게 내서라도 유유히 흘러갈 새로운 물길을 모색해 보면 어떨까.

보다 풍요로운 관계를 위하여

조화로운 관계를 위하여

이번 장에서는 관계의 부재, 관계의 단절, 그리고 관계의 건반 위의 부조화로 원하는 아름다운 소리가 나지 않는 상태를 탈피하기 위하여, 조화로운 관계의 소리, 화성으로 복원시키기 위해 어떻게 접근하고 어떠한 노력을 기울여야 할지 귀를 기울여 보자.

인간관계의 소외나 단절에서 발생하는 '외로움'으로 대표되는 인간관계의 문제점을 논의하기 위해 그 발생 원인을 외부적 요인, 내부적 요인이라는 형식을 빌려서 전개하였다. 외부 요인에는 거스를 수없거나 저항하기 힘든 외부로부터의 일방적인 힘으로 관계의 균형이 무너지거나 이탈하게 되는 권력 오남용이나 사회적 부조리가 개입해서 일방적으로 일어나는 경우가 분명히 존재하긴 한다. 하지만, 외부 요인이라는 형식의 틀 속에 내부 요인인 자신의 심리적 요인이 침투해서 작용과 반작용 속에서 형성되는 복합적 요인도 분명히 있다. 단순히 있는 정도가 아닌 상당수가 내외부 경계를 넘나든다.

인간관계는 아주 복잡한 첨단기기 이상으로 수많은 이질적인 부속품으로 서로 얽혀 있고 연결돼 있어서, 어느 순간 고장났을 때 특정 부속품 한두 가지만 손본다고 해서 쉽게 고쳐지지 않는 경우가 다반사다. 따라서 건강한 인간관계를 유지하면서 행복이 넘치는 원하는 삶을 영위하려면 꾸준하게 이어갈 수 있는 실천 가능한 처방과 함께, 이에 대한 노력이 뒤따라야 함은 두말할 필요가 없다. 건강한 신체를 유지하기 위해서는 꾸준한 운동과 함께, 근본적인 체질 개선과 면역력 강화를 위한 다양한 노력이 필요하듯 말이다.

나이가 들면서 신체적인 노화는 필연적으로 나타날 수밖에 없다. 이러한 신체 노화뿐만 아니라 세월의 흐름 속에서 인간관계상 노화 현상, 그 인간관계의 중심축을 이루는 척추의 뼈대 마디마디의 완충 작용 기능을 해야 디스크 탈출증(소통과 조율 실패), 탈골(관계 왜곡), 골절(관계 단절) 같은 관계의 근골격계 질환 현상이 일어날 수도 있다.

벌써 관계의 뼈대에 이상 증상이 나타났는가.

그러면 재활 운동을 꾸준히 하여 더 이상의 디스크 탈출이나 탈골, 골절이 일어나지 않도록 하면 된다. 관계의 재활, 관계의 복원이 가능하다.

혹시 지금까지의 자신의 인간관계에서 그 어떠한 이상 징후도 느끼지 못했는가. 그럼, 아주 잘 살아왔고, 소위 건강한 자아 상태를 유지하는 것이다.

좋은 관계 유지를 위한 제언

그래도 앞으로 나타날 만한 그 징후조차도, 새싹조차 자라나지 않도록 예방의학 차원에서 원천적으로 제거하는 노력도 필요하다. 그럼, 그 어떠한 노력을 기울여야 할지 관심을 가져 보자.

먼저, 내향적 성격의 소유자든, 외향적 성격의 소유자든 이를 불문하고 일(활동)을 해야 한다. 일을 통해서 일터에서의 사람과 직접적 · 일상적 관계 유지와 함께, 비즈니스적으로 연결된 거래선, 협력업체, 심지어는 고객과의 네트워크를 형성할 수 있다. 앞서 언급했던 미하이 칙센트미하이의 몰입의 원리를 기억하는가. 다시 한 번 상기해 보자. '남과 어울릴 때 우리 주의력은 외부의 요구로 구조화된다.' 아무리 비즈니스적인 관계라도 남과 부딪치고 어울리는 순간에는 다른 걱정거리도 외로움도 찾아올 수가 없다. 그러나 미하이 칙센트미하이의 말처럼 '하지만 아무 할 일이 없을 때 그 사람의 마음은 우울한 상념에 점령당하기 시작하고, 의식 또한 혼돈스러워진다.' 정도는 덜하지만 누구에게나 관찰되는 현상이다.

일이 가져다주는 경제적 수입, 유능감, 유용성 확인 같은 중요한 의미를 굳이 부여하지 않더라도 일을 해야 하는 이유가 바로 '관계 유지'에도 있다. 이 메시지는 최근 태평양 건너 저 멀리 미국 땅에서도 전해진다. 현직 최고령 의사로 2023년 기네스 세계기록에 오른 하워드 터커 박사는 101세다. CNBC 보도에 따르면 그는 "내 직업을 통해 젊은 동료들과 관계를 구축할 수 있어서 다행이라며, 부인인 사라와 나는 지역사회 사람들과 저녁 식사 하는 걸 최우선 과제로 삼고 있다고 말했다." 이처럼 관계는 독립적으로만 존재하는 것이 아니라 일과도 깊은 연관성을 지닌다. 일 속에서 활력도 유지하고 경제적 수입을 얻으면서 유능감도 유지할 수 있는 것이다. 이와 더불어 무엇보다 중요한 것은 일터 속에서 젊은 사람들과 상호작용하는 가운데 인간관계를 지속 유지하면서 관계의 지평을 넓혀 나갈 수 있다는 데 주목할 필요가 있다.

물론, 일을 하게 되면 가족이나 친한 친구와 같은 소중한 사람들과 함께하는 시간은 줄어들겠지만, 주말, 휴일, 휴가 등을 활용해서 얼마든지 만회할 수 있지 않을까 생각한다. 이조차 쉽지 않으면 훗날을 위해서 잠시 유보한다 생각하면 마음이 다소 편해질 수도 있겠다. 중요한 건 자신의 삶에 행복과 풍요로움을 더해 주는 데 관계가 어떤 역할을 하는지, 어떤 시간의 리듬을 타고 조화로운 기능을 하는지 잘 살펴보면서 전체적인 삶 가운데 일을 중심에 두고, 관계의 시간과 관계의 대상을 조율해 나가는 게 필요하다.

혹시 성격상 내향적 성향의 소유자라고 스스로 생각하는가.

아니면 언제부턴가 외로움이나 소외감, 무기력, 우울감이 자주 찾아오는가. 현재 일이나 일상적 시간 투자를 요하는 활동을 하지 않는 상태라면, 새로운 일의 영역을 개척해서 뛰어들자. 저 펄떡이는 물고기처럼 물속으로 뛰어들자. 그 물속에는 당신의 또 다른 잠재력을 살찌울 만한 아주 다양한 플랑크톤이 서식하고 있다는 걸 잊지 말자. 그 물속에 뛰어들면 당신을 괴롭혔던 외로움과 우울감은 일이라는 다양한 포식자들에 의해 그 생명력을 다하고 만다.

혹시 미국에서 가장 사랑받았던 동화작가인 '타샤 튜더'를 기억하는가. 그녀는 1915년에 미국 보스턴에서 태어나 2008년 92세 나이로 별세하기 이전까지 100여 권의 그림책을 세상에 내놓았다. 그리고 백악관의 크리스마스 카드에도 사용되는 타샤의 그림은 미국인의 마음을 담았다는 평을 받고 있다(김향, 2007).

그럼 타샤 튜더의 성격은 어떠했을까. 사교적이고 활동적인 성격의 소유자였을까. 스스로 밝힌 자신의 성격에 관한 이야기를 한번 들어보자. 70여 년간 동화작가로서는 훌륭한 삶을 살아왔지만 그녀는 스스로 내향적 성격의 소유자고, 성장 과정에서 사교성이 없었다고 자신의 다큐멘터리 영화 인터뷰에서 담담하게 피력한다.

그림은 사람들 앞에 나서지 않아도 되지요.
제가 사교계보다는 집안일에 흥미를 보여서 부모님이 많이 실망하셨어요.
보스턴 사교계로 나가기를 그토록 원하셨는데.
친구들의 사교계 파티는 갔지만 제 축하 파티는 하지 않았어요.
말했던 것처럼 그런 자리는 지루하기만 하고 즐겁지가 않았거든요.

그녀는 내향적 성격의 소유자라서 다수가 모이는 시끌벅적한 자리가 그녀를 불편하게 하고 피곤하게 했다. 그러나 그녀도 사람인지라 '외로움'과 같은 정서적 감정이 왜 없었겠는가. 사람과 함께해야될 자리를 일정 부분 그녀의 그림이 대신했던 것이다. 그녀의 작품이 독자와 출판사 관계자와의 매개 역할을 하고 세상과의 소통 창구 역할을 했다. 그리고 매일매일 자연 속에서 함께하는 꽃과 식물, 나무, 흙과 같은 존재들이 그녀의 든든한 지지자이자 친구였다. 한편, 자식, 손주들과의 정례적인 모임을 통한 가족 간 소통은 그녀의 일상을 더욱 풍요롭게 하였다.

요즘, 행복론과 관련해 외향적 성격의 소유자가 상대적으로 내향적 성격의 소유자보다도 훨씬 행복하다는 이야기가 여기저기서 많이 나온다. 혹시 나 같은 내향적 성격의 대열에 있다면, 너무 기죽지는 말자. 사람을 대체할 만한 또 다른 '관계 지향적 대상'을 개발하고 가꾸어 나가면 된다. 그것이 일의 형태라면 더욱더 좋겠지만 그게 아니더라도 상관없다. 오늘보다 더 나은 내일의 자신을 발견할 수 있는 그 어떤 대상이라도…. 사회봉사, 학습, 취미 활동 등등 말이다.

두 번째, '야구장의 모습처럼 마음의 지평을 넓혀 나가자'이다.

개방성과 수용성, 관심 공유대상 확장성을 염두에 둔 내면의 심리적 공간을 확대해 나가고 자주자주 노출되게 하자는 것이다.

서울대 최인철 교수의 《아주 보통의 행복》 산문집에는 '행복 천재들은 야구장에 간다'라는 주제의 글이 실려 있다.

> 그곳에는 눈치 보지 않고 당당하게 야식을 먹을 수 있어서 좋다. 층간 소음 걱정 없이 마음껏 소리를 지를 수 있어서 좋다. 외로움이 편만한 세상에서 수많은 내 편을 만날 수 있어서 좋다. …… 마침내 푸른 잔디와 선수들과 전광판이 눈앞에 펼쳐질 때, 생계와 생활의 저편에서 쾌락과 향유의 이편으로 넘어오는 기적을 경험한다.

최인철 교수의 글을 풀어서 조금 더 가까이 다가가 보자. 개방적으로 탁 트인 공간이 품고 있는 잔디와 선수들의 활기찬 움직임, 밝게 빛나는 전광판은 굳게 빗장을 치고 있는 우리 마음의 문을 활짝 열게 하는 모세의 기적이 일어나는 공간이다.

이 순간 우리는 그 누구의 눈치도 보지 않는 개방성의 단계를 지나, 눈치를 주지도 않는 수용성의 단계로 나아간다. 마음껏 소리도 지르고, 연인끼리 뽀뽀도 하고 또 이를 보는 사람은 아주 자연스럽게 받아들이고, 약간의 욕설도 건강하고 건전한 욕구 분출의 수단으로 치환된다. 악의적이지 않음을 알아준다.

특정 팀을 응원하는 목소리와 몸동작에서 세상에 혼자라는 외톨이 의식, 외로움에 사로잡혀 있던 사회적 자아는 오간 데 없이 사라진다. 이 속에서 나 바로 옆에 앉아 있는 나와 같은 생각과 행동을 공유하는 정서적 동지를 발견하고 내가 혼자가 아님을 깨닫는다. 나 바로 옆에 또 다른 내가 앉아 있음을 발견한다. 우리는 하나라는 강한 동지 의식이 싹튼다. 사람에게 가장 필요한 것이 사람이고, 사람에게 가장 중요한 것이 사람임을 새삼 느낀다. 그리고 세상은 살 만함을 잠시나마 깨닫는다.

같은 맥락에서 살펴보면, 특정 연예인의 콘서트나 공연 관람, 음반 구입 같은 행위에서 집단적 움직임, 이른바 '아줌마 부대 현상'을 천박하다는 잣대로만 바라볼 수 있는가다. 물론 해당 시장의 질서를 해치거나 왜곡시키는 행위는 비난받아서 마땅하지만 말이다.

그렇지 않고 순수한 마음에서 발로된 특정 연예인을 향한 응원은 오히려, 사회적 공간에서 그 역할이 점점 줄어들 수 있는 '중장년 주부 층'에게는 사회적 소외에서 탈피하고 자신의 정체성을 발견하는 한편, '공통의 관심사'를 공유하는 사람들과의 사회적 관계의 지평을 넓히는 순기능 역할이 분명히 있다. 사회적 배제 영역에서 당당히 걸어 나와 삶의 활력을 되찾고, 외로움과 우울감을 치료하는 특효약이 될 수도 있는 것이다.

세상에는 자기와 잘 맞지 않고 상처를 주는 사람만 존재하는 것이 아니라, 굳게 걸어 잠근 마음의 빗장을 풀어헤치는 순간 주변에는 의외로 많은 따스한 손길 또한 기다리고 있다는 인식을 하는 것이 중요해 보인다. 그런데, 이런 마음을 갖는 게 어디 쉬운가. 자신의 내면을 깊이 들여다보는 자기성찰이 필요하고 이 또한 여의치 않으면 전문가와의 상담도 고려해 봄직하다.

세 번째, 마음을 터놓을 수 있는 친구를 한 명이라도 가까이 두도록 노력하자. 물론 많으면 더 좋겠지만 말이다.

현재 인간관계에 문제가 있든 없든 중요한 덕목으로 삼아야 하는 사실은 행복한 친구를 가까이 두는 것이다. 물론 행복한 친구를 가까이 많이 두면 좋겠지만 쉽지 않다. 자신의 성향과 형편을 감안해 염두에 두면 좋겠다. 《100세 인생》의 저자 런던 비즈니스 스쿨의 린다 그랜튼 교수는 일뿐만 아니라 인간관계를 자산 개념으로 치환해 '활력자산'이라고까지 이야기하지 않았던가.

백세 시대라는 삶을 살아가는 데 행복의 매개변인이자 동시에 종속변인으로 작용할 수 있는 '활력자산'이 생계와 관련된 '금융자산'

과 대등한 위치로 부상하고 있다. 이를 논리적으로 조금 더 확장해 보면 '생계'가 의식주와 관련 물질적 욕구 추구와 관련된 삶의 방편 이라면, 인간관계는 삶의 활력을 얻는 것은 물론이고 '생존' 그 자체 와 관련되었다는 것이다. 행복을 연구하는 일부 학자들은 동물처럼 진화론적 관점에서 인간을 바라본다.

물소들은 사자들이 우글거리는 아프리카 초원을 수십만 마리의 동료들과 함께 횡단한다. 서로 잡담하기 위해서가 아니라 살아남기 위해서. …… 사람도 마찬가지다. 시카고 대학 카시오포 교수팀의 오 랜 연구에 의하면 현대인의 가장 총체적인 사망 요인은 사고나 암이 아니라 외로움이다(서은국, 2021).

여기 외로움에 치를 떨고 있는 한 젊은이가 있다. 연세대 서은국 교수의 《행복의 기원》에 등장하는 사례다. 기업에서 강의할 때도 많 이 인용했던 내용이다. 어떤 사연인지 한번 같이 들어보자.

2011년 가을, 이곳에 살고 있던 제프 렉스데일이라는 39세 남자 는 여자친구와 헤어진 뒤 외로움에 몸부림치고 있었다. 가족도 친 구도 없던 그는 망망대해 같은 세상에 구조 신호를 보냈다. 노란 종이 한 장에 자기 전화번호와 간단한 문장 하나를 적어 맨해튼 곳곳에 붙인 것이다.

'뭐든 대화하고 싶은 사람은 저에게 전화하세요.' 외로운 제프

(If anyone wants to talk about anything, call me 347) 469-3173. Jeff, one lonely guy)

그 후 놀라운 일이 벌어졌다. 단 몇 명의 대화 상대라도 생기길 바 라던 그에게 실제 연락을 한 사람이 무려 7만 명. 뉴욕은 물론 영

국…… 심지어 한국에 사는 사람들까지도 제프를 찾았다. 자신도 외롭다는 하소연과 함께 힘내라는 응원 메시지도 줄을 이었다.

바로 친구 관계다.

친구 관계는 대체로 자연발생적으로 만들어지는 경우가 대부분이다. 어릴 때 죽마고우, 학창 시절 동기, 군 동기, 사회생활을 하면서 자연스럽게 연이 닿아 직장 내에서 만들어지기도 한다. 제 아들놈은 군에서 만난 동기를 지금도 자주 연락하며 지낸다. 군 시절의 어려움이 이 친구 관계를 더욱 끈끈하게 이어주는 튼튼한 밧줄이 되는 것이다.

친구 관계의 소중함과 가치를 미하이 칙센트미하이 교수는 이렇게 설명하고 있다.

보통 친구들과 같이 있을 때 사람들은 자신이 행복하고 빠릿빠릿하고 붙임성 있고 명랑하며 의욕적이라는 느낌이 든다고 이구동성으로 말한다. …… 70대나 80대의 은퇴한 노인이라고 해서 예외는 아니다. …… 자기 고민에 귀 기울여주고 용기를 불어넣어주는 사람이 단 한 사람만 있어도 삶의 질은 이만저만 달라지는 게 아니다.

지극히 당연해 보인다고 스쳐 넘길 수도 있지만 다시 한 번 되새김질해야 할 이야기다.

기업 강의를 할 때 관계를 주제로 친구 얘기를 하다 보면, 어릴 때 친하게 지냈던 친구가 많았는데, 세월이 많이 흐르다 보니, 지금은 어디에 있는지조차도 모르는 친구가 있다고 이야기하는 교육생이 가끔 있었다. 이때 나는 앞에서도 잠깐 언급한 런던 비즈니스 스쿨 린다 그랜튼 이야기를 인용해 들려준다. 오랜 세월에 걸쳐 이루어진 친구 관계는 '활력자산'이 될 수 있다. 관계의 끈을 다시 잇자. 찾고 먼저 연락하면, 반드시 옛 모습으로 복원된다. 어느새, 옛 정서적 공간에 함께 머무르는 자신을 발견한다. 인간의 마음은 인지상정이라고.

우리나라에서는 '행복은 전염된다'라는 부제가 달린 《컨넥티드》는 하버드대학교 니컬러스 크리스태키스와 캘리포니아대학 제임스 파울러가 공동으로 저술한 책이다. 1971년부터 2003년까지 총 1만 2,067명을 추적하여 행복의 생성과 확산이 어떻게 이뤄지는지 연구 분석한 결과를 3단계로 설명한다.

나의 친구(1단계)가 행복할 경우 당사자인 나 자신이 행복할 확률은 15% 상승하였다. 그다음 2단계 거리에 있는 사람인 나의 친구의 친구에게까지 전파되는 행복 전염 효과는 10%였다. 그리고 3단계 거리에 있는 사람인 나의 친구의 친구의 친구에게까지 행복이 전염되는 효과는 6%였다. 4단계로 넘어가면 효과가 거의 사라졌다는 것이다.

아주 경이로운 연구 결과로 비칠 수 있지만, 사실은 우리도 성장 과정에서 부모로부터 훈육으로 많이 들어온 이야기다. 통계 수치로 친절히 설명되지 않는, 종교적 주기도문과도 같은 절대적 힘이 느껴지는, '친구 잘 사귀어야 한다. 아무나 사귀면 절대 안 된다.'가 바로 그것이다.

그렇다. 좋은 바이러스를 주고받는 친구를 가까이 두는 일상의 삶이도록 노력해야겠다. 나보다 2년 정도 먼저 퇴직한 모 선배는 퇴직이후 핸드폰 전화번호부 정리 작업부터 시작했단다. 직장 생활 중 직장 내 동료나 비즈니스 관계로 만났던 사람 상당수를 지웠단다. 아마, 정서적 교감 없이 오직 일로만 만난 사람을 지칭할 터다. 일종의 '관계 다이어트'를 한 것으로 보인다. 관계의 몸이 비대해져 정상적인 걸음걸이에도 지장이 됐던 것으로 읽혔다. 일종의 '선택과 집중의 원리' 실천이다. 앞에서 언급한 '행복은 전염된다'와 맥락적으로 일치하는 부분도 있어 보인다. 오직 행복한 친구들만 가까이 두겠다는….

마지막으로, 자존감을 잘 유지하는 가운데 건강한 자아를 매일매일 가꾸어 나가자.

주위에 보면, 부러울 정도로 인간관계를 잘하면서 지내는 사람들이 눈에 들어오는 경우가 있다. 폭넓은 인간관계를 유지하는데도 말이다. 직장 내에서도 이런 사람을 찾아볼 수 있다. 어떻게 보면 시간적으로 매일매일 오랜 시간 함께하기에 관찰 평가를 위한 최적화된 조건일 수도 있다.

자칫, 상사에게만 잘하면 '아부쟁이'로 폄하되겠지만 부하를 포함한 상하좌우를 고루 아우르면서 잘한다. 이런 사람들은 대개 개방적인 측면이 강해서 자신을 있는 그대로 잘 드러내는 편인데, 부모, 처자식에게도 잘하고 폭넓은 친구 관계도 유지하는 것으로 보인다. 보여주기 위해서가 아니다. 자연스럽게 눈에 들어온다. 회의 시간에 첨예한 의견 대립 상황에서도 소리 높이지 않고 잘 조율한다. 이런 유형의 사람은 대개 '막연히 좋은 사람이다'라는 평가를 뛰어넘어 한 걸음 더 나아가 자존감이 높고 건강한 자아를 가진 사람이라고 칭송에 가깝게 평가할 수 있다.

그런데, 평소에는 전혀 동료와의 관계가 문제 없지만 업무적 이해관계로 얽히거나, 의견이 다를 때 평소 모습과는 다른 처음 보는 모습으로 돌변하는 사람도 있다. 지금 이 사람이 평소 내가 알던 그 사람이 맞나 의문이 들 정도다.

그런가 하면, 업무적으로 자신에게 꼭 필요한 얘기만 하고 가능한 동료와의 소통이 거의 없는 직장 동료도 있다. 스스로 고립을 자처하는 유형의 동료다. 무언가 자신과 맞지 않는 상황이 지속될 때는 아예 '섬'을 건설한다.

이러한 두 가지 부류 중 전자는 자존심이 아주 강한 사람, 후자는 자존감이 낮거나 자아에 좀 문제가 있는 것 같다는 평가를 받기도 한다.

자, 그럼 여기에 등장하는 자존감, 자존심, 자아에 대해 좀 더 살펴보고 넘어가는 것이 이 글을 공유하고 공감 지점을 만드는 데 좀 더 도움이 될 것 같다. 먼저 자존감과 자존심부터 살펴보자.

자존감의 기본 정의는 '자신을 바라보는 평가 기준이다. 곧 자신을 높게(좋게) 평가하는지 또는 낮게(하찮게) 평가하는지에 대한 레벨을 의미한다. 100점 만점에 60점이라는 숫자로 표현할 수도 있고 높이(high-mid-lowed self-esteem)로 표현할 수도 있다. 자존심은 자존감과 연관된 감정을 뜻한다. 자존감이 나를 어떻게 평가하는가에 관한 생각이라면, 이에 수반되는 감정을 자존심이라고 칭한다(윤홍균, 2022).

그런데, 이 자존감과 자존심은 때때로 자신이 아닌 다른 사람에게 평가되곤 한다. '저 사람은 아무리 봐도 자존감이 낮은 것 같아', '뭐든지 항상 삐딱하게 본단 말이야', '그리고 꼭 남을 디스하는 얘기를 빼놓지 않는단 말이야', '저 사람은 아무리 봐도 자존감에 문제가 있는 게 분명해', '저 사람은 자존심이 너무 세', '완전 고집불통이야', '저 사람과 얘기할 때 항상 조심해야 해'와 같은 평가를 스스로 하게 되고 자신에게 다짐한다. 그리고 때로는 다른 사람에게도 공유된다. 나 자신도 다른 사람에게는 이런 유형으로 비춰지진 않았는지 모르겠다.

실제로 이렇게 부정적 평가를 받은 사람은 인간관계가 원만치 않은 경우가 많다. 온전한 인격을 지닌 사람이 반복적인 관찰로 나온 선의의 평가라면 말이다. 정신과 의사 윤홍균이 얘기하는 자존감의 세 가지 축인 자기 효능감, 자기 조절감, 자기 안전감 중 최소 한두 가지, 아니면 세 가지 모두에 문제가 있어서 나타나는 현상으로 보인다.

좋은 인간관계를 고민하다 보면, 인간관계에 영향을 미치는 중요 요소인 이 자존감을 생각하지 않을 수 없다. 자존감은 도대체 어디서 만들어지는지, 자존감은 정말 회복 가능한가에 대한 의구심이 들 수밖에 없다.

자존감은 순전히 부모의 영향만은 아니다. 성장 과정에서 학교 공동체, 이후 직장 같은 '사회 공동체'라는 사회 환경과도 밀접한 관련이 있다. 유동적이고 시시때때로 변한다(윤홍균, 2022).

나 자신을 되돌아보더라도 직장 생활을 하는 동안 자존감이 롤러 코스터를 탄 적이 한두 번이 아니었다. 천당과 지옥을 오가며 세월의 흔적 속에 그대로 묻어 있다. 눈으로 보이지는 않지만 기억 속에…. 상사의 칭찬과 질책, 기대했던 업무 성과 창출 또는 미창출, 깔끔한 업무 처리 또는 실수 연발 등 각양각색으로 자존감에 무늬를 새겼다.

자존감은 회복할 수 있다. 쉽게 되찾는 사람도 있고 시간이 좀 걸리는 사람도 있다. 분명한 건 노력하면 회복된다(윤홍균, 2022).

나 자신도 수없이 넘어지고 일어나는 반복과정 속에서 일종의 '회복 탄력성'이 생겨서 나름대로 튼실한 자존감을 유지하게 해 주는 것 같다. 앞으로도 또 다른 자존감의 흔들림이 있을지언정, 뿌리가 아닌 바람에 흔들리는 잎새 정도에 불과하리라는 신념이 있다.

혹시, 나처럼 생애 전환기의 어느 길목 위에 서 있는가. 아니면 의도치 않은 과도기에 접어들어 딜레마적 상황을 헤매고 있는가.

그럼, 자존감에 영향을 주는 '오염의 시간'이 찾아올 수도 있다. 여러 사람 속에서도 혼자라는 '외로움'을 느낄 수도 있고, 혼자 가만히 우두커니 있다 보니 고립감이, 미래를 생각하다 보니 '불안감'이 밀려오기도 한다. 무기력해지고 의욕도 상실된다.

빨리 털어내고 일어서야 한다. 그리고 움직여야 한다. 걸어야 한다. 몸도 마음도. 몸부터 움직이다 보면 마음도 따라온다. 걷는 목적지가 생기면, 마음속에서도 또 다른 삶의 목표가 싹튼다. 그리고 목표가 분명해진다. 이제는 자신도 모르게 목표를 향해 달리는 자신을 발견한다. 중간에 허들이 나타나도 당연하게 생각한다. 대수롭지 않게 이를 뛰어넘는다.

서문에도 밝혔듯이 나는 2023년 31년간 근무했던 직장을 그만뒀다. 먼저 퇴직한 수많은 선배를 위로하고, 상담하고, 코칭하면서 앞으로 나 자신에게도 닥쳐올 현실을 이미 알면서도, 막상 똑같은 상황에 직면하니 나 또한 한동안 심리적 불황기를 겪었다. 하지만 그렇게 오래가지는 않았다. 내가 진정 하고 싶었고, 부족하지만 노력하면 잘할 수 있는 잠재력을 끄집어내 목표를 정해 꾸준함을 유지하니 자존감도 회복되고, 자아가 더욱 건강해지고 조금씩 성숙해짐을 발견한다.

그래도 힘이 드는가. 나이가 들수록 모두가 점점 내 곁을 도망치듯 떠나가는 듯한가. 가장 가까운 가족조차도 말이다. 모든 것이 내 뜻대로 되지 않고, 짜증스럽고 미지근한 분노만 내 곁을 지키고 있다 여겨지는가.

이때는 자신의 마음속 심층부에 자리한 자아를 찾아서 자기 내면으로 여행을 떠나보자. 내 안의 또 다른 나, 어린아이를 만나보자. 아직 상처받은 아이로 웅크리고 있는지, 정성을 다해 바라보고 만나보자. 보듬어주고 안아 주자. 숨결을 같이 느끼면서….

앞서 언급한 정신과 의사 문요한은 관계의 교류를 세우는 통로를 바로 세워 나가는 과정은 어렵다고 한다. 유아동기의 애착손상까지 살펴봐야 한다. 물론 모든 문제의 원인이 애착손상은 아니고 유전과 기질, 양육 환경, 성장 과정 등이 얽힌 복합적인 결과지만, 이러한 요소 중 애착 트라우마가 가장 중요한 원인이라 한다.

모든 역사는 중요하다. 세계나 국가 단위의 역사뿐만 아니라 한 개인의 자아 형성 역사까지. 조금만 더 인내하고 위로 거슬러 올라가면 내 안의 상처받은 어린아이의 모습을 통해, 현재의 자아 상태를 이해하는 데 도움이 된다. 문요한은 "엄마에게 상처 입은 사람이면 어느 순간 엄마 역시 엄마의 가족에게서 상처받은 사람이라고 이해하는 것이다"라고 했다.

그런데, 역사도 좋고 다 좋은데, 중요한 건 과연 이 나이에 고장 난 관계가 고쳐질지, 구멍 난 부위가 메워질지에 강한 의문이 들 수도 있다. 결론은 가능하다. 오랜 임상 치료 경험에서 나오는 정신과 의사 문요한의 이야기다. 자신에게 반복되는 문제 자각-사고와 행동의 반복을 통한 의식적 노력-간절하고 절박한 변화 시도만 있다면. 그래도 문제가 해결되지 않는다면, 전문가의 도움을 받는 것도 고려해야 한다. 가볍게 나들이하는 기분으로 한두 시간 고민을 털어놓고, 이를 들어줄 사람과 함께하는 것만으로도, 건강한 자아를 향한 거룩한 한 걸음이 되지 않을까.

며칠 전, 마음을 무겁게 하는 소식을 접했다. 평소 존경했던 모 교수님으로부터 '이 모든 관계를 멈추고 이별 통보'라는 메시지를 받았다.

처음에는 장난으로 보내는 '가짜뉴스'인 줄 알았다. 그런데 막상 글을 조금씩 읽어 내려가던 중 점점 더 사실로 와닿았다. 기력이 다해 가는 와중에도 핸드폰 자판 위를 오르내린 그 맑은 영혼의 손끝에서 수많은 오탈자가 맑디맑은 영혼을 수놓고 있었다. 말기 암 상태에서 호스피스 병동으로 옮기기 전 평소 관계를 유지했던 지인들에게 보내는 글 제목이 바로 '이 모든 관계를 멈추고 이별 통보'였다.

이 관계의 '멈춤'은 스스로의 '단절'과는 차원이 완전히 다르다. 단절은 스스로 인위적으로 끊고 도려내는 것이다. 관계의 영원성을 폭파시킨다. 다시 복원시킬 수 없는 먼지가 된다. 더 이상 이쪽과 저쪽을 이을 수 없는 파괴된 다리다. 그 사이로 슬픔의 강만 흐를 뿐이다.

이에 반해 '멈춤'은 인위적이기보다 자연스러움이다. 부여받은 생명의 힘이 다하여 더 이상 삶의 바퀴를 앞으로 굴릴 수 없다고 스스로 느끼는 순간에 나타난 멈춤이다. 그런데, 혹시 아는가. 생명의 기적이 다시 찾아올지….

설상 멈춤이 현실이 되더라도 이 지구라는 작은 행성의 한 모퉁이에서 '멈춤'은 우주 천체 속 어딘가에 자연스레 재탄생한다. 멈추었던 관계의 바퀴가 다시 돌아간다. 다른 우주 생명체와 또 다른 관계를 맺으면서 쉼 없이…. 그리고 작은 행성 한 귀퉁이에 아직 숨 쉬고 있는 그 누군가와 계속 교신한다. 아름다운 별이 되어서….

5

소멸과 불멸

죽음은 무엇이고 불멸은 가능한가

죽음의 의미

깊은 인연의 죽음은 감당하기 힘든 사태다. 하지만 보통 인연의 죽음은 그저 평범한 일상이다. 나이가 들수록 잔병치레가 잦아지듯, 자주 찾아오는 소식에 불과해진다. 갈수록 점점 더 무덤덤해진다. 깊은 인연의 죽음도 시간과 함께 슬픔의 농도가 옅어진다. 허무하고 죄스럽다. 점점 더 속물이 돼 가는 내 속을 누군가 들여다볼까 봐 두렵기까지 하다.

인생 백세 시대다. 기대수명은 점점 늘고 있음이 사실이다. 그런데 개별 죽음은 때로는 '백세'라는 말을 무색해지게 한다. 멀리서 찾을 것도 없다. 최근 2년 사이에 아버지 형제자매인 삼촌과 고모 열 남매 중 삼촌 두 분과 고모 두 분, 네 분이 돌아가셨다. 열 남매 중 삼촌 두 분과 고모 한 분만 남은 상태다. 3년 전 장인어른도 돌아가셨다. 그리고 장모님도 1년 반 전에 돌아가셨다. 80세를 조금 더 넘긴 상태에서….

가장 최근인 작년 가을 셋째 삼촌이 돌아가셨을 때는, 해외 선교사로 활동 중인 종교인인 누나조차도 현실의 여러 죽음 앞에서의 누적된 슬픔과 허무를 가눌 길 없어서 우수수 떨어지는 '추풍낙엽' 같다고 SNS로 표현했다.

이게 어디 어느 집안에만 일어나는 특수 상황의 죽음이 아니지 않은가. 범위를 확대하면 대한민국 국가 공동체, 더 나아가면 지구촌 전체에 소속된 인간이라면, 나이 들면 일어나는 죽음의 보편적인 모습이다. 인생 행로에 일어나는 '생로병사'일 따름이다. 물론 그 시기가 각기 조금씩 다를지언정.

이런 인간의 보편적 죽음 앞에서 어떤 생각이 드는가. 나처럼 아무 생각도 없는 듯 무덤덤해져 있지는 않은가. 아니면 굳이 평가하라면 소설가 김영하의 말처럼 허무주의적 관점에 서 있지는 않은가.

> 저는 인간들이 어리둥절한 채 서로에게 상처를 입히면서 죽지 않으려고 발버둥 치다 결국은 죽어 사라지는 존재라고 생각해요.

이와 비슷한 생각을 하고 있는가. 만약 그렇다면 보편적 죽음을 떠난 자기 자신과 그 울타리 안에 있는 부모, 형제, 처자식의 개별 죽음도 김영하의 말과 동일한 층위에 올려놓을 텐가. 아마 대체로 이 질문 앞에서는 머뭇머뭇하지 않을까. 바로 나 자신의 문제이기 때문이다. 어떤 크고 작은 사안이라도 '나 자신과 직접적으로 관련이 있을 때와 그렇지 않을 때 이를 바라보는 각도와 체감하는 온도가 어떤

식으로든 차이가 난다.' 바로 신이 아닌 인간이기 때문이다. 인간은 이기적인 동물일 수밖에 없다.

아마 평소 나처럼 생각 자체를 미뤄왔다면, 되레 생각이 복잡해지고 정리가 잘 안 될 수도 있겠다. 만약 그렇다면 차차 다시금 생각해보자. 정리하는 데 도움이 될 수도 있다. 이번 글에서 논해야 할 핵심의제다.

개별 죽음

인간의 죽음을 그저 언젠가 모두에게 찾아온다고 인식하는 수준의 보편적 차원이 아닌, 한 개인의 일생 속 개별적 차원에서 바라보면 죽음의 의미를 이해하는 데 훨씬 도움이 될 듯하다. 죽음 그 자체도 한 개인의 역사 속에 자리한다. 한 개인의 탄생 이후 삶의 맨 끝자락을 매듭짓는 역사다. 그런데, 개인의 탄생은 스스로 원해서 이루어지는가. 분명 아니다. 그럼, 삶은 어떨까. 살기 위해서 생존하기 위해서 다른 사람에게 상처만 입혔을까. 물론 상처를 줬을 수도 있다. 그리고 분명 도움도 줬으리라. 각자 정도의 차이는 있겠지만 주어진 환경에서 생존하려 걷고 달리고 넘어지고 일어서는 과정을 반복하는 가운데 상처도 입었으리라. 그 치유되지 않은 마음속 누적된 상처가 몸으로 전이되어 직접적 병인이 되거나 노화를 가속화시키지는 않았을까. 그리하여 끝내는 죽음으로 내몰린 건 아닌가. 단순히 나이 들어 자연스레 생기는 노화가 아니라, 분명 노화에는 이런 삶의 고통도 크게 자리하고 있을 터다.

그럼, 이 개별적 타자의 죽음을 어떻게 바라봐야 할까. 누구나 태어나면 살다가 죽는 죽음 가운데 하나로만 바라볼 것인가.

앞서 나에게는 보통 인연의 죽음이 '일상'이 됐다고 했다. 그런데, 실상은 마주하는 일상이 아니라 회피할 일상으로 자리매김했다. 기껏해야 부의금과 잠깐의 문상 정도가 전부다. 그리고 이내 잊어 버린다. 피해 버린다. 마치 공원 산책 중 반려견이 싼 똥을 피해서 무심히 걸어가듯…. 타자의 죽음은 나와는 아무런 관련도 없다는 듯이. 실제는 잊어버리는 게 아닌 잊으려 노력하는 것이다. 죽음이 두려워서다. 죽음을 생각하는 자체가 나 자신은 물론이고 가족의 상실과도 연결돼서다. 그래서 나와는 무관하다는 방어기제가 작동하는지도 모르겠다. 프로이트의 주장처럼 누구도 자신의 죽음은 믿고 싶지 아니한다. 나 자신은 물론이요 우리 모두는 자신의 불멸을 확신하는지도 모르겠다(EBS, 2014).

다시 앞서 질문한 개별적 타자의 죽음을 어떻게 바라봐야 할지 되돌아가 생각해 보자. 더 이상 이 물음에 대한 답을 미뤄서는 안 된다. 나는 죽음에 관한 한 김영하의 생각인 '서로에게 상처만 주다 죽는다는 허무주의' 반대편에서 이 문제를 바라보고 싶다.

이 세상에 악을 행해 비난받아 마땅한 삶이 아닌, 소위 일반적인 삶 뒤의 죽음은 경의의 대상이어야 하지 않을까. 그 희로애락의 삶의 여정에 무한한 찬사를 보내야 하지 않을까. 인생이 고행이 맞다면, 쇼펜하우어 말처럼 '인생은 고통과 권태 사이를 오가는 시계추와 같다'면, 그 어려움 속에서 스스로 죽음을 선택하지 않고 살아온 삶에 박수를 보내야 하지 않을까. 삶 뒤에 찾아오는 죽음을 마음속으로 깊이 추모하는 것이다. 바로 '훈습'하는 것이다.

자살은 참으로 안타까운 삶의 끝자락이다. 그 자체만으로도 엄청난 슬픔이지만 이를 정당화하거나 그 어떤 이유를 대도 발 디딜 수도 없다. 물론 《DEATH, 죽음이란 무엇인가》 저자 예일대 셸리 케이건 교수처럼 자살에 대하여 '그 사람이 심사숙고했고, 타당한 이유를 갖고 있다면' 그의 자살 선택에 대해 도덕적으로 정당화될 수 있다고 주장하는 의견도 있기는 하다.

하지만 이게 어디 보편적 정서로 용납될 수 있는가. 설상 용납된다 해도 수많은 일반적인 죽음, 자연사와 동등한 가치를 확보할 수는 없다고 생각한다.

죽음도 삶 속에 존재한다

그럼, 이제 우리는 나 자신의 죽음을 어떻게 바라봐야 할지 조금씩 그 실체가 분명해질 듯하다. 죽음도 삶의 여정 가운데 하나라면, 죽음과 삶을 분리해 바라볼 게 아니라 삶 속에 편입해 바라봐야 하지 않을까. 죽음을 통해 삶의 소중함과 경건함을 보다 선명하게 드러내지는 않을까. 이전보다 의미 있는 삶과 행복을 느끼는 삶을 추구한다면 더더욱 그렇다.

그럼, 죽음을 어떻게 삶 속으로 끌어들일 수 있을까. '죽음이 현실화되지 않은 이상 그럴 수는 없지 않은가'라는 의구심이 당연히 들 만도 하다. 이렇게 생각해 보면 어떨까. 죽음을 매 순간 일상의 삶 속에 끌어들이지는 못하더라도, 살면서 중요한 순간, 삶의 의미를 붙잡아야 하는 순간만큼은 말이다. 현대의 우리는 죽음을 멀리하고 도외시하는 경향이 강하지만, 로마 시대에서는 사람들과 만났을 때 인사로 사용했다는 '메멘토 모리'라는 라틴어도 있지 않은가.

나의 직장 선배 중에 존경하는 한 선배 이야기를 들려주고 싶다. 이 이야기를 기업에서 강의할 때 가끔씩 인용했었다. 직장 생활을 하면서 괴롭고 힘들 때, 그리고 자신이 원하지 않는 방향으로 일이 진행될 때, 이러지도 저러지도 못하는 딜레마 상황일 때, 억울하게 상사에게 질책받을 때처럼 자신의 영혼까지 소모되는 힘든 상황에서는, "만약 내가 내일 죽는다면, 이 순간 내가 어떤 결정을 할 건가. 그리고 어떤 기분으로 이 힘든 상황과 마주할 것인가."라며 상상해 보는 것이다. 이런 상상 속 상황에 몰입해서 죽음을 내면화하면, 어떻게 이 어려운 상황에 대처할지 답이 명확해지거나, 때론 어떤 결정을 하든, 자신에게 어떻게 다가오든 상관없이 보다 의연하게 대처할 수 있겠다는 자기 확신이 든다는 얘기를 두어 차례 해 준 적이 있었다.

나는 이 말에 전적으로 공감했고, 철학적 사유가 아직 밑바닥이 보이는 얕은 수면 위에 있지만, 언제부턴가 '존재와 시간'으로 많이 알려진 하이데거 철학과도 맥락적으로 맞닿는 지점이 있다는 생각까지 하게 됐다. 하이데거는 인간이 '죽음을 향한 존재'라고 하지 않았던가. 진정한 인간의 삶, 그 존재의 이유를 알려면 끊임없이 죽음을 향해 달려가 보고 그 죽음의 지평에 투사해야 함을 말이다. 그래야 죽음을 보고 삶의 결정이 가능하다는 것이다. 진정한 삶의 좌표를 설정할 수 있는 것이다(서동욱, 2020).

내 선배가 들려준 이야기를 흔쾌히 받아들이기 어려우면 이걸 생각해 보면 어떨까. 요즘은 기업이나 단체에서 조직 활성화 교육의 일환으로 '임종 체험' 훈련을 한다. 유서를 써서 우체통에 넣고, 수의를 입고 관 속에 들어가 몇 분간 머무르며 죽음을 체험한 이후 관에서 나와 소감을 공유하는 훈련 형태다. 이 외에도 자신의 '묘비명 작성하기' 등을 교육 내용으로 도입하기도 한다. 이런 일회성 교육도 나름 의미 있지만 금방 잊히고 사라지곤 한다. 상징성이라는 의미만 있을 뿐, 무엇보다 중요한 것은 죽음을 일상의 성찰 영역으로 끌어들이는 것이다.

실제로 이러한 교육 차원의 '죽음 체험' 수준이 아니라 실제 '암'과 같은 중한 병에 걸렸다가 오랜 투병 생활을 잘 이겨내고 완치한 사례를 주변에서 볼 수 있는 기회가 있을 것이다. 나도 직장 생활을 하면서 이런 사례를 수차례 아주 가까이서 지켜볼 수 있었다. 힘든 투병 생활을 잘 이겨낸 사람들의 공통점은 하나같이 삶에 대한 애착과 진지함이 더 강해졌음을 그들 표정에서 읽을 수 있었다. 그리고 사람에 대한 이해, 배려심이 이전보다도 더 넓어졌음을 알 수 있다.

다시 한 번 하이데거의 '죽음을 향한 존재'라는 철학적 사유의 길 위에 서서 이를 바라보자. 존재는 시간이고 시간은 유한하다. 존재하는 것은 죽는다는 명제를 안고 죽음을 향해 달려가는 나 자신의 삶을 이해하면서 삶의 태도를 다시금 설정할 수 있다. 그리고 자신의 참다운 자아와 만나서, 삶이라는 집을 새로 설계하고 지을 수 있지 않을까.

그럼 나의 울타리 안에 있는 부모, 형제, 처자식의 죽음은 어떻게 바라봐야 할까. 가장 소중한 사람과의 영원한 이별은 그 자체로 '상실'이다. 어찌 보면 나 자신의 죽음보다도 더 두렵고 더 공포스럽다. 벌써 이런 경험을 나는 여러 차례 했다. 앞서 언급한 나 자신의 문제와 같은 층위에서 이를 바라봐야 할 것 같다. 삶 속에 이 상실을 끌어들여서, 유한한 시간 속에 주어진 존재의 소중함을 잊지 않아야 한다. 더욱 사랑하고 아껴 주고 위로해 주는 삶의 영위는, '미지의 상실'이 내 삶에 수시로 말 걸며 전하는 교훈이자 인생 사명이어야 한다. 가슴속 깊이 새겨야 할 인생 계시록이다.

지금까지 타자의 개별적 죽음과 나 자신과 나의 울타리 안 죽음을 어떻게 바라봐야 할지를 고민해 보면서 삶과 분리될 수 없는 '죽음'을 더 이상 회피하지 않고 먼발치에서나마 이를 똑바로 바라볼 수 있는 계기가 되었기를 바란다.

보다 가까이서 바라본 죽음

죽음의 실제 모습

지난 장에서는 먼발치에서나마 그동안 생각 자체를 회피하거나 미뤄 왔던 '죽음'이라는 관념적 풍경을 바라보면서 사유해 보는 기회를 가졌다면, 이번 장에서는 죽음을 보다 가까이서 바라보며 그 실체를 조금 더 구체적으로 알아보도록 하자.

의학적으로 인간의 죽음을 어떻게 정의하는가. 생명체로서의 모든 기능이 단절된 상태를 일컫는다. 크게 보면 '심장 정지설'과 '뇌사설'로 구분할 수 있다. 예전에는 심장이나 목의 맥박이 느껴지지 않고 멈추면 정지한 시점을 죽음의 시점으로 봤다. 이것이 심장 정지설이다. 요즘은 의학 발달로 심폐소생술로 멈춘 심장을 되돌리는 경우도 있다. 그래서 인간의 모든 기능을 제어하는 뇌가 완전히 정지된 상태인 '뇌사설'이 일반적인 죽음의 기준으로 자리매김했다(유성호, 2020).

내 기억으로 사람이 죽어 가는 모습을 처음 목격했을 때는 초등학생 때였다. 바로 친할아버지가 임종하실 때다. 지금부터 50여 년 가까이 지난 시점이다. 당시만 해도 사람이 죽을 때는 병원에 입원했다가도 퇴원 후, 대부분 마지막 순간을 집에서 맞았다. 가족들과 마지막 작별 인사를 하기 위해서다. 우리 집도 예외가 아니었다. 많은 가족이 안방에 누워 계시는 할아버지 주위에 둘러앉았다. 숨을 거세게 몰아쉬며 생명이 꺼져가는 순간에 허공을 향해 턱이 힘겹게 위로 올라갔다 내려갔다 하는 할아버지 모습이 어린 소년의 눈에 마음에 고스란히 담겼다. 그리고 얼마나 지났을까. 허공을 향한 그 턱의 움직임도 잦아들다 이내 멈췄다. 그리고 나의 아버지가 당신의 아버지의 얼굴을 흰 가운으로 덮는다. 가느다란 생명의 불씨마저 완전히 재가 되는 순간이다. 한쪽에서는 울음바다가 한쪽에서는 곡소리가 들려온다. 이 어린 소년은 이 순간 뭘 느꼈던가? 우선은 슬픔과 이별이었다. 그리고 책에서 봤던 죽음이 아니라, 인간은 죽는다는 걸 오감으로 체험했다. 오랜 세월 풍화작용으로 마음의 침식작용이 일어나 그때의 슬픔이 조금씩 옅어지다가 이제는 흔적조차 없이 사라졌다. 오직 기억 한켠에 그 이별 장면만 또렷하게 자리할 뿐이다.

이제는 이러한 풍경은 찾아보기 힘들다. 대부분 병원에서 임종을 맞이한다. 옛말에 밖에서 죽으면 객사라는 표현을 썼다. 객사가 맞다. 대부분 중환자실에서 가족 면회조차 제대로 못 한 상태에서 인공호흡기를 꽂고 사투를 벌이거나, 의식이 없는 상태에서 연명 치료를 하다가 가족과 작별 인사도 제대로 못 하고 떠나는 경우가 다반사다. 나의 아버지도 마찬가지였다. 죄스럽지만 나는 임종도 지켜보지 못했다. 근무하다 연락받고 병원에 도착하니, 벌써 싸늘한 주검이었다.

떠올리는 것조차 불경스러워진다. 죄스럽고 또 죄스럽다.

현재 우리나라 사망률 1위는 '암'이다. 암, 심장질환, 폐렴 순으로 세 가지 질병이 전체 사망의 43.1%를 차지한다. 2021년 사망자 수는 31만 7,680명이고 이중 암으로 사망한 사람은 26%를 차지한다. 사망자 4명 중 1명은 암으로 사망하는 꼴이다. 여전히 암은 미정복 상태의 무서운 질병이다(통계청, 2022).

이러한 암 환자를 비롯한 대부분의 병사는 병원에서 이뤄진다. 그중에는 연명 치료도 많아서 '웰다잉'이 언제부턴가 사회 이슈다. 환자의 생명권을 환자나 가족이 아닌 의사가 쥐게 됐다. 의사는 자신의 역량과도 직결되는 문제로 생각하며 생명 연장에만 집착하게 된다. 환자의 죽음을 의료 행위의 실패로 생각한다(정현채, 2021).

환자가 삶을 마무리하고 정리하는 시간을 갖거나 존엄한 죽음을 맞는 건 안중에도 없다.

가족도 문제다. 말기 암처럼 임종이 임박한 경우 환자에게 알려야 하는데, 절대 알리면 안 된다고 의료진에게 말하는 경우가 많단다. 당연히 환자가 받을 마음의 상처로 죽음을 더 앞당길까 하는 우려 때문이겠지만 말이다. 그러다 어느 날 갑자기 죽음을 맞이하면, 오히려 자신의 삶을 마무리할 기회마저 박탈당하는 꼴이 돼 버린다.

일반적으로 가족들 우려와는 달리 말기 암 환자 같은 시한부 인생 환자들은 본인에게 진실을 알려 주기를 바라는 경우가 대부분이라는 연구 결과도 있다. 국립암센터는 2004년 국제 학술지에 〈말기 암을 알리는 문제에 대한 환자와 가족의 입장〉이라는 논문을 발표했다.

"환자가 진실을 알기 원하는가에 대해 말기 암 환자 본인은 96퍼센트가 '그렇다'라고 답한 반면 가족은 76퍼센트만 '예'라고 대답했다"라는 조사 결과가 이를 말해 준다.

아름다운 마무리

엘리자베스 퀴블러 로스라는 유명한 죽음학자가 있다. 우리에게는 《인생 수업》이라는 책으로 많이 알려진 정신과 의사다. 그녀는 죽음을 앞둔 사람과 한 인터뷰로 죽음에 대한 인간의 심리적 반응을 5단계로 정리했다. 이 이론은 세계적으로 유명한 이론이 됐는데, 《인생 수업》이라는 책에서는 상실을 5단계로 설명하기도 했다.

첫 번째 단계는 '부정'이다. 시한부 생명 자체를 도저히 받아들일 수 없는 단계다.

두 번째 단계는 '분노'다. 어째서 이런 일이 나에게 일어났는지 화를 내는 단계다.

세 번째 단계는 타협, 즉 '협상'이다. 신이나 의사에게 한 번만 살려 달라고 간구한다. 살려주면 착하게 잘 살 테니.

네 번째 단계는 '절망'이다. 그리고 마지막 단계인 다섯 번째 단계는 '수용'이다. 어쩔 수 없이 이를 현실로 받아들이는 단계다.

물론, 환자에 따라서 이 다섯 단계 순서를 다르게 겪거나 일부 건너뛰거나, 왔다 갔다 반복하거나 다섯 단계를 전혀 겪지 않는 경우도 있다.

이처럼, 마지막 단계에서는 대체로 죽음을 '수용'하는 단계에 이르는데, 이때는 스스로 죽음을 준비할 수 있는 시간을 보내면서, 삶을 아름답게 마무리할 수 있다.

여기 죽음의 문턱에서 삶을 통째로 빛내는 아름다운 마무리를 한 이야기가 있다. 같이 한번 살펴보자. 서울대 법의학자 유성호 교수의 책《나는 매주 시체를 보러 간다》에 나오는 내용이다.

《관촌수필》이라는 좋은 작품을 남긴 이문구 소설가가 2003년 2월 위암 말기 통보를 받고, 곧바로 세상에 빚진 부분이 없나 생각한 후에 '인세를 미리 받고 아직 출간하지 않은 동시집'을 서둘러 출간하고 큰아들에게 다음과 같이 신신당부한다.

"내가 혼수상태가 되거든 이틀을 넘기지 마라. 소생하지 않으면 엄마, 동생 손 잡고 산소호흡기를 떼라. 절대 연장하지 마라. 화장 후에 보령 관촌에 뿌려라. 문학상 같은 것 만들지 말고 제사 대신 가족끼리 식사나 해라. 나는 이 세상 여한 없이 살다 간다."

이 글을 읽고 어떤 생각이 드는가. 법의학자 유성호 교수는 '등골이 서늘했다'고 했다. 나는 죽음이 삶을 웅변하는 것으로 느껴졌다. 어떻게 살아야 하는지. 죽음 앞에서 침체가 아닌 역동적인 삶의 메시지를 던져 준다.

사례 하나만 더 살펴보자. 유명 헤어 디자이너 '그레이스 리'에 관한 이야기다. (정현채 박사의《우리는 왜 죽음을 두려워할 필요 없는가》책에도 같이 소개되고 있다.)

그레이스 리는 50대 때부터 특별한 장례식을 꿈꿨다고 하는데, 우선 장례식장에 절대 국화를 놓지 말라고 했다. 곡소리도 하지 말고 장례식장에 곡명까지 지정해서 탱고를 틀어달라 주문했다고 한다. 그레이스 리의 유언은 실제로 이루어졌다. 장례식에는 실제로 탱고 음악이 깔리고 국화 대신 붉은 장미와 와인이 준비됐다고 한다. 추모객들은 망자에게 장미꽃 한 다발 놓고 탱고 음악을 들으며 와인 한 모금과 함께 '그레이스 리는 정말 멋진 여성이었어'라며 그녀를 추모했단다.

이 이야기를 소개하며 유성호 교수는 "죽음과 친숙한 삶이야말로 더욱 빛나고 아름다운 삶으로 새로워질 수 있다는 것을 꼭 잊지 않았으면 한다"라고 덧붙였다.

유성호 교수의 이 말은 최근 호스피스 병동에서 평소에 알고 지내던 분들과 관계를 마무리하려고 인사를 나누는 모 교수님을 지칭하는 듯하다. 생사의 갈림길에서 사투를 벌이는 상태인지라 언급 자체가 조심스럽다. 오직 기적을 바라며 계속 글을 이어간다.

'관계' 주제에서도 잠깐 언급했던 내용인데, 이분은 말기 암 환자로서 더 이상 치료가 불가능하다는 말을 듣고 호스피스 병동이 있는 병원으로 옮겨서 마지막 투병 중에 있는 상태다. 그래서 마지막으로 평소에 알고 지내던 분들과 작별 인사를 하려고 문자 메시지를 직접 보내셨던 것이다. 기력이 쇠해지는 가운데, 오탈자를 내면서까지 말이다.

EBS 〈다큐 프라임〉 생사 탐구 대기획 '죽음'에는 '죽음 개방화'에 대한 이야기가 나온다. 영국의 문화철학자 로먼 크르즈나릭은 오히려 죽음을 외면하지 말고 공개적으로 이야기해야 한다고 말한다.

우리가 죽음과 분리되어 있다고 이야기하는 이유는 죽음으로부터 회피하려는 데 있습니다. 만약 우리가 죽음이 개방화된 사회에서 살고 있다면 어땠을까 생각해 보게 됩니다. 우리의 인생이 짧다는 것을 알게 된다면 사람들의 삶에 많은 변화가 있을 것입니다.

나는 호스피스 병동에 계신 교수님에게 연락 받고 일주일 후에 문병을 다녀왔다. 면회하면서 이 교수님과의 대화 중 가장 인상적인 이야기는 평생 나를 따라다닐 것 같다.

지금까지 주로 전공 관련 서적을 16권 정도 집필했는데, 지금 마지막 책 원고를 출판사에 넘긴 상태로, 어제 출판사에서 책 서문을 빨리 써서 넘겨달라고 해서 지금 그걸 구상 중이라고 했다.

아니, 진통제를 꽂고 겨우겨우 버티는 상태에서, 지인들과 작별 인사조차도 힘겨운 상황인데 출판사에 넘길 책 서문을 구상 중이라는 이야기는 그 어떤 아름다운 마무리도 여기에 견주지 못할 것 같다.

문화사상가인 로먼 크르즈나릭(Roman Krznaric)은 이 교수님의 아름다운 모습을 예감이라도 했다는 듯 다시 한 번 소리 높여 웅변한다.

잘 죽는다는 것의 의미를 곰곰이 생각해 보아야 합니다. 역사적으로는 잘 죽는 것은 천국에 가는 것을 의미했습니다. 죽음을 잘 준비한다는 것은 죽음의 불가피성을 뼛속 깊이 새기고 그 사실로 말미암아 자신의 삶을 바꾸는 데 쓰는 것이야말로 진정으로 죽음을 잘 준비하는 것입니다. 보다 열정적으로 살고, 항상 도전하면서 사는 것이지요. 그저 숨이 멈출 때까지 가만히 앉아서 기다리는 것이 아닙니다. 삶을 잘 살아내는 것이야말로 '웰다잉'이라고 할 수 있습니다.

역설적으로 '웰다잉' 또한 '웰빙'이 되는 것은 아닐까.

삶이 허락하는 날까지 하루하루 열정적인 삶을 이어가는 모습에서 이 교수님에게 주어진 시간은 죽음의 길로 나아가는 짧은 한정된 시간이 아니라 생명의 길로 다시 유턴하는 영원한 시간으로 느껴졌다. 그 길은 영원한 생명의 길임을 나는 믿고 싶다. 그리고 기적도 일어나기를 소망한다. 그 생명을 향한 힘으로.

소멸과 불멸에 대하여

누구나 죽음 앞에서
불멸을 꿈꾸는가

죽기 전에 생전 미처 마무리하지 못한 일을 정리하는 일, 연명 치료 거부, 장례식을 간소히 하거나 아예 생략하는 것, 형식적인 제사 거부, 죽기 전에 평소 지인과 작별 인사 나눔 같은 '아름다운 마무리 사례'는 내세나 영생을 전제하지 않고 오로지 현세와 작별할 때 이야기로만 비친다. 마치 소풍 가서 장시간 머문 공간을 깨끗하게 정리하고 그 장소를 떠나가듯, 죽음을 앞두고 탄생 이후 머물렀던 삶의 공간을 말끔히 정리하는 과정이다.

그런데 갑자기 또 다른 의문이 고개를 치켜든다. 그럼, 이렇게 아름답게 마무리하는 사람에게는 영생에 대한 소망이 전혀 없을까. 물론 없을 수도 있겠지만, 죽음의 승화 또는 초월을 통한 그 이후를 상상하고 결국 마지막 순간에는 이를 믿고 마음에 품고 떠나는 건 아닐까.

그것이 영혼의 부활, 환생, 윤회 또는 자연 속 또 다른 생명체가 탄생하는 데 밑거름이 되는 우주적 세계관이 됐든 간에.

나의 아버지는 한평생 종교적 신앙 없이 살아오셨다. 병중에 오래 계시다가 돌아가시기 2, 3년 전부터, 선교사인 누나가 잠시 국내에 체류하면서 간병 기간 중 축복 기도를 하고 마지막에 '아멘'을 하면 이를 따라서 소리 높이는 모습을 언제부턴가 목도했다. 나의 어머니도 아버지와 똑같은 전철을 밟고 계신다. 아버지는 무교니까 그럴 수도 있다 생각하지만, 어머니는 신실한 불교 신자로서 소위 '불심'이 깊었던 분이라 좀 의아했다. 그런데 지금도 병상에서 '아멘'을 하시는 건 죽음 이후의 편안한 세상을 무의식적으로나마 소망하시는 게 아닐까. 물론 일반화하기 힘든 특수한 개별 사례일 수도 있다. 이를 명확히 설명하기는 힘들지만, 이해가 되는 현상이라 할 수 있다.

서울대 명예교수 정현채 박사의 《우리는 왜 죽음을 두려워할 필요 없는가》에 소개되는 죽음학의 효시로 일컬어지는 엘리자베스 퀴블러 박사의 죽음관에 대한 이야기를 살펴보자. 로스 박사는 근사 체험이 환자의 연령, 성, 인종 차이와 무관하고, 종교와도 아무런 관련이 없다는 사실을 알고는 다음과 같은 견해를 일관되게 펼쳤다.

> 인간의 육체는 영원불멸의 자아를 둘러싼 껍질에 지나지 않는다. 따라서 죽음은 존재하지 않으며, 다른 차원으로의 이동이 있을 뿐이다.

로스 박사가 이러한 주장을 한 것은 오랜 임상경험의 결과이며, 수많은 환자의 임종을 지켜보면서 관찰한 삶의 종말 체험과 근사 체험을 통해 이끌어 낸 결론이었다고 한다. 그녀의 책《사후생》에 소개된 심폐소생술로 소생한 한 아이의 근사 체험 사례도 언급된다. 이 아이가 죽은 이후 먼저 세상을 떠난 오빠를 만나게 되는데, 이 오빠는 이 아이가 태어나기 3개월 전에 죽은 오빠라는 사실을 엄마와 근사 체험 대화 중 알게 된다.

정현채 박사 자신도 한때 죽음의 두려움에 시달렸는데, 부인이 건네준 로스 박사의《사후생》이라는 책을 보면서 죽음을 새롭게 성찰하는 계기가 되었단다. 그리고 자신도 책에서 여러 차례에 걸쳐서 '죽음은 소멸이 아니라, 다른 차원으로 이동이다'라는 이야기를 군데군데 언급하는데, 이를 통해 죽음관에 대한 경험적 확신을 엿볼 수 있다.

과학기술 문명 시대에 살고 있는 우리는 유물론과 실증주의로 자연스레 무장돼 있어서 이러한 근사 체험 같은 사후 세계의 존재를 터부시하는 경향이 일반적이다. 그렇지만 다른 한편으론 죽음이라는 두려움을 해소할 수 있는 장치로서 무의식에서나마 영생을 향한, 사후 세계를 향한 일말의 기대도 하고 있지 않나 생각해 본다. 왜냐하면 인간은 자기의 존재를 의식할 수 있으므로 존재와 의식이 괴리될 수 있는 이중적이고 자기 분열적 존재이기 때문이다(길희성, 2021).

앞서 소개한 근사 체험 외에 정현채 박사가 전하는 사후 세계에 접근할 수 있는 다양한 방법을 살펴보자. 그리고 관심이 있으면, 아래 내용을 담은 서적이나 논문 등 관련 문헌을 먼저 살펴보면 이해와 인식의 폭을 넓히는 데 도움이 된다.

- 사후 세계를 수차례 다녀왔다고 하는 신비가들이 전하는 말을 통해서 윤곽을 파악하는 방법
- 영적인 세계와 소통하는 능력을 검증받은 영매들을 통해 죽음 너머의 세계에서 보내오는 메시지를 전달하는 방법
- 전생을 기억하는 일부 아이들이 전하는 내용을 검증하는 방법
- 최면 퇴행을 통해 무의식의 영역에 가라앉아 있던 전생의 기억을 끌어올리는 방법

그런데 한편으론 이러한 사후 세계의 존재를 떠올리는 것조차 부담스러울 수도 있다. 나도 이런저런 사례를 책에서 접하면서 신기하다는 생각과 함께 왠지 불편하고 부담스럽다는 생각도 떨칠 수 없었다. 앞서 소개한 사후 세계에 접근하는 다양한 방법 중 최면 퇴행으로 중요한 전생의 기억을 되살린 사례 하나만 살펴보자. 역사적으로도 매우 큰 이슈였던 사고 관련 내용이다.

타이타닉호 침몰 사건은 모두가 기억할 것이다. 영화로까지 나온 세계적으로 이목을 끈 사건이다. 1,500명의 희생자를 낸 역사상 최악의 해양 참사다. 2016년 5월 15일 MBC 〈신비한 TV 서프라이즈〉 '그날의 기억' 편에도 소개된 말 그대로 신비로운 이야기다.

타이타닉호 참사가 일어난 지 80년 후인 1999년 한 남자가 출간한 책이 화제였다. '내가 타이타닉을 만들었다'는 제목을 단 책의 저자는 미국 애리조나 공무원 출신인 윌리엄 반즈였다.

책이 출간되기 20여 년 전 윌리엄 반즈는 극심한 우울증에 시달리다 최면 치료를 받았다. 그런데, 최면 치료 중 '제가 탄 배 타이타닉호

가 침몰하고 있어요.'라고 이야기한다. 그리고 그 증거의 하나로 자신의 전생 인물인 실제 타이타닉 설계자 '토머스 앤드루스'와 그의 조상 이야기를 한다. 토머스 가족 말고는 조상에 대해 아무도 알 수 없다. 확인 결과 모두 사실로 드러난다. 이후 또 한 번의 최면 치료에서 선주와의 대화 장면이 나오는데, 윌리엄은 선주에게 구조물 안전을 위해 이중 선체 설치와 적정 구명정 확보를 제기했고, 선주는 비용 과다 발생 이유로 건의 사항을 묵살했다. 그리고 이후 타이타닉호 침몰 사건의 객관적 검증 내용을 담은 책이 제3의 기관에서 발간됐다. 여기에 윌리엄이 주장했던 내용과 사고 원인을 동일하게 진단한 내용이 실렸다. 이러한 사실 앞에 우리는 어떤 입장을 취해야 할까. 그냥 우연 중의 우연의 일치인가, 하나의 수수께끼 같은 사건으로만 받아들여야만 할까.

종교적 신앙에 기반하든, 로스 박사의 말처럼 소멸이 아닌 다른 차원으로 이동하는 것과 같은 비종교적·초종교적 세계관이든, '죽음'을 초월할 수 있는 믿음을 가슴에 품고 삶을 영위해 나가는 게 중요할 것 같다.

미국의 유명한 심리학자 에릭슨은 《아동기와 사회》라는 책에서 인간의 심리사회적 발달을 8단계로 주창했다. 이후 에릭슨은 80세가 넘어서면서 9단계인 노년기를 한 단계 더 생각했다. 마지막 9단계의 발달 과업을 '노년 초월'이라고 했다. 노년 초월은 다른 말로 불멸이다. 자신을 우주적이고 불멸의 존재로 생각하는 과제를 잘 수행하면 마지막 단계의 삶에서 자신이 존재와 삶에 대한 확신을 갖게 된다는 것이다(최성재, 2020).

나는 기업에서 강의할 당시 생애 주기별 발달론 강의 자료를 준비하면서, 에릭슨 이론에 입각해 살아보지도 않은 노년기를, 그것도 죽지 않는 불멸의 단계를 어떻게 보다 쉽게 설명하며 다가갈까 고민했다.

때마침 우연한 기회에 KBS 〈인생 다큐(아버지의 정원 편)〉를 시청하게 됐다. 이홍훈 전 대법원장에 관한 이야기다. 공직에서 퇴임 후 고향 고창에 내려가서 손수 정원 만드는 모습을 담은 내용이다. 처음에는 별생각 없이 그냥 시청했는데 얼마 지나지 않아 담도암 말기 환자로서 시한부 인생을 살면서도 고창 고향 집에서 땀 흘리며 정원을 가꾸는 모습에서, 저분은 도대체 어떤 마음으로 언제 생명을 다할지 모르는 상황에서도 저렇게 정원을 가꾸실까 싶었다. 이분이 살아 숨 쉬는 강의 자료일 수도 있겠다는 생각에 이르러 이분의 일생을 살펴봤다.

대법원장 퇴임 이후 화우공익재단 초대 이사장으로 취임하셨고, 취임 이후 화우공익재단에서 논집을 발간했는데, 논집 타이틀이 《우주일화》다. 이 이름은 고인이 직접 지었다고 한다. '우주는 한 송이 꽃이어서 모든 생명체는 서로서로 연결된 하나의 운명체'라는 뜻이다. 서문에 이분 글이 있는데, 일부를 살펴보면 이분의 세계관에 조금 더 다가설 수 있다.

생명체의 생성 기반은 다른 생명체의 죽음으로 마련된 것이며, 나타남과 사라짐, 삶과 죽음의 모든 것이 하나로 연결된 전체임을 알 수 있다.

이분은 퇴임 후 여러 인터뷰에서 '생과 사는 같다'라는 '생사일여'라는 말을 자주 인용했는데, 이런 삶의 모습 그 자체가 죽음이 아닌 불멸의 길로 향한 실천적 삶의 모습이라는 생각에 이르게 됐다.

바로 에릭슨의 생애 발달론 9단계인 노년기 인생 숙제를 스스로 잘 해결하고 떠났다는 생각의 지점에 이르렀다.

사실 평소에는 강의 중 '죽음'에 대한 이야기는 가능한 한 하지 않거나 최소화하는 선에 그쳤다. 다들 회피하는 내용이기도 하거니와 나도 깊게 사유하지 않은 상황에서 어설픈 접근은 절대로 삼가야 했기 때문이다. 그런데, 이번은 상황이 달랐다. 확신이 섰다.

그런데, 예상 외로 반응이 좋았다. 우주일화, 생사일여에 대한 설명과 함께 고 이홍훈 대법원장이 쓴 논집 서문 일부를 읽어 내려갈 때, 일부 교육생들의 '아아~~' 하는 탄복에 가까운 소리가 여기저기서 들려왔다. 그 나지막한 탄성이 아직도 귓가에서 떠나지 않는다. 임원 대상으로 강의할 때는 이와 관련된 강의 자료를 요청하는 교육생까지 있었다.

이는 어찌 보면 평소에 우리 모두가 회피하고 멀리하여 먼발치에 있던 죽음이, 어두운 무의식의 창고에 있던 죽음이, '위대한 정오의 광장'에 그 모습을 드러내는 순간이기도 하다.

같은 맥락에서 2022년에 영면하신 이어령 선생과의 대담집 김지

수 작가의 책《이어령의 마지막 수업》에 나오는 이야기도 주목해 보
자. 지금까지 논의한 죽음의 문제를 압축해서 말해 주는 듯하다.

> 내가 그랬지, 죽음은 신나게 놀고 있는데 엄마가 '얘야, 밥 먹어
> 라' 하는 것과 같은 거라고. …… 이쪽으로, 엄마의 세계로 건너오
> 라는 명령이지, 어릴 때, 엄마는 밥이고 품이고 생명이잖아. 이제
> 그만 놀고 생명으로 오라는 부름이야. 그렇게 보면 죽음이 또 하
> 나의 생명이지. 어머니 곁, 원래 있던 모태로의 귀환이니까. ……
> 어머니에게 돌아가는 거라네. 죽으면 돌아가셨다고 하잖아. 탄생
> 의 그 자리로 가는 거라네. …… 죽음은 어두운 골짜기가 아니라는
> 거야. 까마귀 소리나 깜깜한 어둠이나 세계의 끝, 어스름 황혼이
> 아니지. …… 5월에 핀 장미처럼 가장 아름다운 찬란한 대낮이지.

　앞서 살펴본 이홍훈 대법장의 '우주일화', 이어령 선생의 '찬란한
대낮' 같은 세계관이 바로 '영성'이 아닐까 한다. 물론 이어령 선생은
《지성에서 영성으로》 서문에서, '책 제목은 대담하게 붙였지만 나는
아직도 지성과 영성의 문지방 위에 서 있습니다'라고 겸양의 표현을
썼지만 말이다. 겸양이 아니라 실제로 그렇게 느꼈을지언정 죽음의
문턱에서 영성을 완성하지 않았나 생각한다. 단순히 유려하게 형용
하는 수사가 아닌 '영성' 그 자체인 것이다.
　그럼, 실제 영성을 어떻게 정의하는지 한번 살펴보자. 사전적 의미
로는 영성을 '신령한 품성이나 성질'을 뜻한다. 신령이 의미하는 바
와 같이 신이나 종교와 밀접한 연관성이 있는 성격이나 성질로 다가

온다. 맞다. 일반적으로 종교의 핵이자 그 중심이 영성이다. 그런데 요즘은 비종교적·초종교적으로도 '영성'이라는 용어가 사용된다.

종교학자인 길희성 박사는 조금 더 쉽게 영성을 안내한다. "영어의 spirituality에 해당하는 말로, 초월적 실재 혹은 초월적 세계와의 만남을 통해 새로운 시각, 새로운 차원에서 삶을 살고자 하는 인간의 영적 본성 내지 성향을 가리킨다"라고 했다.

나처럼 추상적이고 관념적 의미를 담은 텍스트에 익숙치 않은 사람은 다소 낯설 수도 있다. 형용모순으로 들릴 수도 있는 '실재적 사례'가 낯선 의미 공간을 벗어나는 데 도움을 줄 수도 있다.

사망 전 연명치료 거부, 장기 기증서약 같은 이야기는 많이 들어봤지만 실제 관련 기사를 접하니, 그 숭고함에 절로 고개가 숙여진다. 지난 2023년 8월 30일, 가슴 뭉클해지는 아름다운 이야기가 조선일보 신문 기사로 실린 내용이다.

> 30일 한국장기기증원은 지난 7월 26일 삼성서울병원에서 강미옥(58세) 씨가 뇌사 장기기증으로 5명의 생명을 살리고 하늘의 천사가 되었다고 밝혔다.
> 강미옥 씨는 지난 7월 22일, 개인 사업장에서 일하던 중 의식을 잃고 회복되지 못하고 뇌사상태가 됐다. 강씨는 평소 가족에게 자신이 불의의 사고로 뇌사상태가 된다면 장기기증을 하고 싶다고 이야기했고 가족들은 강씨의 생전의 뜻을 이뤄주고자 기증에 동의했다.
> 강씨는 뇌사 장기기증으로 심장, 폐장, 간장, 신장(좌. 우)을 기증해

5명에게 새 삶을 선물했다.

나는 이것이 바로 대표적인 '영성'의 참모습 중 하나로 본다. 자신의 신체 장기를 다른 사람에게 이식시켜서 실제적인 삶을 이어가는 것이다. 비록 자신의 육신은 대부분 사라져도, 이중 장기 일부가 5명의 몸 안에서 숨 쉬며 살아가는 것이다. 그리고 이러한 삶에 대한, 인간에 대한 숭고한 정신은 가족 중 유일하게 남은 딸(이진아)에게도 그대로 전해진다. '우리 다음 생에 만나서는 오래오래 헤어지지 말고 행복하게 살자. 하늘나라에서 아빠랑 언니랑 아프지 말고 잘 지내고……'라는 작별 인사로 이어진다. 결국 이 영성은 딸과도 공유된다. 그리고 당연히 5명의 새 생명에게도 고스란히 이어질 것이다. 아울러, 이러한 아름다운 기사를 접한 수많은 사람에게도 영성의 바이러스가 전달돼 그 씨앗이 뿌리내리지 않을까 싶다.

앞서 언급했던 길희성 박사가 정의한 것처럼 '영성'이 인간의 영적 본성이라 한다면, 다시 말해 별도의 예의범절 교육 같은 사회화를 위한 배움의 과정 없이 자연스레 생겨난 영적 성향이 맞다면, 여기 죽음을 앞둔 어린 천사가 이를 증명해 보인다. 엘리자베스 퀴블러 로스의《인생 수업》에 나오는 한 사례다.

6년간 병원에 머무른 죽음을 앞둔 9살짜리 어린 소년은 죽기 전 마지막으로 집으로 돌아가서 차고에 있는 오래된 자전거를 탄다. 아버지에게 보조 바퀴를 달아 달라고 요청해서. 그리고 로스 박사에게 부탁해서 넘어질까 노심초사하는 엄마를 자전거에 손을 못

잡게 한다. 스스로 자전거 타기 위해. 결국 성공한다. 스스로 자전거를 타고 동네 한 바퀴를 돈다. 그리고 자전거에서 보조 바퀴를 떼고 자신의 2층 방으로 자전거를 옮긴다. 그리고 동생에게 이 자전거를 선물한다. 2주 뒤 동생의 생일날에 자신이 곁에 있지 못할 것을 알았던 것 같다. 이 소년은 자전거로 동네 한 바퀴를 돌고 동생에게 자전거를 물려줌으로써 자신의 꿈과 사랑을 이룬 것이다.

죽음을 아름다운 사랑으로 승화시킨 사례다. 이 아름다운 죽음 앞에 영성에 관한 더 이상의 부연은 그 의미를 퇴색시키지 않을까 생각한다.

죽음과 영성은 결국 삶의 지침서

그렇지만, 이처럼 아무리 영성을 이야기하고 죽음 뒤 불멸의 세계관을 이야기해도 스스로의 깨달음이 없는 상태에서 단순히 학습적 접근만 하는 것은 무의미할 수도 있다. 백번 양보해서 생각하더라도 분명 한계가 있을 수밖에…. 그래서 유명한 심리학자 에릭슨조차도 나이 팔십이 넘어서 유한한 생명 앞에 놓인 자신의 죽음을 직시했고, 노년의 발달 과업으로 '불멸'을 생각하게 됐는지도 모르겠다. 하지만 삶과 죽음에 관한 철학적 사유, 철학 연습에 자신을 자주 노출시킬 수 있다면, 삶이라는 집을 완성하기 위해 잘 부서지지 않는 의미의 벽돌을 차곡차곡 잘 쌓아 올릴 수 있지 않을까.

로마 시대 에피쿠로스 철학에 따르면, "죽음이 여기 있을 때 당신

은 여기에 없다. 죽은 뒤에는 죽음을 의식하지 못한다"(장석주, 2021)고
했다. 다시 말해 우리의 존재와 우리의 죽음이 마주하는 순간은 없다
는 것이다. 존재가 죽음을 알아채지 못하고, 죽음이 존재를 알아채지
못한다는 것이다. 우리가 스스로의 죽음을 목격하지 못한다면 죽음
을 두려워할 하등의 이유가 없는 것이다.

그럼에도 불구하고 우리가 죽음을 두려워하는 이유는 무엇일까.
언제 죽을지 모른다는 죽음의 예측 불가능성 때문이다(EBS, 2014).

셸리 케이건 교수는 자신의 책《DEATH, 죽음이란 무엇인가》에서
"죽음은 진정한 종말이고 인격의 끝이다"라고 했다. "죽음은 그야말
로 모든 것의 끝이다"라고 했다. 이러한 삶의 유한성 때문에 우리는
생애 전환기에 다가올 또 다른 계절의 삶도 준비하는 것이다. 나처럼
중장년이라는 간절기와 마주하고 있다면, 이후의 삶을 준비해야 한
다. 만약 이런저런 이유로 직장에서 중도 퇴직했다면 이직이나, 경력
전환을 위한 새로운 경력도 개발해야 하고, 취준생이라면 사회에 첫
발을 디딜 준비를 해야 한다. 만약 생이 무한하고 늙지 않는다면 질
병이나 노화에 대한 걱정조차 필요 없는데 무슨 죽음에 대한 대비가
필요하겠는가. 이게 삶에 무슨 의미를 가져다주겠는가.

중요한 것은 나 자신이 죽을 때 자식에게, 후손에게, 이 사회에 어
떤 모습으로 비치는가, 어떤 모습으로 비치기를 기대하는가를 늘 염
두하며 유한한 시간을 잘 설계해 나가는 삶이 중요할 것 같다. 이러
한 실천적 삶을 통해 불멸의 세계로 이어지는 통로를, 마르지 않고
솟아오르는 생명의 샘물을 저 끝에서 발견할 수 있지 않을까.

6

/

가족

나는 가족에게,
가족은 나에게 어떤 존재인가

/

가족에 대하여

한 가정의 기원은 씨줄과 날줄이다. 청춘남녀가 만나서 결혼을 통한 씨줄이라는 연줄을 형성한다. 이 씨줄은 혈연이라는 날줄을 창조한다. 자식을 생산하는 것이다. 씨줄과 날줄이 만나서 가족 공동체의 집, '가정'을 가꾸고 일구어 나간다. 그곳에는 애정과 친밀감으로 장착된다. 가족은 한 사회의 기본 단위체다. 냉혹한 사회에서 상처받은 영혼이 숨 쉴 수 있는 최후의 보루며 안식처다. 인간의 본능 중 하나라는 소속감을 주는 원천이다. 한 가족 구성원의 그 어떠한 잘못도 그곳에 들어서면 결국은 다 이해되고 용서된다. 이러한 모습은 바로 가족에 대한 전통적 가치관으로 자리매김했다.

인류가 농경 시대에서 산업화 시대로 발전하는 과정에서 가족의 역사도 대가족에서 핵가족으로, 노동 공동체에서 애정 공동체로 대표되는 변천 과정을 밟으면서 그야말로 신성한 곳이 됐다. 물론 그 과정에서 전체주의 같은 괴물로 중무장한 국가의 장난질로 가족 수

난사도 겪었다. (그리고 아직도 일부 나라에서는 국가 이데올로기를 내세워 호시탐탐 가족을 엿보면서 통제하려는 유혹에서 벗어나지 못하고 있다. 조지 오웰의 소설 《1984》의 '텔레그램'처럼 말이다.)

그럼에도 불구하고, 혈연 기반의 자연발생적으로 생겨난 최고의 가치를 내포하는 곳이 바로 가정이었다. 사랑, 인내, 온유, 용서, 따뜻함, 포근함, 배려 같은 정서적 가치만 내포한 게 아니다. 주인의식, 희생정신, 일체감, 연대의식 같은 사회적 가치 또한 가족이라는 개념에서 출발해 정서적 가치와 더해지면 그 빛의 밝기가 배가되고, 울림의 진폭 또한 저 멀리까지 퍼져나간다. 아직도 기업체에서는 여기저기 "가족 같은 회사" 문구를 유행가 가사처럼 사용한다. 그리고 기업체 직원을 가족의 일원인 양 월례사나 기념사에 기업체 대표가 '○○전자 (임직원) 가족 여러분!'이라고 운을 떼우며 다가오기도 한다.

가족의 어두운 그림자

이러한 가족이라는 범접하기 어려운 저 높은 곳에 있던 가치가 훼손되고 무너지고 있다. 가족에 대한 우려의 목소리가 언제부턴가 들리기 시작했다. 그런데 이젠 가족의 위기, 가족의 해체, 가족의 붕괴 같은 무거운 이야기에도 익숙해졌다. 이혼율 증가는 이미 오래된 이야기다. 가정 폭력, 한부모 가정, 졸혼, 황혼 이혼, 고독사 같은 어두운 이야기가 이 세상 밖으로 자연스레 흐르고 있다. 지고지순한 가족의 가치가 사라지고 있다는 탄식의 소리가 나온다.

원래부터 가족이라는 존재의 속성이 밝은 면보다는 어두운 면이 훨씬 더 많았던 건가. 가족 관련 불편한 뉴스는 극히 일부 사례에 불과하지만, 이를 부풀려 마치 일반화된 모습인 양 겁 주려 하는 언론 속성의 문제인가. 나 자신도 그동안 가족에 대한 전통적인 고정관념에 머물러 왔음이 사실이다. 가끔씩 들려오는 가족 관련 부정적인 뉴스를 애써 외면하거나 아주 특별한 사례로만 여기려 했다. 가정 내 갈등이 그저 살기 위해 따라오는 아주 가벼운 감기 같은 거라고만 인식했던 것이다.

가족이라는 울타리를 둘러싼 오랫동안 생성되고 구축된 여러 의미와 가치, 이를테면 자연발생적 혈연관계, 가장의 역할, 현모양처, 천륜, 효도와 같은 개념이 여러 학습 과정에서 자연스레 나의 의식 세계를 지배하고 있던 건 아니었을까. 콘크리트보다 더 단단한 고정관념이 나의 사회적 자아에까지 영향을 미치지 않았을까. 그런데 세월과 더불어 나이가 들며 경험한 세월 속 새겨진 내 모습을 들여다보면서 가족에 대한 기존 관념의 틀에 조금씩 균열이 나기 시작했다. 당연했던 게 당연하지 않았다. 가족 간 갈등이나 관계 소원이 우연히 생겨나는 것만이 아님을 인식하게 됐다. 어떠한 우연도 그 속에는 그만한 이유가 있다는 사실을 떠올린다. 기존의 철옹성처럼 둘러싸인 가족에 대한 관념의 틀이 아주 작게 뒤틀리는 수준을 넘어 그 틈새로 관찰과 성찰 과정을 밟으면서, 조금 더 뒤에서 멀리 바라보고, 보다 높은 곳에서 넓게 바라보는 안목이 생겼다.

가족의 변화

급변하는 사회에 맞춰, 가족의 모습도 변화되고 진화돼야 한다. 세상 변화에 너무 뒤처져 있는 게 가족(문화)일지도 모른다. 내가 기억하는 가족의 역사는 멀다면 멀고 가깝다면 가까운, 할머니, 할아버지 세대부터 시작한다. 할아버지의 출생 연도는 1900년도로, 일제강점기와 한국전쟁을 겪었던 암울한 시대였다. 일제강점기는 국가 자체가 없었고, 이후에도 먹고사는 문제를 국가에 기대기 힘들었다. 각자도생이었다. 가족 단위의 생존 베이스캠프가 차려졌다. 우리 모두의 무의식에 '이곳은 운명 공동체의 집입니다'라는 푯말이 사회복지단체가 운영하는 보육 기관 간판처럼 이 집 저 집 집집마다 새겨졌다.

가족은 밖에서 밥벌이하는 과정에서 쌓인 피로는 물론이고 마음의 상처까지 치유되는 안식처였다. 하지만 이러한 따스한 햇볕과 함께 그늘도 뒤따른다. 가부장적 문화에서 그 역할과 책임을 부여하다 보니, 가족 내 각자 역할을 강조하고 희생을 강요하기도 했다. 엄마라는 이유로, 맏아들이라는 이유로, (큰)딸이라는 이유로, (큰)며느리라는 이유로. 소위 가정은 저마다의 가족신화가 존재했는데, 이 속에는 억압적 속성도 내포하고 있었다.

가족이 대가족에서 핵가족으로 제대로 분화되기 전 과도기적 가족 체제였던 1970년대까지는 큰아들이 결혼해도 분가하지 않고 부모님을 모시고 사는 게 꽤나 흔한 모습이었다. 지금은 거의 찾아보기 어렵지만 말이다. 그 속에서 우여곡절과 갈등이 얼마나 많았겠는가. 심지어는 반목까지. 우리 집안 가족사에도 이러한 모습이 고스란히 담겨 있다.

나의 어머니는 열 남매 중 셋째요 맏아들이었던 아버지와 열아홉 살에 결혼하셨다. 해방 이후 몇 년 지나지 않아서. 이후 오랜 기간 시집살이를 하고 나서야 분가하셨다. 불과 1, 2년 전 기력이 어느 정도 있을 때만 해도 오래된 '시집살이'를 이야기하곤 하셨다. 아마 수십 번은 더 들었던 것 같다. 때론 슬픔에 젖은 눈물로, 때론 분노에 찬 격앙된 목소리로, 또 어떤 때는 유행가 레퍼토리처럼 아무 표정 없이 반복하곤 하셨다. 사실 그 고생이란 게 아무리 이해하려 해도 잘 가늠이 안 간다. 시어머니 구박, 시누이의 질투와 모함 등등….

본시 자신이 직접 경험하지 않은 경험을 온전히 이해하기란 한계가 있다. 그렇지만, 어머니가 시집간 후에 시동생 넷째 삼촌과 막내 삼촌이 태어나는 바람에 시어머니 산후바라지까지 다 하셨단다. 이 대목에서는 애써 외면하려 해도 사정이 달라진다. 어떤 서글픔마저 밀려온다. 지금은 고인이 되신 셋째 삼촌 똥 기저귀도 시집가자마자 갈았단다. 여기선 미지근한 분노도 수반한다. 1950년대 풍경이다. 소설이나 영화에서도 본 적이 있는 그 모습이다. 우리나라의 경우 1960년대 이후 산업화 시대가 본격적으로 열렸는지라, 1950년대까지만 해도 농경 시대의 대가족 가구가 상당 부분 있었다. 이 시대의 우리네 어머니는 가난 속에서도 '시집살이'를 숙명으로 알고 지내온 거다. 고생은 그 시대의 우리 어머니들 자화상일 수 있다.

이후, 1960년대 초 아버지 직장을 따라 분가해 핵가족을 이뤘다. 일반적으로 이야기하는 가족 변천사와 궤를 같이한다. 형식적으로는 핵가족 체제로 분화됐지만 내용으로나 심리적으로는 아직 완전 분화되지 않은 구조였다. 제사, 시댁 형제자매 혼사 같은 가족 대소사가 연중 행사로 매달 찾아올 수밖에 없었던 거다. 이 또한 가족이라는 운명 공동체에서 감당하고 헤쳐 나가야 할 숙명적 과제였다. 물론 우리 집안만의 모습이겠는가마는….

사회 변화, 과학기술 문명의 발달, 수준 높은 교육 혜택이 더해지면서 인간의 사고 체계도 빠르게 변화되고 있다. 아직도 남아 있는 가부장적 가족 문화도 변한다. 유교문화권에서 뿌리내린 가족 문화의 허례 의식을 아버지 세대들이 나서서 스스로 탈피하자 주장한다. 조상과 연결된 영원성, 초개인성이라는 실체를 볼 수 없는 유교적 사상 체계에서 단계적 이탈 전략을 계획한다. 아버지는 자식들 앞에서 '제사는 내 세대까지만 지낸다'고 선언한다. 그 첫 단계로 콘도에서 제사 지내는 모습이 이를 웅변한다.

낭만적 사랑의 결과가 곧 결혼 등식으로 성립된 핵가족 문화에서는 어머니 세대에서의 '시집살이' 풍속화가 이제 박물관에서만 볼 수 있는 선사시대 유물과도 같은 존재가 돼 버렸다. 결혼에 필연적으로 뒤따르는 부수적 가족 관계도 이제는 부담스럽다. 주부들의 '명절 증후군'이 그냥 생겼겠는가. 벗어나고, 탈출하고만 싶어진다. 이에 명절 때마다 해외여행이 계속 늘고 있다.

사회가 빠르게 초경쟁사회로 변하는 중이다. 경쟁에서 조금만 뒤처져도, 능력의 척도가 돈으로 환산되는 이 사회에서 사람 구실조차 어려워진다. 혼자 사는 것도 팍팍한데 결혼은 사치다. 결혼해도 아이를 낳는 것조차 힘들어졌다.

오늘날 가족의 문제는 운명 공동체라는 가족 이데올로기의 어두운 그림자와 물질만능주의 이데올로기가 결합해 빚어진 결과물이다. 가족 문제는 사회가 만들어 낸 괴물처럼 변해 버렸다. 국가는 결혼 포기와 출산율 저하가 국가 기능을 마비하고 미래의 국가 붕괴를 예고한다고 협박한다. 겁 주고 으름장 놓기 앞서서 그 근본적 이유를 살피는 노력이 우선이다.

운명 공동체라는 가장 중심의 권위주의 속에서 숨죽이고 삶을 영위했던 우리네 어머니 세대들은 어리둥절해졌다. 바뀐 세상에 적응이 안 된다. 시어머니가 며느리 눈치를 본단다. 시어머니가 며느리 시집살이한다는 신조어가 생길 정도로 세대 차이를 느낀다. 엄격히 얘기하면 나이에 따른 세대 차이라기보다는 가족에 대한 가치관 변화로 인한 문화적 차이다. 바뀐 문화의 삶과 이전 문화의 삶은 천차만별이다. 비교의 결과물이 속속 드러난다. 당신들의 고생 잔고가 만천하에 드러난다. 그런데 보상받을 길은 아무 데도 없다. 가슴에 안고 살아가는 수밖에…. 하지만 저만치 잠재의식에는 자식들에게 이를 보상받고 싶은 심리가 내재된 것 같다. 자식에 대한 집착만큼은 포기가 안 된다. 그런데 다른 가족 문화에서 성장한 며느리는 더더욱 차이 난다. 세대 차이뿐만 아니라 가족 문화 차이까지 나서 그 격차를 해소하려 애쓴다. 소통하고 또 소통한다. 어딘가에는 좁아진 부분이 있어 이내 또 막힌다. 오래된 주방 싱크대에서 설거지한 뒤 물이 시원스레 잘 안 내려가듯…. 이런 부모와의 관계에서 세월과 함께 좁아진 통로는 지류를 형성하는 형제자매에게도 영향을 미친다. 가족 관계에서의 불편은 그 전염성이 강해서 주변까지 쉽게 전파되는 경우가 다반사다. 어느새 관계의 불편이 연쇄반응을 일으켜 회복 불능 상태에 가까워진다. 결국 부모나 형제자매 같은 가까운 가족과의 관계 형성은 형식적 정으로 뭉쳐진 가족 세계에 머무르는 지경에까지 이른다.

사회적 기본 단위를 형성하는 가족의 세계에 이런저런 어두운 그림자가 자주 드리워진다는 것은 사회 전체에도 분명 좋은 징조는 아니다. 가족 공동체가 모인 그 사회도 어두워지고 병들 수 있다.

거듭 강조하는데 가정은 우리네 삶의 휴식처이자 안식처여야 한다. 그 어떤 실의에 빠진 영혼에게 회복의 쉼터여야 한다. 그리고 새로운 희망을 노래하는 삶의 전망대여야 한다. 사랑과 용서, 화해를 표방하는 그 어떤 종교보다 더 종교적이어야 한다. 형식적 · 권위적 가족 문화의 잔재가 있다면 보다 민주적이고 합리적인 가족 문화가 세워져야 할 것이다. 하지만 분명히 보존하고 계승해서 이어가야 할 보편적 가치는 존속해야 할 것이다.

결혼에 대하여

결혼과 행복

결혼은 삶의 한 방편이다. 결혼도 행복 추구가 필수 조건이다. 그런데 예전에는 이러지 않았다. 과거 농경 시대에는 생존 그 자체를 위해 결혼했다. 밥벌이를 위한 노동 공동체의 일원으로서 말이다. 장성하면 부모에게서 특정 노동 공동체에 강제 입사 발령이 나기도 한다. 이 공동체에는 오직 노동을 무기로 한 생존만이 목표다. 행복 추구는 언감생심이다. 소수 특권층의 전유물이다. 가족의 생존을 위해서라면 그 어떠한 희생도 감수해야 한다.

세상이 바뀌었다. 결혼도 바뀌었다. 과거 선택 조건에 머물렀던 행복 추구가 필수 조건 대열에 편입됐다. 행복하지 않으면 결혼이라는 계약은 언제든지 파기된다. 결혼이라는 계약 조건에 "상대가 원하는 스펙의 '행복 상품'을 상시 납품해야 한다"라는 조항이 제1조 1항에 포함된다. 그런데 이 계약은 치명적인 문제를 안고 있다. 그중 하나는 명시적이 아닌 묵시적인 계약이라는 것이다. (물론, 요즘 일부 '계약 결혼'이라는 명시적 계약도 등장했다. 하지만 극히 예외적인 케이스에만 해당된다.)

다른 하나는, 이렇게 묵시적인 계약이다 보니 행복이라는 상품의 스펙을 상대방에게 구체적으로 전달하는 과정이 생략된다. 원하는 스펙은 자신의 마음속에만 존재한다. 그리고 그때그때 자신의 마음 상태에 따라 이 행복 상품의 스펙도 수시로 바뀐다. 결혼 초기에는 행복 상품 겉모양에 스크래치가 나도 잘 안 보인다. 다 좋게만 보인다. 그런데 조금씩 시간이 흐르면서 겉은 물론이요 잘 드러나지 않는 내부의 미세한 부분까지 너무나 잘 포착된다. 컴플레인을 하고, 사소한 말다툼이 시작된다. 이에 상대방도 뒤지지 않는다. 지금까지 납품받아 온 '상품'의 품질 문제까지 조목조목 따진다. 마치 상세히 기록된 컴플레인 일지를 읽듯 아주 구체적이다. 충돌한다. 다행히 또 화해한다. 서로 원하는 상품을 잘 공급하겠다고 약속한다. 그런데 진짜 문제는 해결되지 않고 임시 봉합 수준에 그친다는 것이다. 이제는 상대가 원하는 행복 상품을 명확히 안다고 생각한다. 그런데, 정말로 상대가 원하는 스펙과 품질까지 명확히 숙지했을까. 의구심이 들 수밖에 없지만, 잘 숙지했다 하더라도 한 번씩 바뀌는 조건을 따라잡는 데는 한계가 있다. 행복 상품의 실체가 뭔지 알 듯 말 듯 결혼이라는 계약 기간이 지속된다. 마치 신기루를 좇아서 헤매듯이.

결혼 가치관의 변화

문제는 자신이 추구하는 행복 상품이 제때 주어지지 않으면 계약 기간을 조기 종료시키는 경우도 발생한다. 원하는 행복 상품이 내부가 아닌 외부에 있다고 생각하면 파기 시점이 더 앞당겨지기도 한다. 전통적 결혼관, 즉 '머리가 파뿌리가 되도록 오랫동안 동고동락해야 한다'라는 종교적 교리 같은 고정관념에 묶였던 부모님 세대도 이제 뒤늦게나마 교리의 모순을 실감한다. 그리고 탈종교를 선언한다. 졸혼이나 황혼 이혼의 모습으로. 그런데, 졸혼은 책과 매스미디어가 트리거 역할을 했다는 얘기도 들린다. 일본의 한 작가가 책에서 표현해 인기를 끌다가 우리나라에서도 탤런트 백일섭 씨가 졸혼 고백을 한 뒤 널리 알려졌다고 전해진다(차현희, 2018). 그 의미가 결혼을 졸업하는 것이므로 내용상으로는 이혼이나 다름없지만, 실제 이혼했을 때 그 무게감에 대한 부담 때문에 차선책으로 '졸혼'을 택하는 것이다. 그것도 우리들의 아버지보다는 어머니가 더 적극적으로. 결혼 이후 오랜 기간 시댁과 아버지의 권위주의로 시달리다가 자유로운 삶을 향한, 해방 선언이자 출구 전략인 것이다.

이러한 세대를 불문하고 결혼 가치관에 대한 혁신적 변화는 결혼 자체가 어른이 된 이후 삶의 필수 조건에서 선택 조건으로 옮겨 가고 있다는 방증일 수 있다. 더 정확한 표현은 옮겨 간 게 아닌 밀려난 것이다. 결혼의 여러 가지 문제점이 부각되고 인식이 전환되면서 말이다. 그 지점은 필수와 선택의 경계에 위치한 듯하다. 회색 지대에 머무른 것이다. 회색 지대에서 선택 지대로 완전히 밀려날지 아니면 자연적 복원력으로 다시 필수의 자리로 돌아갈지는 현재로서는 미지수다. 결혼하는 시기가 갈수록 늦춰지는 만혼 인구의 증가 추세와 결혼 포기 인구가 늘어나는 현상은, 제자리로의 유턴 기대를 암울하게 만든다. '삼포세대(연애와 결혼, 출산을 포기한 청년층 세대)'라는 신조어가 이를 대신 말해 주는 듯하다.

그 원인은 바로 행복이 담보되지 않는 결혼은 불필요하다는 인식이 빠르게 확산되고 있기 때문이다. 전염성 강한 바이러스처럼 빠르게 확산돼 걷잡을 수 없는 수준이 됐다. 진원지도 모르는 상태에서 괴담까지 가세한다. 급기야는 행복 자체를 떠나 그 행복의 주춧돌 역할을 해야 하는 생존 자체의 위협마저 느낀다. 결혼이 무덤이 돼 버린 것이다. 인생길을 걸어가다 결혼이라는 무덤을 만나면 피해서 돌아가야지, 행복이라는 위장 가림막으로 덮인 무덤 위를 밟는 순간 영원히 빠져나올 수 없고 급기야는 죽음의 나락으로 떨어진다는 소문에 완전히 포위된 듯하다. 물론 이해도 간다. 혼자 살기에도 빡빡한데 결혼해서 살길이 더 막막할 거라는 불안의 엄습이다. 그래서 국가에서 팔을 걷어붙이고 나섰다. 여러 복지정책을 내놓는다. 아직까지는 그 약효가 별로인 듯하다. 피부로 느껴지고 실효성 있는 대안 마련이 시급하다. 국가만 바라보고 넋 놓을 수만은 없다. 결혼에 대한 감정적 접근보다 이성적인 접근이 요구된다. 그리고 결혼 경험이 있는 기성세대는 더더욱 분별력 있는 자기 성찰과 모범적 태도가 필요해 보인다. 요즘은 자녀를 결혼시킨 후 중간에 살기 싫다고 하면, 쿨하게 헤어지라는 얘기가 부모 입에서 아주 쉽게 나오기도 한다. 물론 합당한 이유가 있을 땐 누가 이의를 제기하겠는가. 이혼은 가치 중립적이다. 그런데 역설적으로 '이혼'이라는 단어 자체가 우리가 지키고 사수해야 할 공동체 가치를 훼손시키는 주범 역할을 하지는 않은지 의문이 들기도 한다. 물질 만능시대의 저주를 극복해야 한다. 물질적 충족과 쾌락만이 삶의 의미가 되는 걸 경계해야 한다.

앞서 언급했던 결혼이라는 계약 조건을 다시 살펴보자. 결혼이라는 계약이 파기되고 파탄 나는 가장 근원적인 이유가 어디에 있을까. 바로 계약 조건에 대한 잘못된 인식에서 비롯된다. 결혼이라는 계약은 행복이라는 상품을 거래하는 게 아닌 부부가 상호 만들어 나가는 과정이다. 행복이라는 영토를 협력해 일구고 또 넓혀 나가는 과정이다. 물론 이 협력 과정에는 역할 관계, 역할 분담이 존재한다. 그리고 당연히 자신의 역할을 잘 수행해야 한다. 책임의식이 뒤따른다. 어느 조직이든 둘 이상으로 구성된 조직체에서는 조직 목표에 따른 R&R(역할과 책임)이 존재한다. 부부라는 이유로 주어진 책임을 등한시하거나 회피하면 바로 경고등이 들어오고 여러 파생 문제를 낳는다. 특히 생계 유지를 위한 경제 활동에 문제가 생기면 심각한 지경에 이른다.

그래도 우리 부모님 세대는 현재의 젊은 세대에 비해서는 대체로 이런 어려운 상황을 잘 극복해 온 셈이다.

불과 수십 년 전만 해도 남편은 가장으로서 가정 경제를 책임지고 부인은 가사를 전담하는 형태가 주를 이뤘다. 이런 역할 구조에서 남편의 실직이나 사업 실패 같은 경제력 상실은 예나 지금이나 가정에 엄청난 영향을 줄 수밖에 없다. 그래도 우리 어머니 세대는 이를 잘 인내했다. 선수 교체를 자처해 생활 전선에 뛰어들기도 한다.

지금은 작고하신 우리 장모님이 이 배역을 아주 잘 수행하셨다. 장인어른은 허우대 좋고 마음씨 좋은 분이셨다. 남들에게 배려심 많고 물질적 나눔도 주저하지 않는 좋은 성품을 소유한 분이셨다. 그런데 여러 번의 사업 실패로 선수교체가 됐다. 장모님은 어려운 여건 속에서도 신앙의 힘과 자식 교육과 성장을 위한 남다른 신념과 철학으로 역경을 딛고 어느 가정 못지않게 아름다운 영토를 일구어 내셨다. 경외심이 절로 나온다. 고개가 숙여질 따름이다. 우리 주위에 이런 어머니 모습이 어디 한 분만이겠는가. 다수의 우리 어머니 세대가 지향했던 헌신적인 삶의 모습이리라 생각한다.

이혼에 대한 개방적 인식 확대

나의 직장 생활 초기인 1990년대 초반에 몸담았던 직장의 인사 원칙 중 하나는 신상필벌이었다. 일을 잘하면 상을 주고, 잘못하거나 실수하면 그에 상응하는 벌을 준다는 원칙이다. 그런데 언제부턴가 슬그머니 자취를 감추고 신상필상이 이 자리를 대신했다. 일을 잘하면 상을 준다에 방점이 찍힌다. 일을 잘못하면 어떻게 된다는 그다음은 생략이다. 실효성을 떠나서 그 상징적 의미는 지대하다. 실제로 '실패를 두려워하지 말자'라는 이야기가 기업 철학과 관련 서적에도 등장했다. CEO의 훈시에서도 강조된다.

이런 기업체 사풍이 우리네 가정에도 가풍으로 채택되면 어떨까. 단서 조항은 물론 있어야겠다. 최선을 다하는 삶 가운데 불가항력적인 사업 실패나 실직에만 해당된다. 그리고 가정 경제 회복을 위해 노력해야 한다는 조항도 당연히 포함된다. 어쩌면 유치한 제안으로 들릴 수도 있겠지만, 사업 실패나 실직이 그 자체로 끝나지 않고 가정 붕괴로 이어지는 사례가 주변에서 심심찮게 목격되기 때문이다. 물론 단순히 사업 실패나 실직만이 가정 붕괴의 원인인 건 아니다. 외도, 가정 폭력, 성격 차이, 종교 · 정치적 견해 상이, 시댁 · 친정 문제 등도 있다. 그리고 이러한 문제들이 복합적으로 얽혀 있는 경우도 있다. 어떻게 한 가정의 붕괴 원인을 쉽게 평가할 수 있겠는가. 당사자의 심정과 그 고통을 어떻게 쉽게 헤아릴 수 있겠는가. 그럼에도 불구하고 비록 표면적으로 드러나는 문제일지라도 실직이나 사업 실패 이후 이혼으로 연결되는 사례가 계속해서 전면에 나오는 걸 보면, 분명 가장의 경제력 상실이 중요 요인 중 하나임에는 분명해 보인다. 그 쓸쓸함을 지울 수가 없다.

이처럼 가장의 경제력 상실은 물론이고 외도, 가정 폭력 등 여러 이혼 사유가 발생할 경우, 이의 당위성에 대한 인식 확대는 통계수치로도 그 모습이 확연히 드러난다. 통계청에서 발표한 지난 20년간 이혼 당위성에 대한 국민인식조사 결과를 살펴보자. '어떤 이유에서도 이혼하면 안 된다는 인식과 가급적 안 해야 한다'는 이혼 반대 의견이 2002년에 절반이 넘는 58%를 차지한 반면, 2022년에는 27.1%를 차지했다. '이유가 있으면 이혼을 하는 것이 좋다와 반드시 해야 한다'라는 이혼 찬성의견은 2002년에 6.6%에서 2022년에는 18.7%로 나타났다. 이혼 반대 의견은 크게 줄고 이혼 찬성은 느는 추세다.

이러한 이혼의 인식 변화에는 사회 환경 변화와 함께 여성 인권 신장과 관련된 페미니즘도 한몫한 것이 사실이다. 19세기 서구에서 시작된 페미니즘은 1879년 헨리크 입센의 희곡《인형의 집》이 그 의미를 잘 드러내고 있다는 견해가 많다. 여성해방의 불씨가 됐다는 평가도 뒤따른다. 8년간의 결혼 생활에서 쌓인 회의와 남편에 대한 실망이 폭발해 자아 정체성을 찾아 집을 떠나려는 부인(노라)에게 가부장적 사고방식에 젖어 있던 남편(헬메르)이 '당신은 우선 아내이며 어머니야'라는 말에 이렇게 답한다.

> 그 말은 더 이상 믿지 않아요. 나는 내가 우선적으로 당신과 마찬가지로 인간이라고 믿어요. 최소한 그렇게 되려고 노력할 거예요. …… 나는 모든 일에 대해서 스스로 생각하고 설명을 찾아야 해요.

남편이 아내를 '종달새', '다람쥐'라고 호칭하는 데서 알 수 있듯 부인은 남편에게 의존적이고 약한 존재로만 인식되어 온 그 당시 인식의 틀을 깨부수는 여성해방의 상징적 표현이었다.

이것들이 페미니즘의 불씨가 돼서 우리나라에서도 전쟁 이후 1960년대부터 본격적으로 여성해방 운동이 일어나기 시작했다. 1960년 국회의원 선거를 앞두고 한복 차림의 여성 2,000여 명이 플래카드를 들고 "축첩자를 국회의원으로 뽑지 말자"며 명동 거리에서 대대적으로 벌인 YWCA 시위가 이를 상징적으로 보여 주는 사건으로 회자되고 있다(여성신문, 2013).

굳이 '페미니즘'이라는 렌즈로 바라보지 않더라도 양성평등이라는 인간존중 사상은, 민주주의 체제에서 정치 사회적 발전과 더불어 자연스레 확산일로를 걷고 있다. 여성 인권에 관한 보다 진보적 위치에 있는 사람은 '일부일처제'에 대해서도 일침을 가한다. "인류는 일부일처제를 채택하고 학교나 교회 등을 통해 반복적인 학습과 세뇌로 그것의 상대적 우월성을 퍼뜨려 왔는데, 이는 다분히 정치 사회적이거나 경제적인 이유 때문"이라고도 이야기한다. 모 신문 칼럼(장석주, 2010)에 실린 글이다. 여성의 자아 정체성, 성적 해방에 대한 담론도 펼친다. 2006년에 나온 박현욱의 장편소설 《아내가 결혼했다》를 인용하면서 말이다. 결혼이라는 이유로 모든 것이 희생되고 구속되고 억압된 삶에서의 해방, 자유로운 삶의 가치를 강조하는 메시지다. 충분히 공감 가는 내용이고 그동안 결혼은 진리에 가깝고 자연발생적으로 생겨난 법칙으로까지 여겨 왔던 나의 고정관념을 해머로 깨부수는 일대 사건이었다.

그러나 한편으론 이러한 의문도 동시에 찾아왔다. 인류 역사상 일부일처제가 안고 있는 여러 모순에도 불구하고 굳건히 그 자리를 잘 지키는 것은 이를 대신할 더 좋은 제도가 아직까지 발견되지 않기 때문이 아닐까.

결혼제도의 보완책으로 프랑스의 시민연대계약(PACS)법이 1999년에 생겨났다. 당초 입법 취지는 동성애자를 위해 만든 법률이지만 실제로 이 법을 통한 동성 간 연대 계약은 아직까지 5% 미만에 불과하다. 나머지 95% 이상은 느슨한 결합 형태를 특징으로 한, 법적 결합과 이의 파기도 용이한 장점 때문에 이 제도를 이용한다. 쉽게 말해 구청에 가서 종이 한 장만 제출하면 결합도 파기도 손쉽게 할 수 있기 때문이다. 우리나라에서도 유사 형태의 일명 '생활동반자법'이 2023년 4월에 발의된 상태다. 정부 차원에서도 저출산 대책의 하나로 '등록 동거혼' 도입을 추진 중이다(조선일보, 2023). 하지만 앞으로 프랑스의 '시민연대계약'과 유사한 제도를 비롯한 여러 다양한 형태의 또 다른 제도가 도입되더라도, '결혼제도'에 대한 보완 장치에 머무르지 결혼제도 자체를 대체할 수는 없지 않는가.

결혼의 가치 바로 세우기

세상 모든 것은 변한다. 우리네 인간도 당연히 변한다. 나만이 아닌 마주하는 부인이나 남편조차도. 그들의 몸도 마음조차도 변한다. 서로가 서로의 변하는 몸과 마음을 읽고 맞추도록 애써야 한다. 맞춘다는 건 사랑과 친밀감을 기반으로 한 기존 관념의 변화와 함께 역할 변화를 전제로 한다. 아주 사소한 것조차도. 수십 년 전 결혼 초기 상황과 현재의 결혼 생활을 동일시하는 우매함은 사라져야 한다. 불행히도 우리 아버지 세대에서 이런 모습이 아직 잔존한다. 졸혼과 황혼 이혼 사유를 먼 곳에서 아닌, 바로 이런 모습에서 찾을 수 있을 터다.

기업에서 근무 당시 퇴직자를 상담하는 과정에서 자주 접했던 이야기다. 퇴직 이후 가정에 머무는 시간이 늘다 보니 이전에는 없던 부부간 갈등도 더 늘어난단다. 어떤 경우는 갈등까지는 아니지만 왠지 서먹서먹하거나 불편한 경우도 있단다. 퇴직 후 재취업해 지방에서 4년 정도 근무하는 동안 주말 부부를 했던 한 퇴직자 이야기를 들어보자.

여러 해 동안 지방 근무를 하다가 매일 집에 같이 있다 보니까 집사람이 불편해하는 것 같네요. 점심도 내가 직접 챙겨 먹는데, 아무려면 낮에 집에 있는 게 신경 쓰이는 모양이네요. 또 일자리를 구해야 할 것 같아요.

이러한 상담 경험을 살려서, 기업에서 '가정' 관련 강의를 할 때 지혜의 시인으로 일컬어지는 칼릴 지브란의 시 구절을 자주 인용하면서 가정 내 역할 인식의 변화를 주문하곤 했다.

아, 그대들은 함께 있으리라, 하나 그대들의 공존에는 거리를 두라. 천공의 바람이 그대들 사이에서 춤추도록.

부부는 평생의 동반자로 함께 머물러야 하지만, 함께 머무는 동안 함께하는 일상뿐만 아니라 개별 존재자로서의 자유로운 일상도 주어져야 한다. 반드시 이를 상호 존중해야 한다. 시월의 사과 햇살을 탑재한 산들바람이 코스모스 무리 사이를 관통하며 제각기 자유롭게 춤추게 하듯, 우리네 부부는 서로에게 '한낮의 가을 평화'여야 한다.

퇴직 이후 가정에 머무는 시간이 많아지다 보면 여러 사소한 부분에서도 부부간 의견 충돌이 생길 수 있다. 특히, 주말을 제외하고 평일에는 저녁에 퇴근 후만 마주했던 부부가 평일 낮에도 함께 있는 건

적응이 힘들 수도 있다. 기존 일상과의 차이에서 오는 불편을 상대방이 경험할 수 있다. 오죽하면, 일식, 이식, 삼식이라는 말이 생겨났겠는가. 이처럼 남성들의 부인 의존도에서 벗어나는 노력은 필수적이다. 남편의 경우, 가사 분담 내지 전담하는 방향으로 부부 역할 관계의 혁신을 꾀하는 것도 하나의 대안일 수 있다.

서던캘리포니아대학교의 유명한 경제학 교수였던 리처드 이스털린 박사는 자신의 저서《지적 행복론》에서 결혼과 행복과의 상관관계 분석에서, 배우자가 있으면 행복 수준이 높아진다고 주장한다. 그런데 이 행복 수준이 무한정 높아지는 게 아니라, 결혼과 함께 행복 수준이 최고 피크에 도달해 1년 정도 유지되다가 조금씩 하향하여 2년 차부터 행복 수준이 결혼 이전보다는 높은 수준이지만 정체 수준에 머무른다고 말한다.

아이를 낳게 되면 발생하는 우윳값부터 시작해서 부양 비용 증대 문제에서 그 이유를 찾을 수 있다. 이 외에도 수면 아래 있던 여러 가족 관련 문제까지 수면 위로 슬그머니 모습을 드러내게 된다. 이러한 문제를 지혜롭게 해결하지 못하면 불행의 역사가 시작될 수밖에…. 행복은 절대 어디서도 보장되지 않는다. 행복의 추락도 염두해야 한다.

"행복한 가정은 서로 닮았지만 불행한 가정은 모두 저마다의 이유로 불행하다." 어디서 많이 들어본 말 같지 않은가. 톨스토이의 위대한 소설《안나 카레니나》의 첫 문장이다. 아주 유명한 문장이다.

톨스토이는 결혼 생활이 행복하려면 많은 면에서 성공적이어야 한다는 뜻으로 그렇게 말했다. 예컨대 서로 상대에게 성적으로 끌려야 할 뿐만 아니라, 돈과 자식 훈육, 종교, 인척 관계 등 중요한 쟁점에 대한 의견이 일치해야 한다. 이런 기본적인 면 중 하나라도 충돌한다면, 결혼 생활의 행복에 필요한 모든 조건이 충족되더라도 그 결혼은 불행한 결말을 맺을 수 있다.

《총균쇠》 저자 재레드 다이아몬드는 수많은 야생 포유류 동물이 가축화되지 않은 이유를 결혼 생활에 비유하며 '안나카레니나' 법칙으로 명명해 책에서 설명하고 있다.

최첨단 반도체 부품으로 구성된 전자 장치보다도 훨씬 복잡한 감정과 정서적 신경망으로 짜여 있는 게 결혼 생활이다. 나노 단위보다 더 미세한 눈에 보이지 않는 감정 세포가 쌍방향 연결돼 있다. 감정의 원활한 교류가 결혼 생활의 필수 요소다. 막힌 부위가 없어야 한다. 예방을 위한 노력 또한 필수다. 정서적 동맥경화가 일어나면 가정 붕괴로 이어질 수 있다.

칼릴 지브란의 시가 말하듯, 서로 사랑하되, 사랑을 속박하지는 말아야 할 터다. 속박은 시간의 길이에 비례해 암적 세포로 자라나 결국 사랑의 세포를 죽이는 존재다. 지속 가능한 아름다운 결혼 생활을 유지하려면 때론 한 발자국 떨어져서 본래 모습을 다시 그려 봐야 한다. 원래의 그 모습과 그 빛깔과 향기를 계속해서 드러내도록 다듬고 보살피는 게 우리의 책무다. 통계청 발표 자료에 의하면 2022년 한 해 결혼 건수는 191,690건이고 이혼 건수는 93,232건이었다. 전체 기혼자 중 한 해 결혼 건수의 절반 정도(48.6%)가 이혼한다. 이를 보면 이혼이 우리 주변에서 아주 빈번히 일어나고 있음을 부정하기 힘들다.

어긋나거나 삐걱거리면 뒤도 돌아보지 말고 언제든지 빠른 해체를 주장하는 급진주의적 결혼 견해 또한 득실거린다. 해체만이 능사일 수는 없다. 진정 어린 노력으로 대체 처방이 가능하다는 종교적 신념으로 무장해, 진통과 어려움이 따르더라도 자연 치유를 위한 노력을 우선 기울여야 하지 않을까. 해체는 최후 수단으로 남겨 두자. 결혼은 단순히 결혼 자체만의 기능과 역할에 머무르지 않고 가정과 그 사회, 나아가 한 국가 운영에도 영향을 미치는 엄청난 존재다.

비바람이 불고 천둥 번개가 치더라도 언젠가는 지나간다는 자연의 섭리를 잊지 말고, 인간의 존엄성을 지키는 성전의 기둥으로 남아 있어야 하지 않을까.

부모와 자식 관계

자식의 탄생 의미

인간은 통상 일생에 걸쳐 네 번의 직계 가족 지위 명함을 갖게 된다. 자식, 남편/아내, 부모, 조부모라는 타이틀이다. 물론 전제 조건이 있다. 소위 정상 가족의 테두리에서 자식도 결혼해야 가능하다. 그리고 아이를 낳고 길러야 한다. (요즘에 찾기 어렵지만 예전 일찍 결혼하는 세대는 증조부모와도 함께 살았다. 황석영의 소설《철도원 삼대》에 등장하는 노동운동을 하는 이진오의 증조부였던 이백만과 같은 존재다. 소설에서는 큰할아버지로 불렸다.)

문제는 가족의 지위 명함은 그냥 주어지지 않는다. 쟁취해야만 가능하다. 나는 '쟁취'라는 표현을 강조 어법으로 즐겨 사용하는 편이다. 특히 자신의 노력으로 난관을 극복하고 얻은 성취를 쟁취로 환치시킨다. 직장에서 승진 축하 메시지로 많이 사용했다. 일반적인 어감은 썩 좋지만은 않다. 노동운동에 주로 동원되는 용어이고, 폭력적 의미도 연상시킬 수 있지만 그래도 좋다.

《철도원 삼대》 속 이백만이라는 큰할아버지 직함은 그저 얻어진

게 아니다. 특히 일제강점기라는 생존 자체가 버거운 시대적 상황 속에서 세상을 향한 투쟁의 역사를 '큰할아버지'라는 명함이 대신해서 말해 준다. 둘째 아들 이이철을 잃는 슬픔을 겪으면서까지 삶을 살고 살아내고 또 살아냈던 거다.

언제부턴가 이같이 한 가족의 역사가 자자손손 이어지는 과정이 필수가 아닌 선택이 돼 버렸다. 가족의 역사가 어느 시점부터 이미 단절됐거나 단절이 예정된 집안이 많아지고 있다. 그 원인은 결혼을 안 하거나 결혼하더라도 아이를 낳지 않아서다. 혈연 중단이 이를 말해 준다. 아버지, 어머니, 할머니, 할아버지라는 타이틀을 달기가 조직에서 부장, 임원 타이틀 얻는 것보다도 더 힘들어진다. 이유는 다양하다. 생존 문제부터 시작해서 자유로운 삶, 자아실현에 이르기까지 각양각색이다. 어머니의 불행한 결혼 생활의 전철을 다시 밟지 않으려 발생하는 비혼주의도 존재한다. 아버지의 도박, 외도 등 부도 덕하기까지 한 행실로 어머니의 고달픈 모습을 가까이서 지켜본 자식은 이에 대한 학습 효과로 스스로 결혼을 포기하기에 이른다. 막상 결혼했더라도, 별로 만족스럽지 못한 결혼 생활을 자식에게 되물림하기 싫어서 아이를 낳지 않는단다. 교육 수준이 높은 커리어 우먼의 경우, 자신의 커리어 관리에 방해될 것 같아서 자식을 낳지 않는 경우도 존재한다. 납득이 가는 면도 있지만, 그렇게까지 해야 하나 생각이 들기도 한다. 물론 당사자 심정을 어떻게 제대로 헤아릴 수 있겠는가.

아무튼 소위 정상 가족이라 일컫는 부모 그리고 자식이 있는 한 가족의 역사를 상정해 그 안으로 들어가 논의를 이어가 보자.

나의 형제자매는 2남 2녀고, 그중 나는 막내다. 내가 태어난 1960년대 중반 시기의 출생자를 둔 보통 가정의 전형적인 모습이 아니었나 싶다. 그 이후 1970년대 들어서서 '아들딸 구별 말고 둘만 낳아 잘 기르자'라는 캠페인이 전개됐으니, 그 이전 1960년대의 가족 규모를 능히 짐작할 수 있을 터다. 요즘은 한 명이라도 낳기를 바라는 완전히 역전된 분위기지만…. 아무튼 얼마 전까지 정상 가족이라 하면, 부모와 자식 둘 정도를 둔 전형적인 가족 모습이 연상된다.

자식은 어떤 존재인가

통상 자식들은 영아기는 물론이고 유아기, 아동기 때까지는 부모 곁을 떠나려 하지 않는다. 자연스레 애착 관계가 형성된다. 그런데 초등학교 고학년 시기가 되면 친구들과 함께 더 있고 싶어 한다. 친구랑 함께 있는 게 재미있고 즐겁기 때문이다. 미하이 칙센트미하이의 《몰입의 즐거움》에서도 같은 맥락의 이야기를 한다.

> 아버지는 자식과 같이 있으면 대개 즐거워한다. 아이들도 초등학교 5학년까지는 대체로 그렇다. 그런데 학년이 올라가면 아버지와 함께 있는 것을 부담스러워하는 아이들이 많아진다. (적어도 중학교 2학년까지는 그렇다. 그 이상 학년에 대해서는 조사된 바가 없다.)

나의 두 아들 양육 경험을 여기에 견주어 보면, 미하이 칙센트미하이 이야기에 근접한다. 친구와 함께 있고 싶은 시기가 최소 중학교 2학년까지고 그 이상은 유보적으로 이야기했지만 초등학교 5학년 전후로 내 품의 자식이 아니다. 부모로부터, 특히 아버지로부터 심리적으로 상당 부분 분리된다. 이에 더해서 이 시기에는 아버지는 직장 생활에서 중책을 맡는 등 일을 왕성하게 하는 때인지라 더더욱 가까이할 수 있는 물리적 시간조차 잘 주어지지 않는다. 아이는 청소년기에 접어들고 중학교, 고등학교 입시지옥 기간을 거치면서 아버지와 접촉하는 시간이 점점 더 줄어든다. 물론 엄마와도 접촉하는 시간이 당연히 줄지만 그래도 엄마는 최소한 식사를 비롯한 기본적인 생활의 뒷받침을 해야 하므로 짧은 시간이라도 접촉할 수밖에 없다. 하지만 아버지의 경우 의도적인 노력을 기울이지 않는 한, 시간에 비례해 멀어지는 각도가 점점 더 벌어진다. 갈수록 더 멀어진다.

그리고 대학에 가고 군대에 가고 취업을 한다. 학교나 직장이 멀리 떨어져 있는 경우 어쩔 수 없이 필요에 의해서, 때론 분리 독립하고 싶은 심리적 이유로 가정에서 독립한다. 같은 지역권 내에서도 별도 독립 공간에서 기거한다. 그리고 결혼을 한다. 물론 결혼을 안 하고 비혼주의로 살아가는 경우도 있지만…. 결혼 후 그다음 아이를 낳는다. 소설 《철도원 삼대》의 이백만의 아들 이일철이 결혼하여 이지산을 낳고, 이지산이 장성 후 결혼해서 노동운동을 하며 철탑 위에서 투쟁을 벌인 이진오(50대)를 낳고 길러냈듯이 말이다. 가족 속 인간의 역사는 이렇게 계속해서 순환한다. 그래도 이 시절은 증조부, 조부까지 한 울타리 안에서 함께 살 수밖에 없었던 대가족 사회였기에 부모와 자식 간의 부대낌은 지극히 당연할 수밖에 없었다. 그 부대낌 속에서 물론 갈등도 존재했겠지만, 그래도 가족이라는 친밀감과 사랑이 더 크게 자리하고 가족의 의미를 공고히 하지 않았겠는가.

하지만, 이제는 물리적으로 함께하고 거하는 공간조차 결혼 이전부터 분리되다 보니 일생에 부모와 자식 간에 함께하는 시간이 대체로 점점 줄어드는 생활 구조이자 라이프 스타일이 돼 버렸다. 물론 부모와 자식은 혈연관계이다 보니 물리적으로는 비록 떨어져 있더라도 심리적으로는 연결돼 있으므로 큰 문제가 없을 수도 있다. 더 애틋하게 정서적으로 교감할 수도 있다. 그렇지만, '안 보면 마음도 멀어진다'라는 속담처럼 단순히 멀어지는 수준을 훨씬 넘어서는 경우도 있다. 연로한 독거노인의 경우 자식이 있는데도 고독사하는 경우도 존재한다. 지난 2021년 5월부터 서울시에서 전국 최초로 '부양의무제'를 폐지한 것은 그 시사하는 바가 크다 하겠다. 복지의 사각지대를 없애겠다는 취지에서 출발한 것이다. 자식이 있지만 부양 의무를 다하지 않는 경우도 있음을 여실히 증명하고 있다. 일본은 물론이고 우리나라에서도 간혹 들려오는 이야기다. 그 높은 가치를 지닌 사랑과 정으로 집약된 '가족'이라는 의미가 무색해진다.

자식과 부모 관계의 다양한 모습

기업에서 강의할 때 가족의 진정한 의미를 찾는 대목에서 이화여대 명예교수인 이근후 정신과 의사의《나는 죽을 때까지 재미있게 살고 싶다》 책을 인용하곤 했었다. 이 책에는 이근후 교수 내외와 자식 2남 2녀, 그리고 손자까지 해서 총 13명이 한 지붕 아래에서 대가족으로 살아가는 모습을 군데군데 담고 있다. 새롭게 집을 지어서 대가족을 이루며 살아온 지 벌써 10여 년이 됐단다. 대가족이라는 가족 공동체의 실험이 비교적 성공적이라 자부한다. 처음 큰아들의 제안을 받아들이기까지 우려도 많았단다. 하지만 상호 불간섭주의와 독립성 보장을 제1원칙으로 삼고 모두가 이를 실천하면서 살아왔단다. 정말로 모범적이며 본받아야 할 가족의 롤 모델로 정착됐다고 할 수 있겠다. 이근후 교수가 책에서 얘기하는 보통 가족들의 안타까운 모습을 들어보자.

> 우리는 부모 자식, 형제지간에 진정한 소통 없이 결혼하고 분리되어 독립을 한다. 나아가 가족 간에 진심으로 마음을 열고 소통할 기회조차 갖지 못하고 죽음을 맞이하기도 한다. 생각하면 슬픈 일이다. 우주적인 인연으로 만나 서로의 마음을 제대로 알지 못하고 세상을 떠난다는 것 말이다.

이 책이 출간된 지 얼마 되지 않은 시점인 10여 년 전 이 글을 읽고 폭풍 공감하면서 밑줄까지 쳤었다. 이제 이 구절을 다시 한 번 공유하면서 되새김질해 본다. 이근후 교수의 말씀처럼 평생 가족의 마음조차 제대로 헤아리지 못한 채 영원히 작별한다는 것은 아주 슬픈 일이다. 이보다 더 슬픈 현실은 세월과 더불어 이를 점점 더 당연하게 받아들인다는 것이다. 무뎌지는 것이다. 이는 점점 더 마비로 치닫는다는 걸 의미한다. 결국 우리 의식 속 정서적 기능이 오작동하거나 멈춰 서게 된다. 정서적 중풍 환자가 돼 버린다. 마음의 재활훈련을 해야 한다. 사지가 마비된 중풍 환자가 재활훈련을 통해 마침내 일어서고 한 발 한 발 내딛고 또 내딛고, 독립 보행으로 나아가는 모습처럼….

소설 《철도원 삼대》에 등장하는 이백만의 증손자인 '이진오'는 50대 초반의 해고 노동자다. 45m 높이의 발전소공장 굴뚝의 좁은 공간에 기거한다. 텐트에서 잠을 자고 밑에서 올려주는 밥을 먹는다. 배변까지 위에서 해결하고 잘 밀봉해서 밑으로 내려보낸다. 이러한 악조건 속에서 410일간 고공농성이 이어졌다. 협상의 진통 끝에 드디어 해고된 노동자의 전원 복직과 요구 조건을 수용한다는 협상 결과를 회사로부터 얻어 낸다. 농성을 풀고 내려온다. 하지만 회사의 술책에 불과하다는 걸 이내 깨닫는다. 또 다른 투쟁을 다짐한다. 소설 속에서는 더 이상의 삶의 모습은 그려지지 않는다.

이진오가 실존 인물이라면 이후의 삶은 어떤 전개가 예상되는가. 몇 갈래 길을 상정해 볼 수 있겠다. 또다시 투쟁할 수도 있겠다. 희박해 보이기는 하나, 이번에는 요구 사항을 관찰시키고 복직한다. 나이도 50대 중반을 향해 가면서 기력도 많이 소진됐다. 노동운동은 그만두고 조용히 직장 생활에 충실하며 정년을 맞이할 수도 있겠다. 다른 하나는 굴뚝 위 고공 농성을 하면서 더 강한 투쟁을 이어갈 수도 있다. 그리하여 불법 농성으로 결국 사법당국에 연행된다. 몇 년간 옥살이를 마친 후, 민노총 같은 전국 단위 노동단체의 최고 직책에 오를 수도 있다. 아니면 암 같은 중대 질병이 갑작스레 찾아와 병원 신세를 지며 투병 생활 몇 년 하다가 조기 사망할 수도 있다. 소설 속 '이진오'에게만 찾아오는 생의 시나리오가 아니라 동시대를 살아가는 우리 주변 이웃에게도 찾을 수 있는 모습이다.

각자 삶의 모습은 조금씩 다를지언정 여러 갈래의 삶의 여정 그 끝에 모두에게 공통으로 찾아오는 건 바로 '죽음'이다. 이진오가 또다시 농성 끝에 복직해 정년퇴직을 했든, 노동 단체 수장으로 퇴임했든, 여하튼 세월과 더불어 사회에서 은퇴하게 된다. 그리고 또 다른 삶의 여정인 노년기라는 삶의 터널을 통과한다. 터널의 끝자락에는 유병 기간이 기다린다. 그 끝은 죽음이다. 모든 사람은 죽는다는 법칙이 또 한 번 증명된다. 하지만 사람의 유병 기간만은 일치하지 않는다. 사람마다 제각각이다. 밤에 잠을 자다가 조용히 새벽에 세상을 하직하는 경우도 있다. 이를 흔히 축복받은 죽음이라 말하기도 한다. 그런데 갑자기 심근경색이 와 숨을 쉴 수 없는 상황에서, 곁에서 도움받을 손길이 없어 사망하는 경우도 있단다. 이는 과연 축복받은 죽음인가.

나의 아버지는 70대 후반에 병상을 찾기 시작해 10여 년의 유병 기간을 보냈다. 병원과 집을 반복해 오가면서 입원과 퇴원을 해온 기간이다. 이 유병 기간 동안 곁에서 간병하신 어머니도 연로하여 거동도 못 한 채 누워서 지내신다. 2년이 훌쩍 지났다.

이렇게 노인이 노인을 간병하는 걸 일본에서는 '노노개호'라고 한단다. 일본에서는 흔한 용어다. 그만큼 이런 사례가 흔하다는 방증이다. 끔찍한 사건 사고도 많이 난다. 부인이 남편을, 남편이 부인을, 며느리가 시부모를 살해하는 사건이 자주 일어난다. 2019년 11월에는 71세의 며느리가 뇌경색으로 누워 있는 남편을, 식사를 유동식으로 할 정도로 건강 상태가 안 좋은 90대 시부모까지 살해했다. 그리고 경찰에 자진 신고한다. 자신이 죽였다고. 시동생 등 주변의 탄원으로 정상참작이 되어 중형은 면한다. 시부모와 남편까지 몸져눕자, 이 며느리는 손수 가족회사를 경영하며 세 명의 간병까지 도맡아서 했던 거다. 그리고 지칠 대로 지쳤던 거다. 감당할 수 없는 지경에 이르러 결국 극단적인 상황까지 몰고 간 것이다. 분명 이웃 나라 일본에서만 일어나는 문제는 아닐 터다. 100세 시대 재앙의 경고음이 여기저기서 들려온다. 귀를 닫고 외면한다고 해결될 문제는 아니다.

100세 시대라는 초고령사회 도래와 함께 무한 경쟁 시대가 맞물려 가족 울타리 내 풍속도도 많이 바뀌고 있다. 이런 경우도 존재한다. '캥거루족'이 늘고 있다. 경제적으로 독립하지 못한 채 부모와 함께 사는 청년을 일컫는 말이다. 3포세대를 넘어 5포세대로 비화되는 말이 이를 잘 대변해 준다. 연애, 결혼, 출산뿐만 아니라 인간관계, 내 집 마련 포기를 추가한다. 열 가구 중 네 가구는 캥거루족이 득실거린다는 얘기도 들린다. 자조 섞인 얘기인지, 스스로 위안받기 위함인지 그 출처와 동기는 불분명하지만 '결국 결혼을 안 하거나, 이혼 후 평생 부모 곁에 있는 자식'이 효도한다는 얘기도 한다. 노후의 외로움, 간병 문제, 고독사 등 어두운 현실적 문제에 대한 해법을 찾는 과정에서 나온 얘기인 것 같다. 캥거루족도 나름 효자일 수 있다는 풍자적 표현인 듯하다.

어쨌든 5060 신중년 세대는 한쪽 어깨에는 부모 부양이라는 짐을, 다른 어깨에는 자녀 평생 돌봄이라는 짐을 지고 걸어가는 마지막 세대라는 얘기가 심심치 않게 전해져 온다. 대안의 길을 모색하기에는 아래위로 짓누르고 분출해 오는 압력이 너무 거세서 어떻게 할 궁리가 도저히 나질 않는다. 중간에 끼어서 옴짝달싹 못 하는 '샌드위치 세대'인 게 분명해 보인다.

다시 가족의 모습을 생각하다

우주의 모든 만물이 변화를 거듭하듯, 분명 가족의 모습도 변화를 거듭할 것이다. 우리 다음 세대 가족의 모습은 어떠한 형상을 취할 것인가. 아니 어떠해야 하는가. 역사의 질곡 한복판에 서 있었던 파란만장했던 증조부 이백만과 이일철, 이지산의 철도원 삼대의 가족에 이어, 노동운동의 선봉에 선 50대 이진오의 세대가 끝이 나도 다음 세대의 가족은 오게 되어 있다. 이진오 같은 신중년 5060세대 이후 가족의 모습은 어떨지 상상이 가는가. 그 밑그림은 우리 세대인 5060세대가 그려서 물려주어야 하지 않을까. 전통적인 가족주의 문화 속 좋은 점은 적극 발굴해 보존 계승하고, 개인주의와 합리주의 문화에 익숙한 미래 세대의 삶의 가치를 반영해 한국형 가족문화 모습의 구도를 백지에 그려내야 하지 않을까. 백지 위를 채색해서 완성할 그림은 당연히 미래 세대 몫이지만…. 그 밑그림에는 물질문명에

빼앗긴 인간 존엄성의 쟁취, 능력 중심의 무한 경쟁 시대에 지치고 병든 영혼을 회복시켜 줄 수 있는 사랑과 화해를 바탕으로 한 정서적 공동체로의 모습이 그 중심에 있어야 한다.

지금까지 우리나라의 가족주의는 가부장적 권위주의 문화, 끼리끼리 문화, 내 자식 지상 최고주의 문화(교육열), 내로남불 문화(내 가족은 OK, 남의 가족은 NO), 형식적 유교문화 답습 등 여러 비판과 함께 병폐 또한 드리워져 있었음이 사실이다. 버릴 건 버리고 청산할 건 당연히 청산해야 한다. 그렇다고 무조건 다 버리고 없애야만 하는 건 아니다. 예를 들어 '제사문화'만 해도 그렇다. 나 자신도 그렇고 내 또래 대부분이 모이면 제사의 불필요성에 목소리를 높인다. 기독교인이 아니더라도 말이다. 미리 상정되지 않은 회의 의제지만, 즉석에서 만장일치다. 그리고 예견한다. 아니 호언장담한다. 분명히 우리 세대가 끝나면 제사 문화는 사라질 거라고.

전통적인 유교문화에서 비롯된 제사 의식은 제국주의 일본문화 청산보다도 더 먼저 청산해야 할 대상이 돼 버렸다. 물론 허례허식이 강조되는 제사 문화는 마땅히 청산 대상이어야 한다. 지나친 제사 음식 준비, 늦은 밤에 이뤄지는 제사 의식, 그리고 증조부를 포함한 여러 대에 걸친 제사 의식으로 며칠 지나면 또 돌아오는 빈번한 제례는 분명히 사라져야 한다. 전 서울대 송호근 교수는《그들은 소리 내 울지 않는다》라는 책에서 자신의 모 신문 칼럼에 제사 문화 관련 기고 글을 소개한다. 여기엔 경국대전에조차도 "6품 이상은 3대, 7품 이하는 2대, 일반 서민은 부모에게만 제사 지낸다"고 명문화를 해 두었단다. 가난한 서민을 위한 배려와 함께 제사 문화의 간소화 취지를 엿볼 수 있는 대목이다. 이후 양반들이 향촌을 장악하는 과정에서, 봉제사를 통한 요란한 상차림이 강제되는 기형적 모습이 됐다고 하지 않는가.

어찌 됐든, 제사 의식에 담겨 있는 조상을 섬기고 기리는 그 정신만은 계승, 발전돼야 하지 않을까 생각한다. 제사 의식을 (조)부모까지로 한정한다든지, 제사 음식을 초간편 수준으로만 한다든지 할 수도 있다. 그도 아니면 제사는 지내지 않더라도 가족끼리 함께 식사 자리를 마련해 생전 모습을 떠올리며 추억을 공유하고 추모한다든지, 얼마든지 대안적 조상 섬김 문화를 만들고 발전시켜 나갈 수 있지 않을까.

유교문화에 기초한 우리나라의 가족주의 문화를 무조건적 배척이 아닌 선택적 · 합리적 수용을 해나가는 것이 바람직해 보인다. 언제부턴가 합리주의를 선호하는 우리의 가치 체계에서 '형식주의'는 배제 대상이 됐다. 하지만 '형식'이 지니는 그 가치 또한 배제 대상이어서는 안 된다. '형식'은 그 내용물을 담아내는 그릇이다. 물론 형식의 틀은 변형이 가능하다. 그 사이즈와 재질까지도 변경이 가능하다. 하지만 형식이 존재해야지만 내용을 담을 수 있다. '형식이 내용을 규정하고 지배한다'는 얘기 또한 있지 않은가.

일 년에 한두 번만이라도 돌아가신 부모, 조모를 추모하는 모습은 분명 아름다운 모습이 아닐까. 그 형식은 중요하지 않지만 부끄럽게도 지금까지 바쁘다는 이유로 나 역시 잘 실천하지 못했다. 친지들과 함께 벌초했던 얘기를 주변에서 접할 때는 부럽기까지 했다. 연중행사로 추석 전 조상 묘소 '벌초 문화'는 분명 계승 발전의 대상이 아닐까. 일 년에 한 번씩 예초기를 준비해서 사촌들이 함께 모여서 벌초하고, 자연스레 식사도 함께하면서 (조)부모의 생전 모습도 떠올려보면서 담소를 나누는 모습은 가히 아름답지 않은가.

형식주의적인 가족 문화는 분명 배척 대상이지만 '가족이라는 형식조차' 파괴돼서는 안 될 터다. 세월의 변화 속에 분명히 가족의 형식은 변화를 거듭할 것이다. 대안 가족도 벌써 출현할 조짐을 보인다. 어떠한 가족 형식이 되더라도, 그 속에 생명 존중, 사랑, 화해, 용서, 협력, 인내, 극복과 같은 관계 지향적 가치는 보호되고 계속해서 쌓여나가야 할 것이다.

소설 《철도원 삼대》 속 이진오는 발전소 굴뚝 위에서 힘겨운 농성 중에 페트병 겉면에 의지하고 위안을 얻는 다섯 인물의 이름을 적어 두었다. 그중에 증조모 주안댁, 조모 신금이의 이름도 있다. 힘들 때마다 페트병에 적어 둔 증조모와 조모에게도 말을 걸면서 위안을 받고 힘을 얻는다. 증조모인 주안댁이 초인적인 힘으로 영등포 일대 물난리 때 사람을 구하고 떠내려가는 물건을 건져 올렸다는 민담 수준의 이야기는 조모와 가족들이 수시로 들려준 터라 그 현장 모습까지 직접 그릴 정도까지 됐다. 가족을 지켜 주고 결속시키는 힘이었던 것이다.

이것이 바로 조상과 나 자신을 연결시키고 후대로까지 이어주는 '초시간성'이라는 가족주의 가치다. 우리는 힘들 때 세상을 떠난 아버지, 할아버지를 떠올려보면서 '나를 지켜주실 거라는, 잘되게 해주실 거라는 생각'을 무의식적으로 하고 있지는 않은가.

우리 모두는 초월적 시간 속에 머무르며, 가족 누군가를 그리워하고 의지하고, 힘이 되어 주는 가족의 일원이어야 하지 않을까. 이를 위해 삶을 살아가고 살아내고 또 살아가야 하지 않을까.

Part 3 ——————————————————————————

Work and Life
Integration

워라인

일과 삶의 통합

7

인간 발달

인간은 언제까지,
어디까지 발달할 수 있는가

인간 발달에 대하여

기억 속에 자리한 인간 발달

인간은 발달한다. 논리적 사유에 앞서 눈으로 보는 직관의 힘이 앞장서서 이를 증명해 준다. 어린아이가 성큼성큼 성장해 가는 모습에서 말이다. 떨어져 있어도 늘 지켜보는 자기 자식보다는 오랜만에 본 친인척이나 주변 지인의 자녀에게서 이 점이 더 확연히 드러난다. 지난 주말 조카딸 결혼식에 다녀왔다. 사랑스러운 조카다. 유년기를 제외하고 자주 볼 기회가 없었다. 대학생 때 한두 번 본 기억은 있다. 형이 해외 근무를 하면서 줄곧 타국 생활을 했기 때문이다. 내복 차림으로 사촌 동생들에게 이것저것 주고 싶어 한 정 많았던 큰 눈망울의 소녀는, 커리어우먼으로 다시금 나타났다. 해외 지인들도 마흔아홉 명이나 참석했다. 사회도 영어로 하는 글로벌 예식이 진행됐다. 조카는 영어, 일어는 기본이다. 어릴 때부터 해외에 오래 있었지만 한국어도 잘한다. 외국어를 잘하면 당연히 모국어를 잘할 수밖에 없다는 모 언어학자 이야기가 떠오른다. 훌륭하게 잘 성장해 대견할 따름이다. 그럼 그 발달의 근거는 어디에 기대서 설명할 수 있을까?

에릭 에릭슨(Erik Homburger Erikson)이 자신의 저서《유년기와 사회》에서 밝힌 심리사회적 발달 8단계 이론에 의하면, 조카는 현재 성인기 초기인 6단계에 위치한다. 영유아기, 아동기, 청소년기의 발달 과업을 잘 수행해 왔다. 영유아기 때 부모와 조부모와 상호작용을 잘해서 신뢰, 자율성, 주도성을 잘 형성할 수 있었다. (이 반대편에는 단계별로 불신-수치심-죄책감 위치). 이후, 해외 생활을 하면서 학업 과정에서 근면성을 유지하며, 문화적 차이에서 오는 갈등 또한 잘 이겨내고 자신의 정체성을 잘 유지하며 청소년까지 발달 과업을 잘 수행했던 것으로 보인다. (이 반대편에는 열등감-역할 혼란 위치).

인간 발달 단계

단계	심리사회적 갈등 해결 결과	덕성
8. 노년기	자아 완성 대 절망	지혜
7. 장년기	생산력 대 침체	관심
6. 성인기 초기	친밀 대 고립	사랑
5. 청소년기	정체성 대 역할 혼란	충실성
4. 잠재기	근면성 대 열등감	역량
3. 보행이동(남근기)	주도성 대 죄책감	목적 의식
2. 근육 항문기	자율성 대 수치심	자기통제와 의지력
1. 구강감각기	기본적 신뢰 대 불신	희망

* 유년기와 사회, 334~335쪽 참조. 이후 에릭슨 자신과 후속학자 9단계 주창.
* 9단계에서는 현재 노년기 → 장년기, 장년기 → 중년기로 조정.
* 노년기는 불멸 대 소멸, 덕성으로는 자신과 삶에 대한 확신성.

조카는 이러한 과정을 거쳐 이제는 자기 자신은 물론 세상(사회)에 대하여 친밀감을 유지하는 자아를 형성하며, 성장을 이어가고 있음이 분명해 보인다. 물론 그 과정에서 갈등과 위기가 왜 없었겠는가. 이를 잘 극복하고 승화시킨 결과가 오늘의 모습이라 하겠다.

프로이트는 성격 발달이 성인기 초기에 끝난다고 본 것에 반해 에릭슨은 전 생애에 걸쳐서 발달한다고 봤다. 그런데, 모두가 잘 알고 있고 자주 떠올리는 사람의 '성격'은 어떻게 명료하게 정의할 수 있을까. 성격이란 '개인에게 지속적 · 반복적으로 나타나는 생각, 감정, 행동의 통합적 특성'이다(최성재, 2020).

개인의 직업 활동은 물론이고 삶 전체에 지대한 영향을 미칠 수밖에 없는 것이 바로 '성격'이다.

프로이트는 심리성적 발달 관점에서 어머니의 젖을 빠는 유아의 구강기적 만족 상태를 강조했다. 이에 비해 에릭슨은 심리사회적 관점에서 어머니와의 신체적 · 심리적 접촉 과정에서 얻은 유아의 '신뢰감'에 더 관심을 갖고 주목하였다(송제훈, 2013).

이처럼 에릭슨은 심리성적이 아닌, 마주하는 가정, 학교, 사회와 같은 공동체 속에서 사람, 관습, 제도, 문화와의 상호작용 과정에서 나타나는 심리사회적 발달에 주안점을 두었던 것이다. 에릭슨은 이러한 상호작용 과정에서 갈등을 겪게 되는데 이를 긍정적으로 잘 해결하면 긍정적 성격이 형성되고, 잘 해결하지 못하면 부정적 성격이 형성된다고 했다. 이러한 과정을 심리사회적 갈등 또는 위기라고 했다. 다시 말해 유아기 때 어머니의 수유 과정에서 충분한 만족감을 형성하지 못하면 '불신'이 형성된다고 봤다. 이러한 불신은 유아기 때 끝나지 않고 이후 성장 과정에서 잘 해결하지 못하면 청소년기, 성인 기까지 부정적 영향(퇴행, 신경증적 질환)을 끼친다고 에릭슨은 보고 있다. (물론 에릭슨의 정신분석학 이론적 기초는 프로이트의 영향을 받았음이 분명하지만).

이러한 에릭슨의 심리사회적 발달 이론에 초점을 맞춰, 30대 초반 여성(조카)의 그동안의 발달 과정을 개략적으로나마 추론해 볼 수 있었다.

나 자신을 심리사회적 발달 단계에 대입하면 위에서 살펴본 조카가 위치한 성인기 초기 단계(친밀 대 고립)를 뛰어넘어 장년기(생산력 대 침체)의 한가운데 서 있다. 에릭슨은 같은 책에서 "생산력이라는 개념은 생산성과 창조성과 같은 유의어를 아우르고 있지만 그러한 개념들이 생산력을 대체할 수 있는 것은 아니다"라고까지 하였다. 보다 더 가치지향적 의미를 부여하고 있다고 추론할 수 있다.《행복의 조건》 저자 베일런트(George Vaillant)가 얘기한 '의미의 수호자'와도 맞닿는 지점이 있어 보인다. 사회적·문화적 창조물과 유산, 그리고 그가치에 관심을 가지고 다음 세대에 물려주기 위해 지키는 역할을 말한다(최성재, 2020).

나는 오랜 기간의 대기업 근무를 접고, 새로운 길목에 서 있다. 지금까지 가족 부양과 사회적 지위 확보 위주의 생산력 유지에 주안점을 뒀다면, 앞으로는 나 자신의 유용성을 개발하고 사회적 가치를 높이는 데 보탬이 되는 방향으로 정진하려 한다. 이것이 내가 추구하는 생산력이다. 현재의 나의 일상에서 생산성과 창조성을 추구하며 한

걸음씩 나아가는 모습을 살펴보자.

한마디로 나 자신도 성장함을 매일매일 마음의 눈으로 바라본다. 마음의 눈은 육안의 2.0 시력보다 더 밝게 성장 장면을 비춘다. 아주 파워풀하다. 마음속 움츠러들었던 세포들까지 깨운다. 몸도 마음도 춤추게 한다. 그야말로 마력이다. 그 무엇이 마력의 에너지를 생성하고 있는가. 나의 하루 일과는 먼동 트기 전 다섯 시 반 전후로 시작한다. 피아노와 함께 하루를 연다. 그것도 그랜드 피아노로. 자랑하려고 말하는 게 아니다. 둘째 아들놈 손때가 묻은 피아노라 그 의미가 남다르다. 둘째 놈을 위해 당시 해외 유학길에 나선 음악 전공 학생의 급매물 피아노를 시세보다 아주 저렴한 가격으로 구입했었다. 천만 원이 채 안 된다고 기억한다. 그래도 없는 살림에 엄청난 투자였다. 맹모삼천지교 정신이 그 피아노에 묻어 있다 하겠다. 둘째 아들놈은 네 살 때부터 피아노를 시작했다. 모차르트가 4살 때부터 피아노를 시작했던 사례에 비춰 주변에서 모차르트에 버금가는 신동이 나타났다고 부추길 정도였다. 나이에 비해서 피아노를 정말 잘 쳤다. 취학 전인데도 초등부와 겨뤄 우승하는 영예를 안기도 했다. 그것도 아주 인지도 있는 대회에서 말이다. 주변 음악가들이 보기 드문 절대음감을 지녔다고 평하기까지 했다. 몇 번 들으면 악보 없이도 따라서 쳤다. 그런데 초등학교 2학년쯤 되더니 피아노를 치기 싫어했다. 슬럼프가 찾아왔던 셈이다. 당장 그만두게 했다. 지금은 다른 길을 걷고 있다. 얼마 전 오랜만에 만난 아들놈에게 아빠(나) 피아노 배우는 얘기를 전해 주면서 '옛날 피아노 쳤던 기억이 나느냐?'라고 물어본 적이 있다. 피아노 친 건 기억나지만 전혀 못 칠 것 같단다. 다 잊어 버렸단다. 하지만 나는 믿는다. 피아노와 함께했던 경험이 어떤 길 위에 서 있든 도움이 될 것임을. 아니 지금의 모습으로 성장하게 한 배경에는 어린 고사리손과 함께했던 피아노 건반이 일정 역할 담당하지 않았나 짐작해 본다. 김종섭 음악칼럼니스트가 쓴 '교육을 이끄는 힘, 음악'에는 피아노가 두뇌 개발에 도움이 된다는 얘기가 나온다. "피타고라스는 쇠망치가 무게의 비율에 따라 각기 다른 음을 낸다는 사실을 발견하고 무게의 비율이 1:2이면 두 음의 높이는 한 옥타브가 되며, 2:3이면 완전 5도가 된다는 가설을 도출해 냈다. 이 가설을 토대로 피타고라스 음계가 만들어진 것이다." 이와 같이 무게의 비율에 따라 음의 높낮이 비율을 도출해 음계(피타고라스)가 만들어진 것이다. "이처럼 음악의 아름다운 소리는 수학적 배열을 갖고 있으며, 화음에 맞는 소리를 자주 연주하는 것은 논리 수학적인 지능을 개발한다는 역설적인 주장이 가능하다"는 이야기에 어느 정도 수긍이 가는 대목이 있다.

언어능력 향상에 대한 연구 결과도 있다. "피아노를 칠 때 손가락 운동 영역과 영어를 말할 때 필요한 언어 영역이 두정엽에 공통적으로 존재한다는 것이다. …… PET 특수 촬영 결과 …… 오른쪽 손가락이 관장하는 부분이 빨갛게 나타났다. 뇌 대사 활동이 훨씬 더 증가했다는 것이다." 이러한 두뇌 개발 이야기에 더해 같은 책에는 '인내와 자제력'을 기르는 피아노 이야기도 등장한다. 경험상으로도 인성 관련 부분은 고개가 저절로 끄덕여진다. 인내와 자제력이 없으면 지속 가능한 피아노가 될 수 없다.

　다시 나의 일상에 자리한 새벽 피아노 앞으로 돌아가 보자. 악보도 제대로 못 보던 나였다. 아직 왕초보 중 왕초보다. 바이엘 1권부터 시작해서 4권째까지 왔다. 6개월여의 시간이 걸렸다. 기억 나는 건 〈가을 길〉, 〈아리랑〉, 노르웨이 민요 〈당신의 소중한 사람〉, 그리고 슈베르트의 독일 가곡 〈세레나데〉다. 피아노에 조금만 조예가 있어도 바로 의아해지리라. 벌써 세레나데라고? 맞다. 아직 세레나데까지 칠 정도의 실력은 아니다. 보다 쉽게 편곡된 '세레나데'를 치고 있다. 그래도 전체 음악 분위기는 원곡과 유사하다. 보다 테크닉을 요하는 부분을 단순화시켰을 뿐이다. 첫 장은 암보했다. 완전한 암보를. 연말까지 전곡을 완전히 암보할 계획이다. 두 달여 남았다. 곡이 너무 아름답다. 사랑하는 사람의 집앞 창가에서 사랑을 고백하기 위해 부르는 곡이다. 엊그제부터는 피아노 아래 위치한 페달을 사용한다. 맨 오른쪽에 위치한 댐퍼 페달(damper pedal)이다. 느낌이 사뭇 달라진다. 음량이 커지고 깊은 울림을 준다. 정말 곡을 치는 것 같다. 어느새 빠져든다. 동쪽부터 새벽이 서서히 밝아온다. 미명이 피아노에 빠진 나를 깨운다. 이런 일상의 역사가 매일매일 눈에 보이지 않게 나를 갱신한다. 나의 성장의 역사를. 그다음 오전 시간은 지금 이 순간처럼 글쓰기에 매진한다. 오후에는 특별한 일이 없으면 주로 책을 본다. 저녁 일과의 시작도 마찬가지다. 피아노와 함께 저녁 시간을 맞는다. 한 시간 정도를 함께한다. 이후 한 시간여 걷기를 한다. 이어서 얼마 전부터는 명상을 겸한 40여 분 기(氣) 수련을 한다. 그리고 또 책 읽기를 한다. 침대에서 잠들기 전까지. 일주일에 네 권까지 독파한 적도 있다. 욕심이 점점 더 난다.《책은 도끼다》의 저자 박웅현이 말을 걸어온다. 무의식 속에 '다독 컴플렉스'가 있었던 건 아닌가. 그래서 요즘은 그의 말처럼 의식적으로 꾹꾹 눌러 제대로 읽으려 한다. 깊이가 더할 때는 한 권에 만족할 때도 있다.

인간은 평생 발달한다?

인간은 요람에서 무덤까지 발달한다. 미국의 발달심리학자 하비거스트(R.J. Havigust)가 1972년에 한 말이다. 나는 이 말을 믿는다. 보다 정확히 얘기하면 최소 60세를 향해 빠른 걸음으로 가고 있는 나의 연령대까지는 말이다. 이는 종교적 신념 이상이다. 경험적으로 실현되고 있기 때문이다. 인간의 발달을 여러 측면에서 바라볼 수 있지만 발달심리학에서는 크게 4가지 측면에서 바라본다(최성재, 2020). 신체적 · 인지적 · 심리(정서)적 · 사회적 측면에서 말이다. 앞서 피아노, 글쓰기, 책 읽기, 걷기, 기(氣) 수련을 나의 반복되는 하루 일과로 잠깐 살펴보았다. 이미 언급했던 것처럼 피아노는 인간의 두뇌 발달에 도움이 된다는 여러 연구 사례가 나온다. 굳이 이런 사례에 기대지 않더라도 나 스스로의 체험으로 자각한다. 못 보던 악보를 읽을 줄 알게 된다. 띄엄띄엄 초등학생 국어 받아쓰기처럼 시작했던 곡을 어느새 한 곡 완주하게 된다. 급기야는 암보까지 한다. 악보를 안 보고도 치는 것이다. 이것이 바로 인지적 발달이다. 곡을 암보하다 보니, 기능적 단계를 뛰어넘어 심미적 단계로 넘어간다. 곡을 느끼게 된다. 음아일치(音我一致) 상태에 이른다. 시월 어느 날 새벽, 피아노 건반이 〈가을 길〉로 안내한다. 가을 길이 울려 퍼진다. 바깥에는 매일같이 찾아오는 새벽 벗, 이름 모를 새가 지저귄다. 화음을 넣어 준다. 슈베르트의 〈세레나데〉가 댐퍼 페달의 도움을 받아 더한 울림을 선사한다. 새벽 공간에도, 나의 가슴속에도 울림의 여운을 남긴다. 가슴이 아련하게 저며 온다. 아직 가보지 못한 눈 덮인 시베리아 자작나무 숲을 기차로 지나가는 듯하다. 영화 〈러브 오브 시베리아〉에 나오는 풍경을 마주하는 듯하다. 이것이 바로 정서적 발달이다. 혹자는 나약하기 짝이 없는 싸구려 감성이라 폄하할지 모르겠다. 그래도 좋다. 싸구려 감성이라도 일깨울 수 있다는 그 자체가. 나이와 더불어 인간의 감성은 메말라져 가기 쉽다. 이른 봄이 시작되기 전 메마른 산야와 닮아 있다. 자칫하면 논에 모를 심기 전 말라서 딱 갈라진 논바닥이 된다. 조그마한 불씨가 봄의 향연이 시작되기 전 온 산야를 불태운다. 갈라진 논에는 모(벼)를 심을 수가 없다. 우리네 마음도 메마르고, 기어코 갈라지기까지 하면 몸까지 위험해진다. 자칫하면 '욱'하기 십상이다. 삐지기 쉽다. 비루해진 마음이 지금까지 쌓아온 명성과 평판에 금이 가게 할 수도 있다. 비가 오면 산야는 드디어 새 움이 움튼다. 머지않아 꽃이 핀다. 채색의 끝판왕 연두색 세상으로 뒤덮인다. 우리의 마음에도 가끔은 새봄을 알리는 비가 내려야 한다. 마음에 비를 내려 끓어오르는 욱, 억울, 후회, 한탄, 불안을 기어이 꺼야 한다. 그리고 마음속에 새 움을, 꽃망울을, 연두색을 다시 품어야 한다. 풍요로운 또 다른 가을을 예비하며 모를 심어야 한다. 벼를 싹 틔워야 한다. 이렇게 할 수 있는 건 온전히 '나' 자신뿐이다. 남들은 그저 바라만 볼 뿐이다. 평가만 할 뿐이다. 기껏해야 아쉬워할 뿐이다. 한 땀 한 땀 뜨개질로 한 벌의 조끼를 완성하듯 한 곡 한 곡 띄엄띄엄 완성해 가는 이 과정이 그 성취 결과물 자체를 훨씬 뛰어넘는다. 자기효능감을 안긴다.

자기효능감은 자신감과 닮았다. 심리학적으로 들어가면 조금 다르다. 사회인지이론의 대가 심리학자 앨버트 반두라(Albert Bandura)는 자기효능감(self-efficacy)을 구체적인 상황에서 성공할 수 있는 자신의 능력에 대한 신념이라고 정의했다.

다시 말해, 특정 과제나 과업이 주어졌을 때 이를 어느 정도 잘 해낼 수 있는지에 대한 자기 신념, 확신이라고 할 수 있다. 언제나 새로운 곡을 접할 때는 약간의 두려움이 밀려온다. 조금씩 더 복잡해지는 악보가 겁주기 때문이다. 그래도 꾸역꾸역 한 곡을 또 완성한다. 그럼 또다시 할 수 있겠다는 효능감이 생겨난다. 이것이 바로 심리적 발달 영역의 아주 작지만 실제적인 예가 된다. 아주 작고 사소한 것에서 이전보다 나아진 자신의 모습을 발견한다면, 이것들이 하나둘 쌓이고 쌓여 눈덩이가 된다. 이것이 자기효능감이요, 심리적 발달의 한 전형적인 모습일 수 있지 않을까.

글쓰기도 마찬가지다. 여러 작가가 이구동성 강조하는 말이 글을 잘 쓰려면 우선 책을 많이 읽어야 한다고 말한다. 처음에는 알 듯 말 듯 수준이었다. 장석주 시인도 김영하 소설가도 매일같이 글을 쓰고 책을 읽는단다. 김훈 작가는 '나만큼 책을 많이 읽어본 사람도 흔하지 않을 거다'라고 한다. 그런데 전혀 과장되지도, 자랑거리로 들리지도 않는다. 문맥을 이해하면 말이다. 나도 앞에 말한 것처럼 매일 글을 쓰고 책을 읽는다. 이 자체가 우선 정서적 깊이를 더해 준다. 많은 영감을 불어넣는다. 지적 지평도 넓혀 준다. 경험하지 못한 세계를 바라보는 눈이 생긴다. 귀도 열린다. 이것이 바로 심리정서적·인지적 기능을 동시에 고양시킨다. 최재천 교수가 말하는 맛있는 비빔밥이 되는 것이다. 이처럼 식욕을 돋게 하는 비빔밥의 또 다른 이름이 바로 '통섭'이다.

규칙적인 운동이 신체 기능을 증진시키는 건 두말할 나위가 없다. 심리정서적 안정과 고양은 누워 있던 것에서, 앉게 만들고, 서도록 하고 결국은 걷게 하고 뛰게 만든다. 현대 심리학은 몸과 마음은 하나라고 얘기한다. 몸과 마음의 상호작용으로 모든 인간이 발달과 연결된다. 신체적-심리정서적-인지적-사회적 영역까지 말이다. 한동안 허리 문제로 제대로 걷지 못했다. 이제는 하루 만 보 이상 걷다가 조금 줄여 최소 육천 보에서 칠천 보 정도 걷는다. 종아리가 이전 전성기 때로 회복됐다. 보통 사람의 평균 이상이 됐다. 종아리까지 내려온 피가 뇌까지 다시 순환시킨다. 뇌에 산소를 공급하는 것이다. 피를 잠시 저장했다가 위로 올려보내는 지하수 펌프 역할을 한다. 이렇게 뇌에 원활한 혈액순환과 더불어 산소가 공급되면 인지적 기능을 고양시키거나 최소 유지하는 기능을 한다. 유지도 발달이다.

발달심리학에서는 일반적으로 성장, 성숙뿐만 아니라 적응, 유지 모두가 발달의 범주에 포함된다고 말한다(최성재, 2020). 성장, 성숙에 대해서는 특별히 부가 설명이 필요 없을 듯하다. '유지'를 살펴보자. 가끔 천재 소년 이야기가 매스컴에 등장한다. 이후 성인이 된 이후 유년기 때의 천재성을 발휘하지 못하는 이야기도 있다. 더 이상의 개발(성장)도 그 자체를 유지하는 것도 힘들어서일 것이다. 그만큼 '유지'도 노력이 필요하다. 천재성을 지닌 가수 송창식 씨가 있다. 70대 후반이다. 이 가수는 자신의 기타 실력과 가창력을 유지하려고 매일같이 몇 시간씩 연습한다고 모 방송 프로그램에서 인터뷰한 걸 본 적이 있다. 이것이 바로 '유지'다. 특정 분야에서 기대했던 수준에 오르게 되면, 이를 '유지'하는 게 중요하다. 특히 나이 들수록 더 중요해진다. 신체적·정신적 노화를 방지하는 지름길이라 할 수 있다. '적응'은 새로운 환경을 내 것으로 만드는 것이다. 이를 위해서는 무엇보다 마음가짐이 중요하다. 마주하는 태도다. 나처럼 생애 전환기에 있는 사람은 물론이고 사춘기, 갱년기 등 신체적 변화기에 접어든 사람에게 '적응'은 중요한 발달 과제라고 할 수 있다.

에릭슨의 8단계 생애 주기로 봤을 때 나는 생애 7단계를 경험하는 상태다. 그럼, 8단계 '노년기'의 발달은 어떨까. 시간의 흐름에 당면할 수밖에 없지만, 아직은 가보지 않은 미지의 영역이다. 당연히 경험하지 않은 경험을 말할 수는 없다. 그동안의 살아온 경험을 토대로 유추할 뿐이다. 먼저 도달했던 부모나 선배들을 관찰하고 문헌 등의 힘을 빌리면 조금 더 그 실체에 비교적 가깝게 다가갈 수 있다. 일반적인 시각으로 바라보는 노년기 발달에 대한 인식의 정도는 아직

빈약하고 허약하다 할 수 있다. 부정에 가깝다. 바로 노화를 직접적으로 피부로 느끼기 때문이다. 빠르게는 40대 초반만 돼도 노안이 생긴다. 내 경우 50대 초에 '이명'도 '오십견'이라는 불청객도 찾아왔었다. 그리고 기억력 감퇴도 느낀다. 이런저런 크고 작은 신체 노화가 더해지면서 인간의 평생 발달, 특히 노년기 발달에 대한 긍정적 인식을 하기가 점점 어려워진다. 고정관념에 부딪혀 패배하기 쉽다. 그림의 떡으로 전락하기 쉽다. 먼 나라 이야기에 불과하다. 기업에서 강의할 때도 매 차수 이에 대해 질문하면 '인간의 평생 발달' 자체를 들어본 적조차 없다는 응답이 대부분이었다. '들어보긴 한 것 같다'는 응답은 어쩌다가 몇 차수 건너 한두 명 겨우 나올까 말까 할 정도다. 이는 무엇보다도 스스로의 경험과 타자를 향한 관찰을 통해 얻게 되는 신체적 노화 인식과 더불어, 학문적 연구 결과가 보편적으로 제대로 알려지지 않은 것도 하나의 요인일 것으로 유추할 수 있다. 애릭슨의 《유년기와 사회》가 1950년에 처음 발간됐고, 이후 후속 연구가 조금씩 늘다가 1970년대 접어들어 발달심리학을 중심으로 본격적인 성인 발달에 대한 연구가 활발히 이뤄졌기 때문이다. 다시 말해, 인간의 평생 발달에 대한 연구 역사 또한 타 학문에 비해 일천하다고 할 수 있다(최성재, 2020). 안티에이징 열풍과 더불어 신체 노화를 운동이나 식습관 개선을 통해서 늦출 수 있다는 데 대해서 대체로 동의하는 사회적 분위기가 형성되고 있다. 하지만 새로운 일이나 활동 등 새로운 영역으로 진입하기 위해서 이에 대한 정신적 노력이 사전에 수반돼야 하는 경우가 많다. 소위 새로이 학습할 경우, '이 나이에 머리가 녹슬어서 새로운 도전을 할 수 있을까'라고 대부분 터부시하거나 그나마 조금 관심이 있어도 주저하는 경우를 주위에서 많이 목도한다. 대체로 많이 경험하는 사례를 하나 들어보자. 실제 나도 한 번씩 경험하는 실례다. 다른 사람과 대화를 나누다가 특정 제3자의 이름이 잘 생각나지 않아서 '그 사람 있잖아'로 시작한다. 화자인 둘 다 그 사람이 누구를 지칭하는지는 안다. 이름이 기억나지 않을 뿐이다. 이야기 종료 시점에도 '그 사람'으로 마무리한다. '집에 들어가서 이불 속에서 겨우 이름을 떠올린다'는 웃지 못할 에피소드도 있다.

그럼 '새로운 학습 능력과 관련된 기억력, 논리적 사고력 같은 인지적 능력은 무조건 나이와 더불어 떨어져만 가는가.' 다시 말해 '지능과 같은 지적 능력 자체가 무조건 감퇴 일로로만 치닫는 건가' 하는 강한 의문에 사로잡힐 수밖에 없다. 어떨 것 같은가. '당연히 아니다'이다.

유동지능과 결정지능

유동지능(流動智能, fluid intelligence)과 결정지능(結晶智能, crystallized intelligence)이란 개념은 1963년 심리학자 레이몬드 카텔(Raymond Cattell)이 창안했다. 유동지능은 새로운 추론 문제를 해결하는 능력으로, 이해, 문제 해결, 학습 같은 많은 중요한 기술과 연관돼 있다. 반대로 결정지능은 이전에 학습한 적 있는 일차적 관계적 추상개념을 적용해 이차적 관계적 추상개념을 연역해 낼 수 있는 능력을 말한다(위키백과).

다시 말해 유동지능은 학습과 관련된 지능과 연관성이 높다면, 결정지능은 기존에 이미 획득한 기술, 지식, 경험을 사용하는 능력과 관련성이 높다 하겠다.

앞서 이름 기억 사례에서도 살펴보았듯, 나이가 들면 기억력이 감퇴하는 걸 느낀다. 그리고 이는 일정 부분 사실이다. 이러한 사실 하나로 우리는 나이가 들면 지능도 학습 능력도 무조건 떨어진다고 단정해 버리기 쉽다. 그리고 새로운 도전을 꺼린다. "이 나이에 내가 뭘 할 수 있겠어?"라고 하면서. 그럼 실제는 어떨까. 유동지능과 결정지능을 통해서 보다 가까이 다가가 보자. 과연 나이와 더불어 우리의 지능이 어떤 양상을 띠면서 변해 가는지.

유동지능은 20세 전후로 최고 수준에 오른다. 이에 비해 결정지능은 나이에 비례해 계속해서 증가하는 경향이 있다. 이는 여러 연구 결과에서도 나타났다.

MIT 공대와 매사추세츠 종합병원이 공동으로 연구한 사례를 먼저 살펴보자. 연구 결과, 1) 정보처리 속도의 피크가 찾아오는 시기는 18세와 19세라고 한다. 2) 단기기억은 25세에 가장 높고 35세 정도부터 감소한다. 3) 타인의 감정을 정확히 인식하는 능력은 40대, 50대가 절정을 이룬다. 4) 어휘력은 60대부터 70대 초반 사이에 가장 증가한다.

다른 연구 결과도 하나 더 살펴보자. 펜실베이니아 주립대 시애틀 종단연구 사례다. 부부 교수인 셰리 윌리스(Sherry Willis)와 워너샤이(K. Warner Schaie)가 1956년부터 40년간 20세에 90세 남녀 6,000명을 시애

틀 복지관에 운동하러 오는 시민 중 무작위로 추출해 지적 능력 연구가 진행되었다. (어휘, 언어기억, 계산능력, 공간정향, 지각속도, 귀납적 추리 등 6개 영역에 걸쳐 연구).

연구 결과 20~39세까지는 계산능력과 지각속도에서 우위를 나타냈고 40~65세까지는 어휘, 언어기억, 공간정향, 귀납적 추리에서 우위를 나타냈다.

비슷하게 나타난 두 연구 결과에서 어떤 시사점을 도출할 수 있을까. 먼저, '나이에 비례해서 무조건 지적 능력이 떨어지는 것은 아니다'임을 알 수 있다. 유동지능에서는 20대 초 전후로 피크인 건 맞지만 결정지능은 오히려 나이와 더불어서 계속 증가하는 양상을 볼 수 있다. 그러면 우리는 유동지능과 관련된 새롭고 추상적인 문제 영역에는 그 근처도 갈 수 없는 것인가. 그렇지 않다. 오랜 경험에 기반한 기술이나 기능, 지식, 종합적 사고능력, 통찰력을 기반으로 새로운 영역에 얼마든지 도전이 가능하다. 기존 영역의 체화된 경험적 지식을 토대로 한, 미지 영역에 대한 호기심의 발로는 통섭적 융합 작용을 통하여 폭발적인 시너지 효과를 낼 수도 있다. 백번 양보하더라도, 조금 더 시간이 걸리더라도, 유동지능이 우위를 나타내는 영역에 도달할 수 있는 것만은 분명하다. 단, 전제조건은 있다. 어떤 목표하에 어떠한 태도로 어떠한 노력을 기울이느냐에 따라서 달라질 수 있다.

나이와 지능, 그리고 학습 능력

이와 관련된 학습 능력 사례를 살펴보자. 새로운 추론 문제를 해결하는 능력을 요하는 자격시험으로 한국산업인력공단에서 실시하는 '기사'와 '기술사' 시험에 합격한 연령별 현황을 살펴보자. 기술사는 대한민국 최고의 국가기술자격증이며, 국가기술자격 등급에서 최상위급이다. 건축사와 함께 기술 분야의 명실상부한 전문직이다. 한편, '기사'는 국가기술자격증의 대표적인 자격 등급으로 기술 분야에서 산업기사와 기술사 사이에 위치한다.

아래 표는 최근 3개년간 45세 이상 중장년 기술사 자격 현황을 보여 주고 있다. 이 중 상대적 고연령층 취득현황을 살펴보면 2022년 기준 55~59세의 경우 129명, 60~64세의 경우 57명이나 취득했다. 아울러 65세 이상에서도 16명이나 취득했는데, 이는 나름대로 그 의의가 크다. 어떠한 근거로 그 의의에 보다 가까이 다가갈 수 있을까.

연령별 기술사자격 취득 현황

	2020년	2021년	2022년
45~49세	459	402	376
50~54세	291	265	243
55~59세	131	111	129
60~64세	39	62	57
65세 이상	12	14	16

* 자료출처: 'Q-net 통계자료'에서 발췌.

우선 2022년 합격자 중 55세 이상 총 202명에 대한 사회가 임의로 그어놓은 고정관념 선(線)을 따라 10여 년 전으로 되돌아가 보자. 당시만 해도 대체로 민간기업 정년은 55세였다. 사회적 라인을 그은 55라는 숫자는 모든 걸 멈추게 하는 도로 위 'STOP 표지판'과 닮았다. 앞으로 더 나아가면 바로 길이 막혔거나, 위험해 갈 수 없도록 하는 게 도로 위 STOP 표지판이다. 인생길에서 55는 멈춤 표시인 'STOP 표지판'보다 더 강력한 기능을 한다. 한 발자국도 못 나가게 한다. 급기야는 얼어붙게 만든다. 퇴행까지 하게 한다. '라떼의 계절' 앞에 멈춰서서 이를 그리워만 하는 건 바로 퇴행의 전조증상이다. 이것이 바로 사회가 만들어 놓은 통념의 올가미에 사로잡혀 버린 것이다. 에릭슨 이론에 의하면 심리사회적 위기를 맞이하는 것이다. 심리사회적 갈등 끝에 생산력의 길로 접어들지 못하고 사회적 통념과 관습이 쳐놓은 덫에 걸려 장년기 발달과업을 제대로 해결 못 하고 '침체의 늪'에 빠진 결과다. 이제 STOP 표지판은 60으로 바뀌었다. 하지만 55세라는 STOP 표지판에 길들여져 아주 더디게 인식을 바꿔 나간다.

55세 이상 202명의 기술사 합격은 사회적 STOP 표지판의 무책임하기까지 한 통념의 벽을 과감하게 깨부순 용기에서 비롯된다. 이 용기는 도대체 어디에서 샘솟은 것인가. 바로 자기효능감이다. 장년기 정서적 발달 과업을 훌륭하게 수행하게 한 원천이다. 기술사 시험은 1차 필기(단답 및 논술형), 2차(구술 면접)로 구성된다. 기본 응시자격 요건 중 하나인 대표적인 요건을 살펴보자. 기사 자격을 보유한 자가 해당 분야에 최소 4년 이상 실무경력을 보유해야만 응시 자격이 주어진다. 소위 책상머리에서 수험 준비를 통해서만 이뤄질 수 있는 게 아니다. 오랜 실무경력으로 그 분야의 식견을 두루 갖춘 상태다. 따라서 자기효능감이 체화된 상태다. 목표의식이 생긴다. 그 형체가 보다 뚜렷해진다. 기술사가 가져다주는 실제적·심리적 효용가치를. 1차 시험 합격률이 응시 종목마다 매년 조금씩 다르지만, 대체로 한 자릿수 미만(2022년 7.6%)에 불과하다. '준국가기술고시' 수준이라는 말도 전해져 온다. 정말 그렇다면 50대 후반에서 60대인 중장년은 이 살인적인 수준의 시험을 어떻게 통과했던 것인가. 천재이기에 가능했던 건가. 당연히 아니라고 본다. 앞서 살펴본 '자기효능감' 같은 심리적 발달로는 설명이 부족해 보인다. 바로 '인지적 기능'의 계속적 유지는 물론이고 지속적 노력으로 발달시켜온 결과로 보인다. 바로 '유동지능'이다. 세월과 더불어 계속 발달하는 '결정지능'에 더해 10대 후반에서 20대 초반에 피크인 '유동지능'을 지속시키거나 개발하면, 오히려 20대 연령층보다 더 업그레이드도 가능한 것이 우리 뇌가 주는 힘이다. 일본의 뇌과학자이자 의사인 '가토 도시노리'는 뇌는 근육과 같아서 죽을 때까지 성장한다고까지 했다. 기술사라는 명확한 꿈이 설정되자 뇌가 활성화되기까지 했고, 평소에 녹슬지 않게 갈아둔 유동지능과 결정지능의 날카로운 칼날이 그 역할의 선봉자가 됐다. 그 누구에겐 1차 관문조차도 통과하지 못하는 좌절을 여러 번 겪기도 했을 것이다. 하지만 이에 굴하지 않고 다시 일어서서 적진을 향해 나아가 결국 원하는 영토를 얻게 된 것이다. 어려운 1차 관문을 통과했다고 해서 2차 관문을 쉽게 통과할 수 있는 것 또한 아니다. 2022년 기준 1차 합격자의 반수 가까이가 탈락했다(합격률 52.1%). 구술면접 시험에는 결정지능의 힘도 동원돼야 한다. 해당 분야(종목)의 오랜 경험에서 얻은 통찰력이 있는지 없는지도 주요 심사 포인트로 등장할 수밖에 없다. 물론 해당 분야에 대한 상식 수준의 질문도 있지만 내 직장 후배인 기계공학도 출신은 30대에 몇 차례 응시했었다. 같은 부서 후배로서 아주 가까이서 지켜봤다. 1차 시험에 몇 차례 고배를 마시고 드디어 합격의 영예를 얻었다. 직장 생활을 하며 틈틈이 노력한 결과다. 대견했다. 칭찬도 많이 했다. 그런데, 2차 구술시험에는 낙방했다. 2차 면접 스킬 준비가 제대로 안 된 것도 있었겠지만, 종합적 사고력, 통찰력에서 타 지원자에 밀렸던 게 분명하다. 이후 다시 도전해 최종 합격의 영예를 얻었다. 이처럼 30대도 몇 차례의 도전이 필요한데, 합격을 떠나 50, 60대의 도전 그 자체만으로도 찬사받기에 충분하다.

자칫, 기술사 예찬론자로 비칠 수 있겠다. 만약 그래 보인다면 다음 내용이 그 오해를 풀 수도 있겠다. 일반적으로 지능검사는 웩슬러 지능검사가 활용된다. 평가영역으로 언어이해, 지각추론, 작업기억, 처리속도 같은 4가지로 구성된다. 비교적 젊은 연령층에서 우위를 보이는 계산능력, 지각속도 같은 새롭게 추상적인 문제 해결 능력을 요하는 문제가 많이 출제될 수밖에 없다. 다시 말해 유동지능을 결정지능보다 우선적으로 더 요구할 수밖에 없다. 이와 같이 유동지능 저하 극복사례의 한 장면으로 손색없어 보이기 때문이다.

비록 사례의 테이블 위에 올려놓지는 못했지만 분명 '기술사'에 버금가는 인지적 기능 유지나 사례는 더 있을 것이다. 생각 이상으로 많을 것이다. 굳이 자격 검정 시험을 떠나서 비즈니스 현장에서도 또 다른 모습과 색깔을 드러내면서 더 아름답게 구현한 사례가 있을 것이다.

아래 표는 최근 3개년간 45세 이상 중장년 기사 자격 현황을 보여주고 있다. 이 중 고연령층 취득 현황을 살펴보면 2022년 기준 55~59세의 경우 5,965명, 60~64세의 경우 3,933명이나 취득했다. 아울러 65세 이상에서도 1,107명이나 취득했다. 이 또한 앞서 논의했던 기술사 시험의 맥락에서 살펴보면, 별 의구심 없이 빠르게 똑같은 지점에 다다를 수 있을 것이다. 기사 시험 또한 일정 수준 이상의 계산능력, 지각속도 같은 빠른 수리적 해결 능력을 우선 요구한다. 나도 기사 자격에 해당되는 '직업상담사 1급 자격'을 50대 초반에 취득했다. 기사시험처럼 계산능력에 크게 비중을 안 두지만 그래도 계산능력을 요하는 문제도 출제된다. 논리적 사고능력에 비중을 크게 두며, 물론 지각 속도도 요구한다. 사전 준비와 노력 없이는 어떠한 결실도 얻을 수 없음을 절감했다. 이에 덧붙여 목표 의식만 뚜렷하면 나이와 무관하게 얼마든지 도달할 수 있음을. 그래서 경험으로 얼마든지 설명이 가능한 대목이다. 기사 시험에 해당되는 55세 이상 기사 합격자가 한 해 만 명 이상(22년 11,005명)이나 된다는 것은, 인지적 기능과 관련해서 이름조차도 잘 기억나지 않아서 지레 겁먹고 미리 55세, 60세 STOP 표지판을 마음속으로 품는 유약함에 철퇴를 가하고 있지는 않은가. 육안에 나타나는 물리적 STOP 표지판보다도 마음 속에 스스로 품는 STOP 표지판이 훨씬 더 우리를 퇴행 길로 이끄는 고질적인 마음의 병이 될 수 있다.

연령별 기사자격 취득 현황

	2020년	2021년	2022년
45~49세	5,670	6,745	7,666
50~54세	5,078	6,579	8,245
55~59세	3,570	4,393	5,965
60~64세	2,080	2,813	3,933
65세 이상	427	674	1,107

* 자료출처: 'Q-net 통계자료'에서 발췌.

시사점으로, 타산지석으로 삼을 수 있는 다른 하나를 살펴보자. 두 연구에서 나타난 타인의 감정 이해능력, 언어능력, 귀납적 추리능력(논리적 사고)에 주목할 필요가 있다. 이러한 능력들은 나이와 더불어 오랜 풍화작용과 시행착오 끝에 얻어낸 투명하고 반짝반짝 빛나는 크리스털 같은 지혜와 결합된 능력이라 할 수 있다. 이러한 능력을 활용해 새로운 일에 도전해 보면 어떨까. 연구개발이나 기술 분야에 종사했던 사람이라면, 해당 경험 분야의 지식이나 기술을 활용해, 언어능력과 사람에 대한 이해능력을 더해서 새롭게 진출해 보는 것도 좋을 것 같다. 기업에 근무할 때, 실제로 기술 전문가 중 컨설팅 기관을 설립해 자문과 교육을 통해서 일의 영역을 새롭게 구축하는 사례를 드물지 않게 볼 수 있었다. 산학 교수로 진출은 말할 것도 없고 일반 교수로 임용되는 경우도 여럿 볼 수 있었다. 특히, 언어능력의 그 우수한 역량은 70, 80대의 현역 정치인이 방송에 나와서 대담하는 모습에서도 얼마든지 찾아볼 수 있지 않은가.

나는 몇 년 전 대학원 수업차 학교에 갔다가 엘리베이터 안에서 김형석 교수님을 직접 뵌 적이 있다. 책과 신문에서만 만나고 TV에서만 뵈었던 김형석 교수님을 아주 짧은 순간이었지만 좁은 공간에서 그것도 바로 옆에서 봤을 때 TV 화면보다 훨씬 더 젊음을 실감할 수 있었다. 지팡이에도 의존하지 않은 채 아주 꼿꼿하게 서 있는 모습에서 경외심이 절로 나왔다. 다들 피곤이 몰려오는 저녁 시간대에 대학에 특강하러 들르신 것 같았다. 도대체 그 에너지의 원천은 어디인가. 바로 발달의 네 가지 측면 신체적 · 심리적(정서적), 인지적 · 사회적 기능이 골고루 발달돼 있고 서로 균형과 조화를 이루는 힘이 있기 때문이라 생각한다. 이에 동의하지 않는가. 우선 신체적 기능이 제대로 작동되지 않으면, 그 많은 강연과 집필 활동(신문기고 포함)을 할 수 있는 에너지가 생겨날 수 없다. 나는 허리가 아플 때 가장 힘들었던 부분이 엘리베이터 안에서 사람들 가운데 똑바로 서 있는 자세를 취하는 것이었다. 이처럼 상대적으로 훨씬 젊은 50대도 몸이 고장나면 제대로 서 있기조차 힘들다. 이에 비해 반백 년 가까이 더 살아온 백세 넘으신 분도 건강이 유지되면 엘리베이터 안에서 젊은 50대보다 훨씬 직립이 수월하다. 또한 심리적(정서적)으로 건강하지 않으면 진정 어린 마음으로 나라의 현주소를 걱정하고 미래 비전을 제시하지 못한다. 인지적 기능이 제대로 작동하지 못하면 글을 쓰고, 몇 시간씩 강연은 꿈에도 생각 못 할 일이다. 과거 기억과 회상, 현재의 현상 진단으로 논리적 사고와 추론 과정에서 미래를 이야기할 수 있는 것이다. 오랜 인생 경험만 가지고 이의 직렬적 나열만으로는 강의도 칼럼도 에세이도 탄생시킬 수가 없다. 사회적 기능도 마찬가지다. 사람들과의 소통 능력, 상호작용 능력, 공감 능력이 없으면 어떻게 느낌표와 울림을 주는 글과 말이 만들어지겠는가.

제2의 성장, 제3기 인생론

내 나이 마흔 즈음에 당시 하버드대 교수였던 윌리엄 새들러 교수의 《서드 에이지, 마흔 이후 30년》이 국내에 출간돼 선풍적인 인기를 끌었다. 이 책에서 '서드 에이지'는 마흔부터 70대 중반까지를 지칭한다. 열기가 많이 식긴 했지만 아마 지금도 스테디셀러 반열에 있는 걸로 안다. 당시에는 이 책을 읽지 않았다. 만약 그때 꾹꾹 눌러 읽으면서 성찰하며 세상을 바라봤다면 지금보다도 더 의미 있는 성장을 하지 않았을까 하는 때늦은 후회도 해본다. 한참 뒤에 '커리어' 관련 직무를 수행하면서 두세 번 반복해서 읽게 됐다. 볼 때마다 새롭다. 그리고 강의할 때도 많이 인용했다. 여전히 이 순간 나에게도 의미를 더해 주는 인생 지침서다. 새들러 교수는 마흔 이후 30년인 서드 에이지를 장수혁명으로 인한 '수명 보너스'로 봤다. 그는 이런 말로 부연 설명을 한다.

수명이 길어지면서 우리에게 덤으로 주어진 세월은 마치 복권에 당첨된 것과도 같다. 남아도는 이 세월을 가지고 우리는 무엇을 할 것인가? 우리에겐 부모 세대나 조부모 세대가 경험했던 것과는 완전히 다른 모습으로 인생의 후반기를 창조할 수 있는 가능성이 열려 있다. 그리고 그것은 전적으로 우리의 태도에 달려 있다. 즉 우리가 그 시간을 어떻게 보내느냐에 달려 있다.

그렇다. 수명연장이 그 누구에겐 로또 복권 이상의 의미를 부여할 수도 있고 또 다른 누구에겐 저주이자, 마음의 피폐를 주는 마이너스 인생 잔고로 다가갈 수도 있다. 단순히 마음의 문제만은 아니다. 몸도 피폐해진다. 자기실현의 장이 사라진 뇌, 희망이 없는 뇌에는 치매가 불청객처럼 찾아오기 딱 좋다. 급기야는 그 자리를 꿰찬다. 어느새 주인 행세까지 한다. 치매는 어둠이다. 기억의 빛이 사라진 생명은 미래의 빛 또한 기약하기 힘들다. 삶의 태도에 따라서 원치 않는 우리 생의 마지막 모습이 될 수도 있다.

새들러 교수는 서드 에이지를 제2의 성장 시기라고 일갈한다. "사람들은 부모, 조부모와 같은 앞서 살아온 인생 선배의 길을 그냥 답습하기를 좋아한다"고 말한다. 비행기 이착륙에 비유해 "한 번 더 이륙하여 높이 날 수도 있는데 착륙하기에 급급하다"는 것이다. 중년기 2차 성장은 전통적인 일의 영역에서 벗어날 수도 있다. 자신의 관심 분야에서 자기실현을 하는 것이다. 여기엔 여가 활동 또한 일이 될 수 있다. 일과 여가의 통합이다. 이 부분이 영국의 사회철학자 피터 라스렛(Peter Laslett)이 '신선한 인생지도'에서 밝힌 '제3기 인생론'

과 맥을 같이하는 지점이다. 바로 '자기성취'다. 퇴직 후 자신의 적성에도 맞고 하고 싶은 일을 하면서 만족을 느끼면서 사는 것이 바로 이 시기의 핵심 가치라 할 수 있다.

제2의 성장, 제3기 인생론 사례 - 자기 성취

라스렛은 제3기 인생을 60~90세까지로 보고 있다. 연령에도 부합되는 베스트 프렉티스 사례를 소개한다. 실존하는 가까운 지인의 아버지다. 80대 중반이시다. 퇴계 이황의 도산서원을 비롯한 유교문화의 원형이 고스란히 담긴 안동에 거주하신다. 지금은 공사체제로 바뀌었지만 당시 국가기관 공무원이었다. 정년퇴직 3년 정도 남겨 두고 제2의 삶을 준비한 것이다. 사주 명리학을 기반으로 철학관 운영을 선택한다. 스스로 자기 자신에 대한 소위 SWOT 분석을 잘하신 거다. 물론 기업의 경영전략을 수립하기 위한 SWOT 기법 같은 분석적 절차를 밟지는 않았을 것이다. 평소 성찰적 삶이 인생 두 번째 길로 인도했을 것으로 생각한다. SWOT 분석을 통해 다시금 살펴보자. 오랜 삶의 궤적을 단순화시켜서 추론하는 데서 오는 위험을 감수하고라도 그 발자취를 드러내 보고자 한다. 공유가치 지점을 찾고 이를 나누고 싶기 때문이다. 지인의 아버지는 어릴 때 서당에서 다년간 한학을 공부했다. 한학에 조예가 깊고 필체도 명필이다. 마을 공동체 제사와 가가호호 축문작성 의뢰도 잦았단다. 어릴 때부터 지인의 할머니가 정성으로 서당 수학도 시킨 결과다. 한문 글솜씨가 소문날 정도였다.

평소 사주 명리학에도 관심이 많았다. 주변 지인에게 가볍게 사주를 봐주면서 보람도 느꼈다. 지역 토박이로서 오랜 공직 생활로 주변 사람에게 신망 또한 두텁다. 연령상 인생의 깊이가 더해 가는 시기다. 여기까지가 내부요인 중 하나인 강점(strength) 영역에 해당한다. 하지만 아직 프로페셔널한 경지에 오르지는 않았다. 취미 수준에 머물렀다. 바로 내부요인 중 하나인 약점(weakness)일 수 있다. 주자학과 사주명리학을 체계적으로 다시 공부했다. 주말을 이용해 안동에서 서울로 올라와 대가에게 배우기를 게을리하지 않았다. 약점을 알고 그치지 않고 이를 적극적인 태도로 보완했다. 목표를 향한 전문적 학습이 이뤄졌다. 지역적으로 유교문화의 수도라 할 수 있는 곳에 위치한다. 당연히 사주명리학 사상을 선호할 수밖에 없는 곳이다. 외부요인 중 하나인 기회(opportunity)다. 외부 환경적으로 절호의 기회일 수도 있는 상황이다. 기회 저편에는 늘 위협도 함께하는 법이다. 블루오션 시장은 아니다. 세월과 더불어 사주명리학을 업으로 하는 소위 '철학관'이 하나둘 사라졌지만, 그래도 타 지역에 비해서 많은 편이다. 레드오션 시장에 가깝다. 진입 장벽은 낮지만 소프트 랜딩이 관건이다. 외부요인 중 위협(threat)에 해당한다. 차별화가 요구된다. 시설 인프라부터 차별화를 시도했다. 상담실과 별개로 지역 주민의 커뮤니티 공간을 별도로 만들었다. 왕년에 잘 나가던 지역 유지들, 교장 등 지역 기관장 출신을 비롯해 여러 이웃이 이용하는 여가 공간이 됐다. 모 교장 출신 어르신은 "퇴직 후에 마땅히 갈 곳이 없었는데,

매일 출근할 수 있는 곳이 있어서 너무 좋다"라고 기회 있을 때마다 입버릇처럼 이야기한단다. 커뮤니티 공간은 자연스레 여가 공간을 뛰어넘어 '기업 홍보실이자 마케팅실'로 변신한다. 두터운 지역 인맥을 가진 홍보맨이 발 벗고 나선다. 누구네 아들도, 딸도, 조카도 자연스럽게, 그리고 유쾌하게 포섭된다. 가가호호 방문하는 발품 팔 일도 없다. 이곳에서 전화 한 통화면 해결된다. 신통방통하다. 그 뒤에는 실력을 겸비한 신망이 버티고 있다. 커뮤니티 공간 공유는 물론이고 물질적 배려도 아낌없다. 지역 노인회 회장을 맡으면서 찬조금도 많이 출연한단다.

벌써 이 길을 향해 걸어온 지도 30년을 향해 간다. 명절 때와 결혼 시즌인 봄가을에는 문전성시를 이룬다. 번호표를 뽑을 정도란다. 결혼을 앞둔 예비 신랑, 신부도 많이 찾아온다. 사주단자(정혼을 한 뒤 신랑 집에서 신부 집으로 신랑 사주를 적어서 보내는 간지)를 의뢰하기 위해서다. 필체가 뛰어나다고 안동 지역에서 소문났기 때문이다. 결혼 날짜 택일, 사주로 운명 보는 것까지 수요가 엄청나다. 단순히 미래 운명을 맞히는 활동이 아니다. 족집게 인생 과외 강사가 아니다. 미래의 바르고 적합한 방향성을 조언해 주는 인생 상담이다. 때론 당신의 인생 철학도 자연스레 스며든다. 이 일은 엄청난 의미를 지닌다. 사명감을 요구하는 아주 중요한 일이다. 때론 조급한 자에게는 과유불급(過猶不及) 정신을, 실의에 빠진 자에게는 희망의 메시지도 아끼지 않아야 한다. 이를 몸소 실천한다. 발길이 이어지는 모습이 이를 대신 전한다.

십여 년 전 부인(지인의 어머니)은 돌아가셨다. 나도 몇 번 뵌 적이 있는 인자하신 분이었다. 배우자의 죽음은 드라마틱한 사건이 된다. 삶의 질을 나락으로 떨어뜨릴 수 있다. 특히, 나이 들어 그 죽음이 부인일 경우는 엄청나게 더한 사태라고 한다. 일이 극복의 원동력이 되었다는 것 외에는 내외적 요인을 못 찾겠다. 갑자기 시상이 떠오른다. 자작시로 일의 의미를 더해 본다.

십일월에 피는 꽃

십일월 초! 가을 길의 양쪽에는
수북이 쌓인 낙엽들이 남은 생명체의 가드레일로 변신한다.
이들 사이사이로 몇몇 코스모스도 서 있다.
가는 가을을 아쉬워하며……
키가 커서 바람에 쉽게 몸이 꺾이는 코스모스의
꽃잎 표정이 처량하고 애처롭다.
코스모스 꽃잎은 애써 무표정한 표정을 짓는데,
가을을 독차지하려는 욕심 많은 아낙네의 얼굴에는
이내 함박 웃음꽃이 피어난다.
그 웃음길 사이로 침묵의 리어카가 지나간다.
주인공은 옆집, 그리고 건너편 집의 우리네 어르신이다.
어르신의 지체(肢體)는 기역 자 형상을 한다.
축적된 시간이 빚어낸
예술작품인가! 고통의 상징물인가!

그 누구에겐 고통의 모습으로 다가와 마음이 따갑다.

빗장이 쳐진 마음의 살갗이 벗겨지는 순간이다.

저 건너편에 서 있는 누구는 힐난의 시선을 건네온다.
합리주의자라 자처하는 까칠한 인상의 소유자는
값싼 인스턴트 동정이라고 날을 세운다.
저 양반도 나름대로 우리처럼 세상을 살아가는
똑같은 생활인이라고.
위로도 동정조차 필요 없다고 웅변한다.
그 시끄러운 논쟁 사이로 이어폰을 낀
무표정한 행인도 걸어간다. 눈빛 한 번 주지 않고.

시끄러운 소리에 소크라테스 제자의 행색을 한
자칭 현자 하나가 나타나 중재에 나선다.
이내 대법원 판사로 변신하여 단상에 오른다.
황의정승 어법으로 운을 띄운다. 저 건너편 사람도 맞고
이쪽 사람 말도 맞다고. 둘 다 옳다고.
나름 소명의식으로 판결문 낭독을 이어간다.

저 어르신의 리어카 속에는
어지러운 세상사를 담고 있는 폐지가 놓여 있다.
그 여백에는 허리통증 걱정, 월세 걱정, 소식 끊긴 자식 걱정,
단칸방에 혼자 누워 있는 영감쟁이 저녁밥 걱정도 새겨진다.
한 다발의 걱정 묶음이다.

하지만 걱정의 뒷면에는

가느다란 한 줄의 빛도 따라다닌다고.
제법 무게가 나가는 두꺼운 박스 한 귀퉁이에는
희망의 번지수도 적혀 있다고.
저울 위에 올라온 폐골판지 무게 눈금의 위치가
리어카 바퀴가 향하는 곳이라고.
바퀴를 굴리는 원동력은 하늘이 내려준 신성한 선물이라고.
바로 '노동'이라고.
바퀴가 향하는 그곳은 바다 저편 '희망의 섬'이라고.

길가에서 마주치는 허리가 반쯤 굽은 어르신의 리어카 속 폐지에는, 삶의 고통도 희망도 함께 새겨져 있다. 이처럼 일이 앞장서서 삶의 리어카를 이끌고 나아간다. 오르막도 내리막도. 그 속에는 무거운 슬픔도 솜털처럼 가벼운 기쁨도 함께 실린다. 슬픔도 기쁨도 하나가 된다. 희망으로 변신한다.

지인의 아버지는 시쳇말로 혼밥을 하신다. 당연히 설거지도 스스로 한다. 매일매일 전통한복을 다림질해서 정갈하게 입는다. 다림질은 60년 이상 됐다. 군대에서 손수 다려 입던 습관이 이어지고 있단다. 정성을 기울이는 매 순간의 행위는 수행이다. 일상 속 정진으로 이어진다. 설거지하는 과정, 옷을 다리는 과정 모두에 정성이 요구된다. 정성이 깃든 곳에는 늘 수행이 함께한다. 흩어진 생각과 마음을 한곳으로 모으게 한다. 일상 속 명상이다. 이러한 과정을 통해서 출근 후 정갈한 옷차림으로 찾아온 고객을 맞이하는 장면은, 심리(정서)적 발달 과업을 잘 해결하고 있는 전형적 모습이다. 사주 풀이를 하는 순간 인지적 기능이 작동한다. 풀이와 해석을 요구하는 순간이다. 당연히 뇌도 활성화된다. 결정지능은 물론이고 유동지능도 작동한다. 인지적 기능의 수직 상승은 아닐지언정 지속적 유지를 도운다. 상담은 타자와 상호작용 과정이다. 눈높이를 같이해야 한다. 경청한다. 언어적 소통뿐만 아니라 비언어적 소통도 이루어진다. 표정을 읽는 것이다. 공감을 한다. 따스함이 깃든 가운데 상담이 이루어진다.

《오십의 주역공부》 저자인 김동완 박사는 책에서 운명 상담의 어려움을 토로하면서 "운명 상담은 삶의 예의이자 존중"이라고 했다. 특히, "숙명적 운명을 지닌 불행한 사주를 가진 경우, 의사가 중병을 지닌 환자에게 상담할 때처럼 상대방을 생각해서 말을 가려서 사리 분별력 있게 해야 된다"고 한다. 이처럼 공감과 존중을 기초로 타자와 상호작용 과정에서 사회적 기능 또한 활성화가 된다. 앞서 언급한 커뮤니티 공간 공유, 노인회장 등 활동은 사회적 발달과업을 잘 수행하고 있는 걸 부연해서 설명해 준다. 그것도 울림이 있는 웅변이다. 심리(정서)적·인지적·사회적 기능의 발달은 자연스레 신체적 기능의 증진을 돕는다. 지인의 이야기로는 아버지는 '70대보다도 더 꼿꼿하고 걸음걸이 또한 훨씬 더 빠르단다. 역동적인 삶의 모습 그 자체다. 삶의 역사를 매일매일 갱신하고 있다. 이것이 바로 모범적인 라스렛의 제3기 인생론의 표상이라 할 수 있겠다.

이곳에도 경제원리 또한 작용한다. 당연히 보수도 수요에 비례한다. 지난 추석 때는 취업해 돈을 잘 벌고 있는 큰손녀에게도 용돈을 백만 원씩이나 주었단다. 오랜 공무원 생활로 연금도 꽤 나오는 연금생활자이기도 하다. 정신과 의사 빅터 프랭클이《죽음의 수용소에서》에서 언급한 연금생활자에게 자주 찾아오는 '일요병'에 걸릴 일 없는 인생 면역체계를 구축한 것이다. 공무원 직장 선배를 따라서 퇴직 후 연금생활자의 길을 갈 수도 있었지만, 나의 길, 제3의 길을 새롭게 만들어 가는 창조적인 활동이 이어지고 있다. 비행기에서 착륙이 아닌, 또 한 번 이륙해 하늘로 높이 솟아 제2의 성장 지대에 머무르는 것이다.

제2의 성장, 제3기 인생론 사례 – 의미의 수호자

다른 사례 하나를 더 살펴보자. 몇 년 전 교수로 정년 퇴임한 대학원 은사님이시기도 하다. 평생교육학 관련 국내 최고 권위자 중 한 분이다. 정년 퇴임 전 수강할 때의 목격담부터 시작해 보자. 수업 시간 종료 시점이 밤 열 시 반이라면 최소 열한 시 정도여야 끝난다. 단순히 물리적 시간 연장을 말하는 게 아니다. 그 시간 분초까지 다 열정으로 연결된다. 목소리에 힘이 들어간다. 어릴 때 가곡으로 종종 접했던 메조소프라노 백남옥 교수의 음색과 닮았다. 여기에 열정까지 더해진 목소리엔 풍부한 음량이 담긴다. 가슴에 쾅 부딪친다. 한밤중 어둠을 깨운다. 북소리 울림과 닮았다. 순간으로 끝나지 않는다. 끝없이 이어진다. 어젯밤에는 밤새웠단다. 설마 하는 약간의 의구심이 고개를 치민다. 같이 수강하는 동기는 교수님 방에서 조교 역할을 수행 중이다. 진짜냐고 물어본다. 진짜란다. 지난여름 모처럼 동기생

몇몇이 모여서 짜장면 파티를 하는 중 교수님 이야기가 또 나왔다. 지금은 타 대학 석좌교수로 재직하면서, 평생교육 관련 재단을 맡고 있다. 같은 동기생에게 또 같은 질문이 들어간다. 우리가 졸업 후에도 1, 2년 정도 교수님 조교 역할을 수행했기 때문이다. 그때도 날밤을 지새우는 건 다반사였단다. 그리고 지금 교수님을 보좌하는 교육기관 직원의 전언으론 지금도 그렇단다. 잠시 함께했던 박사과정 교실에서 나온 이야기도 소개해 본다. 같이 수업을 들었던 박사과정 40대의 도반은 교수님 수업을 들으면 왠지 숙연해진단다. 왠지 죄스러운 마음이 든단다. 비슷한 얘기는 석사과정 때 여러 차례 들어서 낯설지 않은 얘기였다. 나이에 비해 상대적으로 훨씬 낮은 열정이 자신을 더 움츠러들게 한단다. 나도 마찬가지였다. 여름내 땀 흘려서 이룬 황금 들녘에서 가을걷이하는 농부 앞에 서 있는 기분이다. 그것도 나 자신의 게으름과 나약함을 애써 감추려던 옷이 벗겨진 채로.

초인 그 자체다. 나보다 열 살이나 많은 분이다. 감히 쉽게 범접할 수 없는 경외감이 샘솟는다. 어떠한 에너지가 작용하길래 계속해서 길을 비추는 헤드라이트 같은 역할을 멈추지 않는 것인가. 쉽게 판단이나 추론이 어렵다. 짧은 소견으로는 '몰입'의 경지에 자주자주 올라서서 성취감으로 이어지다 보니, 관성의 법칙이 작용하는 게 아닌가 싶다. 미하이 칙센트미하이는 '몰입'하는 그 순간에는 행복감이 찾아오지 않는단다. 이를 느낄 수 없단다. 하지만 몰입을 통해 과업을 완수한 이후에 이를 온전히 느낀단다. 그 어떠한 방해 요소도 장벽도 뚫고 지나가는 힘이 작동하는 것으로 보인다. 이처럼 나이 칠십을 앞둔 분 중에 범부의 시선으로 가히 가늠을 수 없는 불가사의한 자기 성취의 영역이자 성장 영역을 걷고 있는 분이 주변에 있다는 사실이 자랑스럽다. 아니다. 그 이상이다. 조지 베일런트가 이야기하는 장년기 '생산력(성)'의 범주에 머물러 있다. 의미의 수호자 역할을 수행 중이다. 다시 한 번 의미의 수호자를 음미해 보자. 사회발전을 가져온 사회적·문화적 창조물과 유산에 관심을 가지고, 다음 세대에 물려주기 위해 지키고 계승하는 역할을 말한다. 이러한 의미의 수호자 역할을 통해 사회적으로나 문화적으로 의미 있고 가치 있는 것을 지키고 유지해 다음 세대에 전달하려는 성향의 성격을 형성하게 된다(최성재, 2020).

대한민국 헌법 제31조 1항은 이렇게 시작된다. "모든 국민은 능력에 따라 균등하게 교육을 받을 권리를 가진다." 5항으로 넘어가면 평생교육에 대한 이야기가 나온다. "국가는 평생교육을 진흥하여야 한다"라고. 하지만 아직 평생교육이라는 용어조차 낯선 이도 많다. 물론 그동안 괄목할 만한 평생교육 분야의 성장을 가져온 것은 사실이다. 지자체별로 '평생학습관'이 들어서 있고 여러 다양하고 질적인 교육도 운영된다. 평생학습도시도 생겨났다. 이러한 발전의 한가운데 메조소프라노 목소리를 지닌 은사님의 공헌이 지대한 것으로 평가받고 있다. 배움의 사각지대에 놓인 분도 우리 주위에 아직도 많다. 물론 햇볕이 깃드는 양지가 있음을 아는 분도 있다. 그런데 아직도 부끄러워서, 창피해서 발걸음을 못 떼는 것이다. 그분들을 탓할 노릇은 아니다. 이분들을 더 따뜻하게 맞을 수 있는 사회적 분위기,

인식 개선이 더 요구된다. 배움과 함께하는 제2의, 제3의 '칠곡 가시나들'이 탄생해야 한다. 〈칠곡 가시나들〉은 2019년에 개봉된 김재환 감독의 다큐멘터리 영화다. 경상북도 칠곡에 사는 할머니들이 한글을 배우고, 노년에 느끼는 삶의 소소한 기쁨을 관조하는 작품이다. 이분들의 모습이 바로 우리네 어머니가 살아오신 모습이다. 그 시대 여성들은 억압과 차별, 사회적 배제 같은 질곡의 고개 고개를 넘어오신 분들이다. 이분들 시에는 삶의 애환이 묻어 있다. 시에서 희망도 함께 노래한다.

공부

등개댁 곽두조

80너머서 공부할라카이
보고 도라서이 이자뿌고
눈뜨만 이자뿐다.
아들둘 딸둘 다 키았는데
그 세월 쪼매 잘 아랐으면
좋았을걸

우리 며느리가
공부한다고 자꼬 하라칸다.
시어머이 똑똑하라꼬
자꾸 하라칸다.

이처럼 어느 누구도 교육에서 철저히 소외된 사람이 없는 '희망교육', 경쟁사회에 늘 따라다니는 갈등과 반목을 상생으로 이끄는 '지역사회 교육', 전 생애에 걸친 교육의 수직적 통합과 가정, 학교, 사회의 수평적 교육 통합을 위한 '평생교육' 구현에 앞장서고 있는 것이다.

이제야 뒤늦게나마 은사님의 밤샘하는 의미의 그 지점에 가까이 다가갈 듯하다. 이 '밤샘하는'은 물리적 시간의 길이 속에 단순히 깨어 있는 행위만은 아니다. 연속되는 시간 속에 고민, 열정, 의미, 변화, 개선, 창조 등을 한 땀 한 땀 정성 들여 수놓는 것이다. "인간존중 철학을 기반으로 사람의 가치를 높이며 더 나은 세상을 만드는 것이다." 그 중심에 평생교육이, 평생학습이 있다. 이를 지키고 발전시키고 유산으로 물려주는 활동! 이것이 '의미 수호자'가 걸어가는 길임이 분명하다. 언젠가 들려주신 "평생 이 길을 걷다가 마지막 숨을 거둘 수 있다면"이라는 의미심장한 말씀이 떠오른다. 잠자고 있는 내 의식을 일깨운다.

일의 포트폴리오 확장

세계적 경영사상가로 알려진 86세의 찰스 핸디는 《삶이 던지는 질문은 언제나 같다》에서 당신의 손주에게 다음과 같이 일러준다.

일은 삶을 지탱해 주는 핵이다. 오히려 많은 사람이 원하는 것은 더 많은 삶과 더 적은 일이 아니라, 다양한 형태의 일들을 더 적절하게 조합하는 것이라고 말하는 편이 정확하다. 우리가 돈을 벌려고 하는 일은 집 혹은 공동체에서 사랑이나 의무로 하는 일, 재미로 하는 일, 그리고 개인적인 기량이나 지식을 향상시키려고 하는 일로 보완될 필요가 있다. 연령대의 차이가 있다면, 그런 일들의 조합이 달라진다는 것일 뿐이다.

맞다. 앞서 사례로 든 지인의 아버지도 은사님도 그 누구도 나이가 들면 신체 기능이 하향 곡선을 그릴 수밖에 없다. 변화가 생길 수밖에 없다. 생물학적 존재인 이상.

그래서 평소 주 5일 철학관을, 평생교육기관을 운영했다면 예를 들어 이를 조정해 이틀 또는 하루로 자신의 신체적 조건을 감안해 줄여나가면 된다. 소위 금전적 보상이 따르는 일을 줄여나가는 것이다. 대신 가정에서 집안일이나 화초 가꾸기, 책 읽기, 악기 다루기 등 다른 일(활동)로 대체하면서 삶의 또 다른 음계(音階)로 음(音) 이탈 없이 하모니를 이룰 수 있도록 해야 한다. 하지만 이것들은 변화를 전제로 한다. 노화로 신체 기능 저하에 굴복하면 정신적 기능 또한 약화돼서 태도의 변화를 이끌기가 힘들어지기 십상이다. 아니면 반대로 노년의 외로움이 정신적 기능을 약화시키고 이것이 신체적 기능 저하로 연결될 수도 있는 것이다. 이를 위한 자신의 내면을 들여다보는 지혜가 요구된다.

지금까지 '인간은 평생 발달한다'라는 신념하에서 나 자신이 이미 경험했던 과거의 유년기, 청소년기, 청년기(성인 초기)의 발달 장면을 나의 조카를 앞세우고 관련 이론의 도움을 받아 아주 빠른 배속으로 살펴보았다. 그리고 현재 장년기의 트랙을 걷고 있는 나의 모습, 즉 내면의 심장박동 소리, 속도, 뇌에서 일으키는 여러 정서적 · 인지적 반응 등을 귀 기울여 들어보는 한편 '발달의 렌즈'로 살펴보면서 이를 드러내 보고자 시도해 봤다. 아직 가보지 않은 트랙은, 이 트랙을 걷고 뛰고 달리는 평생 현역 레이서(Racer)의 모습을 앞세워서 얕게나마 문헌적 힘에 의지해서라도 먼발치에서나마 바라보고 트랙의 위치와 속도를 공유해 보고자 했다. 한 사람의 인생을, 삶의 궤적을 바라보고 논의할 때는 신중함이 요구된다. 단순화의 위험이 도사리고 있기 때문이다. 그것도 수백 페이지의 '인물 전기'도 평전도 아닌 일정 지면을 할애해 산문 형태의 느낌을 전달할 때는 더더욱 무리가 따를 수밖에 없다. 하지만 한 사람의 전 생애를 해부하는 것이 아니라 특정 부위(발달)를 그것도 보편적 상식과 잣대로 바라보면서 교훈적 가치를 얻고자 노력하는 것은 용납되고, 때론 장려되어야 하지 않을까.

'인간은 요람에서 무덤까지 발달한다'는 경구에 가까운 이 말이 생략한 수식어도 있다. 인생 트랙 매 구간 구간마다 크고 작은, 때론 이를 걷어내고 뛰어넘어야 할 가시덤불도 있다는 사실을. 이 구간은 우리 인생 여정이 다하는 날까지 계속 이어질 것이다. 그러나 너무 겁내지 않아도 될 것 같다. 철인 5종 경기는 아니다. 초등학교 때 가을 운동회를 떠올려보자. 마음먹기에 따라 약간은 주의를 기울여야 할, 그렇지만 주의만 잘 기울이면 얼마든지 뛰어넘을 수 있는 장애물에 불과할 수 있다. 이 또한 바라보는 마음가짐에 달려 있다. 새들러 교수는 앞서 제시한 같은 책에서 이렇게 언급한다.

현재의 일상을 그대로 유지하는 데서 오는 마음의 불편함이, 나이 들어 변화를 모색하는 과정에서 감수해야 하는 두려움이나 불확실성보다 훨씬 더 크다.

퇴행이냐 발달이냐? 역주행 또는 앞으로 나아가는 문제는 우리의 마음에서, 우리의 삶의 태도에서 그 여정이 시작된다.

삶의 완성

삶과 죽음을 다시 생각하다

다시 삶과 죽음을 생각하다

신체적 건강은 불가사의 그 자체

삶을 지탱시키는 영토는 전쟁터다. 지켜내지 않으면 함락된다. 몸도 마음도 종말을 고한다. 삶의 터전 사수를 위해서는 몸이 최전방에 나선다. 총알받이를 자처한다. 총알받이는 지엄한 생존 방패다. 버텨야 한다. 몸이 끝나면 마음도 끝나고 함께했던 그 모든 것에 마침표를 찍어야 한다. 행복을 위해 인내하면서 기다려 왔던 모든 인생 여정에 종지부를 찍게 된다.

그래서 동서고금, 술자리 건배사조차도 '건강'을 외친다. 생존의 방패막이를 위하여. 인생은 참 아이러니하다. 건강을 해치게 하는 술을 마시면서까지 건강을 생각하다니. 아이러니는 여기서 끝나지 않는다. 또 다른 아이러니를 낳는다. 그 누구는 이처럼 술자리에서 '건강을 위하여' 건배 구호를 매일같이 외쳐도 비교적 건강하게(실제의 그 끝은 알 수 없지만) 오래 사는 듯 보인다. 실제 오래 산 사례도 주변에서 아주 드물게나마 본 적이 있지 않은가.

현재까지 기네스북에 오른 세계에서 가장 오래 장수한 사람은 프랑스의 잔 루이즈 칼망(Jeanne Louise Calment)이라는 할머니다. 술보다도 더 해롭다는 담배를 피운 기간이 백년에 가깝다. 흡연 기간이 1896(21세)~1992년(117세)으로 무려 96년이나 된다(나무위키). 정말 불가사의 중 하나다. 내 친구 어머니도 올해 101세(만 100세)시다. 내 친구가 취학 전에 아버지가 돌아가셨다. 긴 세월 동안 외로움과 한을 담배에 의지하며 지내오셨는데, 여태껏 비교적 건강한 삶을 누리고 계신다. 아마 주변에 흔치 않아도 이런 분들이 있는 걸로 안다.

그런데 그 누구는 술도 담배도 잘 안 하고 운동 또한 규칙적으로 하지만 '암' 같은 중대 질병에 걸려 기대수명도 못 채운 채 세상을 끝내는 안타까운 경우도 있다. 무지하고 나약한 시선은 "건강은 본디 타고나는 것인가?"라고 묻기도 한다. 이런 의구심은 우리의 생각을 운명론에 가닿게도 한다. 신실한 종교인이 아니라면 말이다. 여러 혼란을 자아낸다.

불꽃같은 삶!

앞에서 언급했던 영원한 작별 인사 메시지를 보내신 모 교수님은 직접 소식을 전해 주신 지 결국 40여 일 만에 별세하셨다. 안타깝고 또 안타까운 마음이다. 다시 한 번 지면을 빌려 편안한 영면을 기원한다.

무겁고 아리는 마음으로 장례식 조문을 갔었다. 침울한 분위기를 조금이라도 드러내 볼 요량으로 조심스레 상주이신 사모님께 정중히 한 말씀을 드려본다. "교수님께서는 평소 건강에는 자신이 있었던 것으로 기억되는데요. 합기도 공인 몇 단으로 알고 있고, 평소 탄탄한 근육질 몸매는 부러움을 사기에 충분했지요"라고. "네, 그래요. 매일같이 양쪽으로 쭉쭉 다리 찢기도 했었지요"라고 답변해 주신다. 주체할 수 없는 슬픔이 밀려와 더 이상의 질문은 드리지 못했다. 옆에 있는 동기는 벌써 눈물바다다. 양쪽으로 다리 찢기는 엄청난 몸의 유연성을 요한다. 탄성이 있어야 한다. 탄성은 근육이 그 지지대 역할을 한다. 이를 지탱하는 근육이라는 지지대가 없으면 다시 원래 모습으로 되돌아올 수 없다. 코어 근육이 바로 그 지지대다. 인체 중심인 척추, 골반, 복부를 지탱하는 아주 중요한 역할을 한다. 고무줄을 힘껏 잡아당겼다 놨을 때 원래 시작점의 지지대(고정시키는 힘)가 없으면 고무줄은 방향 잃은 물체로 허공 그 어딘가로 솟구치고 마는 것과 같은 이치다. 20, 30대 젊은이도 평소 꾸준한 노력 없이는 도달하기 힘든 영역이다. 흉내조차도 어렵다. 여기에 마음 근육까지 얼마나 건강하면서 또 따스했던가. 호스피스 병동에 문안 갔을 때, 교원 임용고시를 준비하는 후배에게는 '앞으로 교장, 교감 같은 조직사회의 지위를 바라보지 말고, 바른 인격체 양성의 길만 좇아가면 보람이 있을 거다'라는 덕담도 아끼지 않으셨다. 생이 꺼져가는 한가운데서도 삶의 향기를 드러내 보이셨다. 궁금증이 밀려온다. "마지막에 말씀하신 열일곱 번째로 탈고하는 책 서문은 완성해서 출판사에 넘겼는지…." 아마도 넘겼으리라.

어떻게 자신의 모든 걸 스스로 태워 불꽃이 될 수 있을까. 그것도 얼마 남지 않은 육체의 마지막 끝자락까지 기어이 태워내 불꽃을 밝힐 수 있을까. 타협과 피동적 발자취에 의해 남겨진 먼지가 되는 삶이 아닌 스스로 몸을 불태워 재가 되는 삶이었다. 스스로 피워낸 재는 바람에 흩날려 사라지는 먼지가 아니다. 또 다른 생명력의 불을 지피기 때문이다. 그 누군가의 가슴에 불꽃을 피우는 불쏘시개가 되는 것이다. 이를 의심치 않는다.

먼지가 되기보다는 재가 되리라

잭 런던

먼지가 되기보다는 차라리 재가 되리라
마르고 푸석푸석해져 숨 막혀 죽기보다는
내 생명의 불꽃을
찬란하게 타오르는 불길 속에
완전히 불태우리라
활기 없이 영원히 회전하는 행성이 되기보다는
내 안의 원자 하나하나까지
밝은 빛으로 연소되는
장엄한 별똥별이 되리라
인간의 본분은 그냥 존재하는 것이 아니라
살아가는 것
나는 단지 생을 연장하느라

나의 날들을 허비하지는 않으리라
내게 주어진 시간을 쓰리라

잭 런던(Jack London)은 전 세계적으로 가장 많이 번역 출간된 미국의 대중 작가 중 한 명이다. 하지만 그는 사생아에다 어릴 때 어려운 가정형편으로 학교도 제대로 못 다녔다. 신문 배달, 얼음 배달, 통조림 공장 노동 등 육체 노동도 숱하게 했다. 집필 활동에 발을 들여 출판사에 문을 두드렸건만 퇴짜도 수백 번이다. 하지만 이에 굴하지 않는다. 결국《야성이 부르는 소리》로 베스트셀러 작가 반열에 오른다. 이후 연간 1만 통의 편지를 받는 대중 작가, 전 세계 여행 모험가, 스포츠맨, 대중 연설자라는 수식어를 남긴 채, 나이 마흔에 불꽃같은 생을 마감했다.

잭 런던이나 앞서 살펴본 모 교수님처럼 열정적인 삶을 영위하다 갑자기 생을 마감한 분을 바라보는 시선은 제각각이다. 정열적인 삶 자체만을 오롯이 담는 시선이 있는가 하면, 거기에 허무주의도 같이 용해해 바라보는 시선도 많다. "열정적으로 열심히 살면 뭐 해?" 저렇게 일찍 갈 거면서. 그러면서 이구동성 합창한다. "아등바등 살 필요 없어! 언제 갈지 모르는 게 인생인데" 하고 말이다. 한때 나도 이런 주문을 외우는 대열에 같이 있었다.

2년 전에는 멀쩡해 보이셨던 장모님께서 지방에서 우리 집으로 나들이 오시려고 준비하다가 갑자기 쓰려져서 일주일 만에 유명을 달리하셨다. 가정의 경제적 책임을 지는 가장으로서, 만학도로서 대학까지 마치신 분이다. 사회복지사 자격증도 70대 중반에 취득하셨다.

평소 하루에 열 시간 이상씩 독서를 하셨는데, 한 번씩 들려주시던 독서삼매경에 관한 말씀을 떠올리며 그 모습을 그려 본다.

내(사위인 나) 서재에 있던 먼지 쌓인 오래된 책들이 지적 갈증에 목말라 하는 임자(장모님)에게 분양된다. 이 중에는 주인 잘못 만나 스킨십 한번 못 받은 가엾은 책도 있다. 자식을 못 낳아 한이 된 사람에게 입양되는 순간의 기쁨이다. 활자를 수놓고 있는 오래된 종이의 본향은 땅에 뿌리를 둔 식물류(나무)다. 화학적 반응 과정 등을 거쳐 펄프로, 종이로 탄생한다. 자연에 뿌리를 둔 생명은 본디 선하다. 선한 향내를 뿜어낸다. 허기진 자에게는 메뉴와 상관없이 젓가락이 가닿는다. 지적 호기심이 충만한 사람도 마찬가지다. 장르를 가리지 않고 손이 머리보다 먼저다. 인류문명의 상징인 활자가 그리는 종이에 다섯 손가락의 스킨십이 시작된다. 후각은 종이가 뿜어내는 은은한 고택(古宅) 향기에 가닿는다. 이내 마음이 안정된다. 허브 향과 동격이다. 십일월의 모과 향과 우열을 가리기 어렵다. 종이 위에 펼쳐진 '문자'가 만들어내는 향연에 스며든다. 매료된다. 칠십여 년의 허기는 폭독(暴讀)으로 내몬다. 그래도 체하지 않는다. 소화제가 필요 없다. 의미에 잘 가닿지 않는 대목은 반복된다. 재미를 더해 주는 책도 마찬가지로 반복된다. 책은 틈만 주면 스멀스멀 올라오는, 과거의 표현할 수도 표현되지도 않는 아픔을 지우는 지우개다. 이내 자간과 행간에 새긴다. 이만하면 괜찮다는 것을. 이만하면 잘 살고 있다고.

성경 필사는 신구약 통틀어 열 번이 넘는단다. 예수님의 열세 번째 제자다. 십자가의 고통보다 더한 고통을 안고 한평생을 지내셨다. 예수님께 모든 걸 의탁한 채, 믿음 하나로.

장모님이 돌아가시고 아내를 비롯한 다섯 자매는 한동안 허무주의 덫에 걸려서 허우적거릴 수밖에 없었다. 어찌하여 이렇게 돌아가실 수가 있을까. 이렇게 믿음도 좋으시고, 규칙적인 식습관과 운동, 그리고 이처럼 열정적인 정신 활동을 하시는데, 어째서 이런 일이 일어났을까? 지금은 고인이 된 차동엽 신부의 책《잊혀진 질문》에 실린 삼성 창업가 故 이병철 회장의 질문처럼 말이다. "신의 존재를 어떻게 증명할 수 있나? 신이 인간을 사랑했다면, 왜 고통과 불행과 죽음을 주었는가?"라는 질문에 한동안 갇혀 지냈다. '죽음'은 세계적 부호에게도 평범한 중산층에게도 빈자(貧者)에게도 오래된 미래의 질문이다. 나 자신의 슬픔이 아무리 무거워도 다섯 자매 혈육만큼일 수 있겠는가. 이때는 위로와 치유를 위한 담당자도 필요하다. 앞장서서 이렇게 건네본다. "삶의 즐거움과 안타까움을 시간의 길이로만 바라보지 말자고. 누군가는, 지금 태어나는 신생아조차도 현대 의술이 아무리 발달했다 해도 백년 안에 거의 모두가 이 세상을 마감해야 한다고. 어떻게 살다 가느냐가 더 중요하지 않을까. 매 순간 흐르는 시간 속에 동해 바다의 수평선 위로 솟아오르는 태양을 간직할 수 있다면! 이에 조금씩 다가가는 자신을 발견할 수 있다면! 다가가다 돌귀퉁이에 걸려 넘어져도 훌훌 털고 일어나서 다시 걸어갈 수만 있다면! 이것들이 응축된 만족이 충만해지는 일상일 수 있다면! 이런 일상을 자연스레 시간의 유속 위에 띄워 흘려보낼 수만 있다면! 그래서 어린아이의 고사리손을 떠나 시냇물 위에 놓인 종이배를 바라보는 마음처럼, 순수한 자아로 뒤덮인 자신을 발견할 수만 있다면! 그 끝이 죽음이라도 두렵지 않은 것이다. 여기서 끝나지 않기 때문이다. 그 누구에게 또 다른 삶의 의미를 가르쳐 줄 수 있기에! 날로 새로워지는 삶을 소망할 수 있기에! 이는 물리적 수명의 길이가 주는 가치보다 훨씬 더 중요하다고! 비로소 한 사람의 삶이 완성되는 것이라고!"

위로하기 위한 급조된 말처럼 들릴 수도 있다. 진심의 농도에서도 의구심이 들 수도 있겠다. 위로를 위한 수사는 맞다. 하지만 인위적이지 않다. 인공조미료가 가미되지 않았다. 무의식이 빚어낸 자연 조미료다. 우리의 의식 세계의 90%는 무의식이 담당한다는 이야기도 있지 않은가. 나는 나 자신이 뱉은 이 말을 그대로 간직하려 한다. 주문처럼 외운다. 나에겐 성서의 한 구절 같다.

이제, 스스로 불꽃을 피우다 재가 된, 작별을 고한 모 교수님, 2년 전 돌아가신 장모님을 비롯한 그 많은 이름 모를 열정적인 삶을 살아오다 이 세상을 하직하신 분들에게 잭 런던의 〈먼지가 되기보다는 재가 되리라〉 시를 감히 봉헌해 본다.

생명을 지배하는 몸과 마음

그래도 여전히 여운은 남는다. 아쉬움도 남는다. 아무리 죽음은 모두에게 찾아오는 보편적인 죽음이라 하더라도, 이 보편적인 죽음이 깊은 인연 속 개별 죽음을 바라보는 자에게는 위로일 수 없다. 여기서 도망칠 수 없다. 슬픔은 불안을 야기한다. 급기야는 공포로 이어지기도 한다. 특히 나이 들고 몸 구석구석 어딘가가 편하지 않을 때 더욱 그러하다. 내게도 곧 닥칠 일이지 않을까. 어떻게 하면 이런 불편과 불안에서 해방될 수 있을까. 몸의 불편은 마음의 불편으로 이어진다. 불편은 생각(마음)의 불안을 낳는다. 같은 맥락에서 '건강한 신체에 건강한 정신이 깃든다'는 의미이기도 하다. 결국 몸과 마음은 불가분의 관계에 있다고 해석된다. 그럼, 몸과 마음은 하나란 말인가? 뇌과학의 발달로 하나라고 보는 견해도 등장할 지경이다. 아주 밀접한 연관성을 강조하는 의미로 받아들이면 될 듯하다. 어떻게 하나가 될 수 있는가. 하나는 아니다. 하나가 되도록 노력하는 것이 중요해 보인다. 우리는 길을 걷다가도 걷는 데 집중하지 않고 마음이 다른 곳에 가 있으면 장애물에 넘어질 수도 있다. '몸 따로 마음 따로'도 일상에서 흔히 경험하지 않는가. 상호 영향을 미치고 있음은 분명해 보인다. 상보적인 관계에 있는 것이다. 그럼에도 불구하고 풀리지 않는 의문이 꼬리를 문다.

집필이나 엄청난 양의 독서 활동 같은 왕성한 정신 활동을 통하여 정신건강 상태를 유지하지만, 몸의 신체적 활동은 정신(마음)과 균형추를 맞추지 못하는가. 이처럼 엄청난 정신 활동은 신체가 뒷받침되지 않으면 엄두를 낼 수 없지 않은가. 왜 이런 신체에 질병이 찾아오고 주저앉게 만드는가. 그 누구에겐 순진한 이야기로, 무식한 이야기로 들릴 수도 있겠다. 물론 알고는 있다. 건강에 영향을 미치는 요소는 신체적 · 정신적 기능 외에도 유전, 생활(식)습관, 스트레스 등도 중요하다는 것을. 특히, 잘 증명되지 않는 '암'과 같은 영역은 유전이라고, 타고난 DNA 문제로 그 원인을 돌리는 것을.

그럼에도 이런 요소는 언뜻 고려 대상이 되지 않는다. 신체와 정신(마음)의 영역에만 천착이 된다. 아마 유전적 요소는 일반적 상식의 눈으로는 바라보기 힘든, 신이 주관하는 미지의 영역이라고 논외로 보려 하는 경향 때문일 수 있다. 그리고 생활습관은 평소 모범적인 일상을 유지하는 사람에게는 대수롭지 않게 보인다. 당연히 잘 관리되리라 간주하기 때문이다. 스트레스도 마찬가지다. 왕성한 정신적 활동은 스트레스의 불을 끄는 소방수라는 생각이 무의식의 영역에 스며든다. 이건 결코 합리적 추론일 수 없다는 생각의 오류임이 금방 들통날 게 분명하지만 말이다.

그럼, 우선 몸과 마음(정신)의 관계에 대한 문헌 고찰을 통해 건강에 미치는 영향에 대한 견해를 살펴보자.

몸과 마음에 대한 견해

서양의 기독교적 사유에서는, 죽은 뒤에 영혼(마음)은 하늘로 올라가고 몸은 흙이 되어 땅에 묻힌다. 인간은 마음(정신)은 위대하고 몸은 하등하다는 생각이 지배적이었다. 근대 철학의 아버지라 불리던 데카르트(René Descartes)도 비슷한 견해가 있었다. 다시 말해 그는 '인간의 몸은 선박과 같다'고 봤다. 하지만 그 선박을 이끄는 선장 격인 정신(영혼)은 신의 영역이라 했다. 이처럼 데카르트는 오늘에 이르기까지 서양의 심신 이원론을 정립시키는 데 중요한 역할을 했다(이현정, 2022).

실제로 지금도 미국 문화에서는 정신과 신체를 각기 독립된 존재로 간주한다고, 존 레이티(John J. Ratey)는 자신의 책《운동화 신은 뇌》서문에서 밝히고 있다. 동양에서는 어떻게 바라봤을까. 강신주의 책《철학 VS 철학》에 실린 황제내경의 내용 중심으로 살펴보자. '장기에 정신의 작용이 속해 있다'고 본 것이다.

> 간은 눈을 주관하고 정신작용으로 노여움(怒)이 해당된다.
> 그러므로 노여움은 간을 상하게 한다. ……
> 폐는 코를 주관하고 정신작용으로는 걱정(憂)이 해당된다.
> 그러므로 걱정은 폐를 상하게 한다. ……
> 신장은 귀를 주관하고 정신작용으로 두려움(恐)이 해당된다.
> 그러므로 두려움은 신장을 상하게 한다.
> ㅡ〈황제내경 소문〉, 〈음양응상대론〉

황제내경은 인간의 감정과 사유 능력을 모두 신체 내부의 장기에 배속시켜서 이해했다. 한의학 원전으로 일컫는 황제내경의 힘을 빌리지 않더라도 우리 일반인도 혈색이나 안색과 같은 겉으로 드러나는 몸 상태로 사람의 마음 상태를 어느 정도는 가늠할 수 있을 터다. 긴장되거나 수치스러운 감정을 느낄 때 얼굴이 붉어진다든지 하는 것은 자신의 마음속 감정이 몸으로써 드러나는 현상이다. 극심한

스트레스나 긴장이 소화 장애를 일으키는 것도 마찬가지다. 물론 지극히 당연하게 들릴 수 있는 이야기다. 하지만 그 중요한 가치를 잊고 지내거나 가볍게 여기는 데서 오는 우를 범할 수 있는 게 바로 인간이기도 하다. 몸을 가볍게 여기며 처신하거나, 마음도 이와 비슷한 상태에 놓일 때, 똑같은 이치에서 여러 여파를 낳기도 한다. 그 가벼움의 끝에 위험이 도사린다. 이처럼 몸과 마음이 작동되는 원리를 점검하고, 최적의 상태를 위한 이상적인 조건의 비밀을 알아내기 위한 과학이 바로 뇌과학이라 할 수 있다. 인간을 하나의 유기체로 인식하며, 뇌를 통해 모든 생각과 감정, 행동까지 바라보고 이를 드러내고자 한다. 뇌과학은 일정 부분 발전을 이어가고 있다. 인간의 생각도 마음도 '몸의 부속이다'라는 견해까지 생겨날 정도다. 하지만 아직 밝혀지지 않은 미지의 영역이 훨씬 더 많은 것 또한 사실이다.

황제내경에서는 그런 뇌를 어떻게 바라보았을까. 강신주는 같은 책에서 "뇌를 뼈로, 자궁과 같이 정신적 기능과 무관한 것으로 황제내경은 보았다고 말한다. 그만큼 황제내경의 과학적 낙후성을 보여주는 것으로 이해된다. 하지만 뇌의 활동을 정신 활동과 장기 활동을 매개하는 것으로 사유한다면, 오늘날의 뇌과학 연구결과와도 모순되는 것만은 아니라고 본다. 예를 들어 노여움이 지나치면(뇌에 영향을 주어) 간이 상한다고 볼 수 있는 것이다. 그 반대도 마찬가지로 이해할 수 있다"고 보고 있다.

몸과 마음을 어떻게 관리할 것인가

나이가 들어갈수록 몸과 마음의 질병에 노출될 확률이 높아질 수밖에 없다. 그럼, 몸과 마음을 어떻게 관리해야 질병에 노출될 확률을 줄이고 건강하게 또 행복하게 오래 살 수 있을까. 무병장수하며 즐거움을 오래 유지하는 것은 인류 최대의 목표이자 꿈이다. 우리의 몸과 마음을 뇌를 매개로 하여 통제하고 제어하고 고양시키면 되는 것이다. 전부는 아니지만 일정 부분은 가능하다. 바로 '운동'이다. 보다 정확히 말하면 자신의 몸 상태에 맞는 규칙적이고 꾸준한 운동이다. 하버드대 정신의학과 교수인 존 레이티 박사는 "운동은 집중력과 침착성을 높이고 충동성을 낮춰 우울증 치료제인 '프로작'과 '리탈린'을 복용하는 것과 비슷한 효과가 있다"라고 하였다. 실제 우리의 일상 운동에서 이를 체험할 수 있지 않은가. 특히, 달리기를 할 때 존 레이티의 말이 그대로 증명됨을 실감한다. 바로 '러너스 하이(Runners high)'이다. 한때 동네 하천 주변에 조성된 둘레길을 일주일에 두세 번 정도 달리기를 한 적이 있다. 한 시간여 정도 줄곧 달리기만 하는 게 아니라 달리다가 걷기를 반복하는 수준이었다. 달리기를 이삼십 분 정도 하는 시점에 '러너스 하이'가 찾아온다. 숨이 차올라서 몹시 힘든 상황을 넘기고 나서 찾아오는 머리가 맑아지고 경쾌한 느낌이 드는 상태이다. 아주 기분 좋은 상태이다. 이를 전문가들은 몸속의 엔도르핀 분비에서 원인을 찾고 실제 연구결과에서도 이를 입증해 주고 있다.

어디 이뿐인가. 고혈압, 당뇨, 뇌혈관, 심혈관과 같은 성인질환을 예방하고, 완화하는 데도 운동이 기여하는 효과가 크다는 것은 모두가 알고 있는 사실이다. 하지만 이러한 것들조차도 정말 바빠서, 때론 바쁘다는 핑계로, 규칙적이면서 꾸준한 실천이 이루어지지 못하는 경우도 있다. 만약 이에 해당된다면, 운동에 대한 인식을 초기화하여 다시 접근해 보면 어떨까. 손쉽게 할 수 있는 걷기운동부터 말이다. 한번씩 등장했던 나의 허리통증 이야기를 조금 더 이어가 보자. 지난 허리통증 기간에는 걷기조차 힘들어서 학교 운동장 200m를 제대로 한 바퀴 돌기조차 못했다. 걸을 수 있을 때, 걸음의 유연성이 유지될 때 이를 지키는 노력이 필요하다. 규칙적이면서도 꾸준하게. 여기까지는 다 아는 얘기이다. 상식이다. 정작 중요한 것 하나가 빠졌다. 걷기도 집중을 통한 정성이 필요하다. 다른 모든 활동과 마찬가지로 걷기 또한 정성을 들여 그 순간에 집중할 때 바로 수행 활동이 되는 것이다. 나는 이를 지키지 않아서 낭패를 본 적이 있었다. 나는 매일 저녁 한 시간 이상 동네 하천 주변 둘레길을 걷기만 할 때도 있었다. 그런데 합리적 시간 관리라는 명분으로 얼마 남지 않은 자격시험(직업상담사 1급) 준비를 한다. 외우는 것이다. 미리 학습해둔 것을 외우면서 주관식 논술 준비를 하는 것이다. 팔과 다리, 시선은 앞을 향한다. 이는 뇌의 신체적 기능을 관장하는 영역이 컨트롤한다. 머리(생각)는 정보의 논리적 구성과 함께 암기 활동이 이어진다. 뇌의 인지적 기능이 작동된다. '몸 따로 마음 따로'의 전형적 모습이다. 걷기 활동을 통해 피는 심장, 폐를 통해 뇌까지 전달된다. 다시 밑으로 발까지 내려와서 종아리에 모였다가 위로 위로 뇌까지 다시 올라간다. 뇌에 산소도 같이 공급된다. 머리가 맑아지는 것을 느낀다. 몸과 마음이 제때 제대로 작동할 때 드러나는 모습이다. 여기에 쉬어주어야 할 뇌가 강제로 움직인다. 암기라는 학습이 작동한다. 뇌에 과부하가 생기기 시작한다. 그래도 멈추지 않고 계속 이어진다. 드디어 어느 순간 약간의 이상을 감지한다. 침대에 누우면 보일러실에서 들려오는 듯한 미미한 기계음이다. 정체는 확실치 않다. 대수롭지 않게 넘어간다. 어제도 오늘도. 회사에 중요 프로젝트 보고를 앞두고 있다. 기획서 보고준비가 이어진다. 밤늦게까지 며칠간 이어진다. 드디어 몸은 견디지 못하고 경계경보 발령에서 공습경보로 넘어간다. 긴급 알람을 보낸다. 데시벨이 높아진다. 귀에서는 확연히 느낄 수 있다. 병원에 가볼 수밖에 없는 수준이다. 병원에 가도 희망적이지 않다. 그 원인은 물론이고 처방조차 잘 못 내린다. 소리를 안고 살아야 한단다. 안을 수도 안기지도 않는 소리를, 안고 살고 있다. 앞으로도 안고 살아야 할 것 같다.

나는 그 원인이 앞서 얘기한 매일 저녁 걷기를 할 때 '몸 따로 마음 따로'일 가능성이 있다고 생각은 해보았지만, 확신 정도는 아니었다. 단지, 그럴 수도 있겠다는 정도에 머물렀다. 그리고 또 오랜 시간이 지났다.

어느 날, 존 레이티의 《운동화 신은 뇌》를 읽으면서 이를 절감할 수 있었다. 그 원인이 바로 '몸 따로, 마음 따로'에 있다는 것을. 그렇다고 과학적으로 입증할 수는 없다. 이비인후과 의사도 모르겠단다. 책을 통해 나름 유추할 따름이다. 몸 따로 마음 따로의 폐해를 위험성을 직접적으로 지적하는 내용이 아니다. 직접적인 설명이 될 수는 없다. 다만 이를 통해, 추론해볼 따름이다. 나의 직관까지 더해서.

"밝혀진 사실에 의하면, 강도 높은 운동을 하는 동안에는 어려운 지식을 습득할 수 없다. 그 이유는 혈액이 운동을 하는 데 사용되느라 전전두엽 피질에서 빠져나가면서 최고 인지 기능이 둔화되기 때문이다. 예를 들어 몇몇 대학생들은 트레드밀이나 고정자전거로 자신의 최대 심장박동 수치의 70~80퍼센트를 유지할 정도로 강도 높은 운동을 20분 동안 하면서 어려운 내용의 공부를 했다. 나중에 공부한 내용을 시험 본 대학생들은 결과가 형편없었다. 그러나 운동이 끝난 직후에는 혈액의 흐름이 정상으로 돌아가며, 그 순간이야말로 날카로운 사고와 복잡한 분석을 요구하는 일을 처리할 최적의 시점이다."

혈액이 운동에 사용되어야 하는데, 나는 이를 공부하는 데도 사용을 하다 보니, 뇌에 원활한 혈액 공급이 되지 않았던 것이다. 그것도 한 페이지 이상의 분량을 논리적인 구성 틀 안에서 외운다는 것은 당연히 쉽지가 않다. 중간에 막히고 또 막혔다. 걸으면서 짜증이 나기도 했다. 이것이 어떻게 운동이 될 수 있겠는가. 강박에 가깝게 보인다. 우둔했다.

나의 추론 아닌 주장 수준에 불과한 내용이 잘 와닿지 않으면 이것이라도 명확히 기억해 두자. 운동 직후 학습효과를 증진시킨다는 사실을. 참고로 존 레이티는 같은 책에서 일리노이주 시카고 근처에 위치한 네이퍼빌 센트럴고등학교 학생들의 매일 체육시간 운동이 학습효과 증진에 미치는 영향을 데이터를 통해서, 눈으로도 현장에서 관찰하면서 입증하는 데도 많은 지면을 할애하고 있다. 0교시 체육 수업을 도입하여 전국에서 가장 건강하고 학업성적 또한 뛰어난 아이들로 만든 사례이다, 시사하는 바가 크다고 할 수 있다. 걷기뿐만 아니라 계단을 오르내리기, 줄넘기, 팔굽혀펴기 등 쉽게 접근할 수 있는 운동을 꾸준히 실천하는 것은 근육처럼, 뇌기능도 성장시켜 나이 들어 찾아오기 쉬운 알츠하이머와 같은 치매 예방에도 도움이 될 수 있다는 사실을 잊지 않으면 좋을 것 같다. 이처럼 동적인 운동은 몸을 움직여서 이를 매개로 하여서 마음(정신)까지 가닿게 만든다. 불가분의 관계이다. 상보적인 관계임을 증명한다.

'명상', '참선'과 같은 정적인 활동은 반대편에서 시작한다. 우선 마음(정신)의 건강을 도모하는 가운데 신체에까지 선한 영향을 기대하는 활동이다. 간접적으로나마 신체적 건강으로 연결을 기대해 볼 수 있다. 최소한 마음을 통해서 신체적 운동을 하게 하는 매개역할은 가능할 것이다. 그럼, 몸과 마음을 동시에 아우를 수 있는 수련법은 없을까.

천지서기

이 둘을 함께 아우를 수 있는 수련법이 있다. 몸과 마음을, 두 마리 토끼를 잡는 전략이다. 마음의 눈으로 몸의 상태를 읽을 수 있다. 오장육부도 살펴볼 수 있다. 아픈 부위까지도. 기(氣)의 흐름을 통해서.

수련의 깊이가 더해질수록 몸을 통해서도 마음의 평화와 맑은 상태에 다다름을 알아챈다. 마음과 몸이 합일이 된다. 몸과 마음이 원래 하나가 아니라, 수련을 통해서 하나로 되는 순간이다. 기적이 일어날 수도 있단다. 오수일 한의사의 책《생활한방 기(氣)요법》에 나오는 기공수련법 '천지서기'를 우선 먼저 살펴보자.

참고로 오수일 한의사는 김정빈의 소설 단(丹)의 실제 주인공인 권태훈 옹의 제자이기도 하다. 오 한의사는 '천지서기'를 개발하여, 스승 권옹에게 소위 승낙 과정을 거쳐 대중에게 보급하기에 이른다. 가수 김도향과도 한때 기공 수련을 함께하기도 했다.

> "필자도 '암' 같은 난치병을 치료하는 데 기공 요법이 대단히 도움이 되는 것을 체험하여 많은 환자에게 전통적 수련법을 지도하였으나, 기법이 어렵거나 중환자로선 실행하기 어려운 점이 많았다. 이에 필자는 전통적 원리에 입각하여 현대인이 쉽게 배울 수 있고 효과가 뛰어난 방법을 연구하여 임상적으로 많은 환자나 일반인에게 시도해 좋은 결과를 얻었다. 필자가 연구한 치료 기공은 단계적으로 여러 가지 방법이 있으나 최초의 단계, 그리고 가장 기본이 되는 수련은 '천지(天地)서기' 수련이다. 수련 방법을 알아보자.
>
> (자세) 어깨 넓이로 벌린 양발이 평행이 되도록 선다. 무릎은 조금만 굽히고 척추를 곧게 세운다. 어깨는 낮추되 양 팔꿈치를 들고 상박과 하박의 각도는 90도 이상 손목을 뒤로 젖혀서 뒤로 손바닥이 앞을 보게 하며 손가락은 자연스럽게 벌려서 마음속으로 종이 공을 잡는 것을 상상하며 살짝 굽힌다. 온몸의 힘을 빼고 이 자

세를 유지하면 양 손가락 끝부분부터 전기가 오듯이 찌릿찌릿한 느낌이 온다. 손에 찌릿하고 묵직한 느낌이 오는 것을 기감(氣感)이라고 하는데 이 느낌을 마음으로 유도하여 팔 위로 올려 어깨에서 앞뒤로 몸통을 지나 양발 끝까지 오도록 한다. 처음에는 손끝만 강하고 다른 부분은 미약하게 느껴지지만 반복 수련하면 몸 전체에 '기감'을 느낄 수 있다. 이것이 '천지서기'의 1단계인 '외부 경락 소통법'이다. (시간) 하루 3회 이상, 1회 10분 이상, (주의) 평소 '기'가 뚫리기 직전 통증이 올 수 있으나 '기'가 소통되면 자연히 사라지고 병도 낫는다."

어떤가. 어려워서 못 할 것 같은가. 그리고 쉽게 믿기지도 않을 수도 있다. 보이지도 만져지지도 않는 기(氣)를 어떻게 알 수 있는가. 실증주의 사고에 입각하면 쉽게 납득이 가지 않는 대목이다. 나 역시 그랬다. 처음에 이걸 해보라고 한의사님께서 권했을 때 반신반의했다. 삼십 대 후반에 허리디스크로 인해서 한의원에 가서 침을 맞을 때 한의사께서 권해 주었다. 시도는 해보았다. 말씀대로 손끝과 팔까지는 얼마 가지 않아서 기감이 느껴졌다. 그런데 팔을 지나 어깨 그리고 가슴과 등, 다리까지 내려오는 데는 상당 시일이 걸렸다. 무릎 위까지 오는 데 최소 1년 이상 걸렸던 것 같다. 조금씩 변화도 감지되었다. 마음의 고요와 평화가 찾아왔다. 그런데, 이를 매일같이 지속적으로 하는 데는 무리가 따랐다. 잦은 술자리와 야근은 이를 철저하게 방해했다. 그래서 하다가 말다가 반복되다가 십여 년 가까이 중단했었다. 이후 이명이 찾아와서 양방에서도 힘들다고 해서 다시 오랜만에 한의원을 찾았다. 이때 또 물어보셨다. 천지서기를 하고 있냐고? 안 하고 있다고. "천지서기를 계속하였으면 예방도 할 수 있었는데" 하시면서 아쉬워하는 것 같았다. 하지만 또 바쁘다는 핑계로 하는 둥, 마는 둥이 되어 버렸다. 이후, 허리 재발 과정을 거치고 수술까지 하였으나, 오른쪽 종아리와 발에 저림 현상은 여전히 약간 남아 있어서 침을 맞으면서 천지서기를 다시 하게 되었다. 아래의 말씀이 다시 수련의 길로 들어서게 하였다. 그전에는 한 귀로 듣고 한 귀로 흘렸던 '암'도 고친다는 말씀이 이전과는 다르게 다가왔다. 최근에 암으로 돌아가신 분들을 주변에 몇 달 사이에 여러 명을 목격하면서 나오는 무관한 남의 얘기로 들리지만은 않았다. 침을 놓아주면서 미국에 거주하는 분과 남미 지역에 거주하던 분이 암에 걸렸다가 6개월 정도 전심전력으로 '천지서기' 수련을 통해 '암'에서 회복할 수 있었던 사례였다. 나도 '천지서기'를 초기화하여 초심자로 돌아가서 요즘 전심전력을 다하고 있다. 무릎 위까지 희미하게 다가오던 '기감'이 아주 묵직하게 다가온다. 무릎 밑 종아리까지도 느껴진다. 종아리는 아직 약하고 기감이 잠깐 왔다가 사라지는 단계이다. 앞으로 계속할 계획이다. 혹시 부작용 우려를 해볼 수도 있다. 전혀 없어 보인다. 중국 태극권의 기본자세 '참장공'과 유사한 자세이다. 동작이 아주 간단하고 쉽다. 작은 공간만 확보되면 어디서나 할 수 있는 수행 방법이다. 가장 이상적인 시간은 40분 정도라고 한다. 처음 입문하는 초심자는 10분도 쉽지 않아서, 10분씩 하루 3회 이상이라고 책에 기술하였다. 조금씩 늘려나가는 것을 전제로. 관심 있는 분들은 바로 시작해 보기를 권한다. 전혀 손해 볼 일은 없다. 나는 실제 기적이 일어날 수도 있다고 본다. 몸이 불편한 사람에게 병을 치료해 내는. 마음이 불편한 사람에게는 불안은 제거하고, 마음의 평화와 용기와 희망을 품을 수도 있다. 그리고 실제로 이것을 실행단계로 이끄는 원동력이 되는 것이다. 몸과 마음이 하나가 되면서 정진하는 자신을 바라볼 수 있게 한다. 이것이 바로 수행하는 삶이 되는 것이다.

행복의 조건

앞에서 살펴본 기공훈련법 '천지서기'가 됐든지, 명상 또는 걷기와 같은 운동이 되었든지, 자신의 몸과 마음을 늘 지켜보고 돌보면서 앞으로 이끌고 나아가는 삶이 무엇보다 중요하다고 하겠다.

사람마다 추구하는 행복의 조건은 각기 다르고, 추구하는 삶의 가치 또한 조금씩 다를 수밖에 없다. 하지만 신체적으로나 정신적으로 건강을 누리며 오래 살고자 하는 것은, 부정할 수도 부정될 수도 없는 모두에게 해당되는 공통된 희망이다. 다시 말해 행복의 집을 지탱해 주는 양대 기둥임에는 그 누구도 부인할 수 없을 것이다.

미국 하버드대학 출신 268명을 72년간 추적 조사 결과에서 나온, 행복한 노년과 장수를 누리고 있는 사람들의 일곱 가지 특징을 조지 베일러트는 자신의 책《행복의 조건》에서 밝히고 있다.

일곱 가지 요소 중 신체적 특징으로는 비흡연/젊은 시절 금연, 알코올중독 경험 없음, 알맞은 체중, 규칙적인 운동 등 4가지를 꼽았다.

정신적 특징으로 성숙한 방어기제, 안정적인 결혼 생활, 계속적 배움과 같이 세 가지를 꼽고 있다. 이 중 마음(정신)의 건강과 관련된 '성숙한 방어기제'에 대해서는 다소 낯설게 다가올 수도 있다. 그 의미를 살펴보기에 앞서 방어기제부터 살펴보자. '방어기제'는 프로이트의 정신분석학에 등장하는 용어로 대개 익숙하리라 생각한다. '방어기제'는 자아가 위협받을 정도로 심각한 상황에 처했을 때 자신을 보호하는 장치라고 할 수 있다. 자신을 지키는 심리적 파수꾼이다. 방어기제는 무의식적으로 작동하는 힘을 지닌다. 이것이 작동하므로 정상적인 삶의 영위가 가능한 것이다. 사람에 따라 시대에 따라 정도의 차이는 있지만 인간사에서 자아가 위협받는 상황이 얼마나 많이 발생하는가. 조지 베일런트는 자신의 책《행복의 비밀》에서 몇 가지 예를 제시한다. "자신에게 중요한 사람과의 갑작스러운 갈등관계 완화, 친밀감의 변화에서 오는 취약하고 격렬한 감정으로부터 보호, 청혼자의 불치병을 진단받았을 때 격정으로부터 보호, 즉각 받아들이지 못하는 피할 수 없는 사실을 받아들이기 위한 심리적 유예기간 제공"을 들고 있다.

그럼, 성숙한 방어기제는 무엇일까. '성숙한'이라는 형용사가 앞에서 방어기제를 수식하고 있다. 조지 베일런트는 같은 책에서 성숙한 방어기제에는 이타주의(다른 사람이 내게 해주었으면 하는 대로 상대방에게 행동하는 것), 유머(너무 심각한 상황에 빠지지 않으려 하는 것), 승화(고통스러운 상황을 극복하기 위해 다른 만족스러운 상황을 찾는 것), 억제(어려움을 견디는 것) 등을 들고 있다. 이러한 것들은 "정신적인 건강 상태에서 나타난다"고 덧붙인다. 언뜻 보면 방어기제는 무의식적 상황에서 일어나고, 성숙한 방어기제는 의식적인 노력으로 가능할 것처럼 보인다. 하지만 조지 베일런트 말처럼 의지력 하나만으로 이끌어낼 수는 없어 보인다. 평소의 자기성찰과 수행의 결과물임에 틀림이 없다. 나는 기업에서 강의할 때 교육생들에게 이 중 '이타주의'와 '유머'의 가치를 특히 강조하면서 공감을 불러일으키려 시간을 좀 더 할애하곤 했다. "퇴직 이후 직장 생활의 단절로 외로움이나 박탈감을 느낄 때, 그리고 자신을 찾는 연락이 점점 줄어들어 서운함이 느껴질 때, 내가 먼저 연락하고 다가가기(이타주의). 지금까지도 여러 어려운 고비와 허들을 넘어서 여기까지 왔는데, 앞으로도 삶의 여정에서 나타날 수밖에 없는 크고 작은 장애물을 마주했을 때 너무 심각해하지 말기(유머)"와 같은 이야기를 나눌 때 강의장의 공기는 왠지 무거워지고 숙연한 입자마저 실리는 듯했다. 다른 한편으로는 비단 교육생에게 들려주는 데 그치지 않고, 메아리가 돼서 나 자신의 내면에서 공명하곤 했다. 하지만 이러한 성숙한 방어기제는 이미 언급한 것처럼 의지력 하나만으로 절대 해결될 수 있는 것은 아니다. 평소 마음의 근육 강화와 더불어 몸의 건강을 동시에 유지하는 노력이 뒷받침되어야 한다. 성숙한 방어기제는 마음과 몸이 하나가 되어서 마주하는 세상과 현상을 바르게 응시할 때, 제대로 작동되고 순기능을 발휘할 수 있다고 생각된다. 이때 세상을 밝고 건강하게 바라보는 힘을 유지하며, 사람과의 관계에서도 선한 영향을 끼칠 수 있으리라.

몸과 마음 그리고 돈

건강한 몸과 마음은 행복한 삶을 위한 필수 조건이다. 그럼, 건강한 몸과 마음은 노력만 하면 만들어지는가. 노력으로만 달성될 수 있는 성질의 것인가. 신체적 운동이나 명상, 그리고 앞서 소개한 '천지서기'와 같은 기공훈련법은 '물질적 토대'가 구축되지 않은 상태, 즉 입에 풀칠할 수 없을 정도로 궁핍한 상태에서도 잘 이루어질 수 있을까. 당연히 그렇지 않다고 본다. 적정 수준의 돈이 있어야 가능함을 중국의 도가사상에서도 엿볼 수 있다. 일반적으로 도를 닦는 것과 돈을 소유하는 것과는 서로 상극으로 생각하기 쉽다. 돈은 도를 닦는데 방해 요소만 될 뿐 도움은 전혀 될 수 없다는 지점에 다다르기 쉽다. 하지만 이러한 생각은 도가사상과는 배치되는 것으로 보인다.

칼럼니스트 조용헌은 조선일보 칼럼에서 법재지려(法財地侶)의 타이틀로 다음을 이야기하고 있다. "도(道)를 닦으려면 4가지 조건이 갖추어져 있어야 한다. 4가지 조건을 갖추지 못하면 닦기 어렵다. 바로 법재지려(法財地侶)이다. …… 법은 스승이다. …… 법 다음은 재물이다. …… 돈이 있어야 도를 닦는다. 도 닦는 데 무슨 돈이 필요하단 말인가! 돈이 필요하다. …… 돈이 너무 많으면 주색잡기에 빠져 도 닦을 마음을 내지 않는다. 반대로 돈이 너무 없으면 입에 풀칠하는데에 바빠 도 닦을 엄두를 내지 못한다."

그럼, 돈이 어느 정도 있을 때 도를 닦기에 적당한 수준일까. 아무래도 액수 단위로 이야기하는 것 자체는 힘들 것 같다. 사람은 처해 있는 위치와 성향이 각기 다르기 때문이다. 이를 우리의 몸과 마음의 위치에서 떨어져 있는 거리로 환산하면 어떨까. 이것도 수치화할 수는 없을 것 같다. 굳이 이를 표현한다면 불가근불가원(不可近不可遠)은 어떨까. 너무 가까이 있어도 안 되고 너무 멀리 떨어져 있어도 안 될 것이다. 너무 가까워도 수행에 방해되고 너무 멀리 떨어져 있으면 수행 자체가 어려울 것 같다. 수행 이전에 밥이 먼저일 수밖에 없다. 밥이 몸을 살리고, 몸은 밥을 통해 유지된다. 빈자에게는 돈이 몸에 밀착될 수밖에 없다. 자석처럼 달라붙는다. 생존 그 자체를 위하여.

　나는 실제로 돈이 몸에 붙이는 의약품인 '파스'처럼 밀착되어 있는 모습을 본 적이 있다. 영화나 TV 드라마의 한 장면이 아니다. 바로 어머니의 허리 전체를 돈으로 두른 모습이다. 아직 잠에서 덜 깨어난 취학 전 유년의 눈에 들어온 모습이다. 한두 번이면 꿈속에서 헛것을 본 것으로 애써 외면할 수도 있겠다. 한두 번이 아니었다. 여러 차례 유년의 눈에 선명하게 들어온 특이한 풍경은 육십을 향해 세월에 이끌려가는 중장년의 동공 언저리에도 그 잔상이 그대로 남아 있다. 동이 트기 훨씬 전 아주 이른 새벽에 어머니는 많은 현금을 보자기 양쪽 끝부분 일부를 제외하고 이를 골고루 분산시킨 후, 보자기를 둘둘 감아서 배에다가 아주 밀착시켜서 꽉 조여 묶는다. 배 주위가 불룩해 보이지 않도록. 특수 임무를 띤 병사가 총알을 몸속에 두르고 적진을 향해 떠나듯이, 어머니는 돈을 몸속에 두른 후 새벽 버스를 타고 어딘가로 떠난다. 나중에 알게 된 사실인데, 아버지 공무원 월급만으로는 당시 생계유지가 어려워서 어머니가 직접 생활 전선에 뛰어든 것이다. 동대문시장에서 옷을 떼서 파는 속칭 '보따리 장사' 비슷한 옷 장사를 시작한 것이다. 대도시에 옷을 구입하러 버스를 타고 가는 과정은 험난한 여정이었다. 중간 경유지에 당시 소매치기가 성행하여, 옷 속 깊숙이 꼭꼭 숨겨서 갈 수밖에 없었다. 돈이 살과 밀착하는 순간이다. 파스가 환부에 밀착되는 순간, 통증이 완화되듯, 돈이 살에 밀착되는 순간 불안이 완화된다. 이내 안도한다. 희망의 씨앗을 싹틔운다. 돈이 살이자 몸이자 생명인 것이다. 나의 기억 속에서는 '보따리 옷 장사'로 큰 수입은 얻지는 못했던 것 같다. 희미한 기억 속에 아버지가 옷 장사를 그만두라시며 다투셨던 것 같다. 그리고 옷을 구입해 와서 어디서 어떤 방식으로 팔았는지는 전혀 알지 못한다. 얼마나 벌었는지, 얼마를 까먹었는지조차도. 아무튼 없는 자에게는 돈은 최대한 몸에 가까이해야 하는 아주 소중한 생명 지킴이임에는 틀림없다. 이런 상황에서는 불가근이라는 덕목이 발을 못 붙인다. 해당 사항이 될 수 없다.

그럼, 돈이 많은 소위 '부자'라면 돈을 너무 가까이하지 말아야 하는 불가근의 지점은 어디쯤으로 상정해볼 수 있을까. 만약 돈을 많이 가질수록 행복의 척도 또한 돈의 액수에 비례해서 증가한다면, 불가근불가원의 덕목이 들어설 자리는 없다. 하지만 돈이 행복에 미치는 영향을 연구한 다수의 학자 견해는 돈이 일정 수준까지 올라갈 때 행복지수도 동반 상승하지만, 일정 수준을 넘어서면 돈이 많아진다고 행복지수도 올라가지는 않는다는 것이다. 이를 주창한 대표적인 학자가 서던캘리포니아대학교의 명예교수 리처드 이스털린(Richard A. Easterlin)이다. 그는 자신의 책《지적 행복론》에서 이렇게 밝히고 있다.

소득이 낮은 경우 소득이 증가하면 행복이 증가한다는 것이지요. 그러나 소득이 비교적 높은 수준에 도달하면 행복은 더 이상 증가하지 않습니다. …… 최근 미국 데이터로 분석한 결과에 따르면 연 소득의 임계치는 7만 5,000달러인 것으로 나타났습니다.

이것이 바로 그 유명한 '이스털린 역설(Easterlin's Paradox)'이다. 어떠한가. 공감이 가는가. 아직도 생계를 위해 파스처럼 돈을 몸에 밀착시켜야 하는 그 누구에겐 자신과는 무관한 이야기로 들릴 수도 있겠다. 하지만 반대편에 있는 또 다른 그 누군가는 한 번쯤 고민해볼 문제임에는 틀림없다. 본디 인간은 욕망을 추구하는 존재다. 물질적 욕망도 끝이 없는 법이다. 더 이상 증가하지 않는 행복! 그 원인을 돈의 결핍에서 찾는다. 그래서 더 모으려 한다. 그래도 충족되지 않는 행복을 쾌락의 향유에서 보상받으려 한다. 행복의 임계점에 다다른 지조차 모른 채. 자칫 쾌락의 무한정 향유는 마음의 빈곤을 낳을 수도 있다. 몸도 마음도 피폐해진다. 쾌락의 최고 극단에는 마약과 같은 악마가 기다리고 있을 수도 있다. 덫에 걸려들기를 호시탐탐 노린다. 마약이 주는 쾌락은 찰나에 불과하다. 약효가 떨어진 이후에는 엄청난 고통의 나락으로 떨어질 수밖에 없다는 준엄한 사실을 주변 사례를 통해 알 수 있지 않은가.

돈의 불가근불가원

돈을 가까이하지 말아야 할 불가근의 위치는 저마다의 행복 임계치에 해당되는 소득 수준이다. 개인마다 또 처한 상황에 따라 다르고 유동적일 수밖에 없다. 이스털린에 따르면 연 소득 7만 5,000달러라고 앞에서 언급했다. 저마다의 또 다른 7만 5,000달러가 바로 불가근이 시작되는 지점이다. 그럼, 이 지점에 다다르면 어떤 방식으로 돈을 멀리해야 하는가. 돈을 더 이상 벌지 말라는 얘기인가. 돈을 벌지 않으면 불가근도 불가원도 아니다. 돈을 멀리하는 게 된다. 바람직하지 않다. 중세까지만 해도 부를 축적하는 걸 죄악시했다고 한다. 성경에도 그런 구절이 나온다. "거듭 말하지만 부자가 하느님 나라에 들어가는 것보다는 낙타가 바늘귀로 빠져나가는 것이 더 쉬울 것이다." 이후 근대 자본주의가 태동하면서 돈에 대한 개념과 가치관의 변화가 일기 시작했다. 진통과 변화의 흐름 속에서, 물질만능주의라고 비난받기까지 하는 오늘의 자본주의가 형성된 것이다. 현대 자본주의 체제하에 머무르고 있는 우리는 돈을 죄악시해서도 경원시해서도 안 된다. 자신의 능력과 자산가치를 활용해 경제 활동을 하는 것은 정당하다. 돈을 벌어야 한다. 번 돈을 어떻게 관리하고 사용하느냐의 문제다. 자신의 생계유지와 함께 신체적 건강과 정신적 건강을 위해 필요한 돈은 형편이 허락되는 범위 내에서 지출하는 것은 온당하다. 비난의 대상일 수 없다. 다시 말해 행복의 효용가치를 높이기 위한 필수 불가결한 지출은 절대적으로 필요하다. 행복에 보다 가까이 다가갈 수 있는 기초토대는 돈이라는 것에 그 누구도 이의를 제기할 수 없을 것 같다.

일본에 나름대로 정통한 일본 전문가에게 얼마 전에 들었던 이야기다. 일본이 장수국가인 이유 중 하나가 젊었을 때부터 자신의 몸 건강을 위해 투자를 많이 하는 것도 하나의 요인으로 꼽힌단다. 젊었을 때 건강관리를 안 하다가 노년에 접어들어 갑자기 건강관리를 한다고 무병장수를 할 수는 없다. 그래서 일본은 젊을 때부터 이러한 인식이 강해서 건강한 식생활을 위한 지출에 인색하지 않은 편이란다. 이에 비해 우리나라 젊은이는 어떠한가. 천년만년 젊음을 유지할 거로 인식하면서 상대적으로 등한시하는 경향이 있지는 않은지 의구심이 들기도 한다.

건강 유지를 위해서는 몸에 적당한 근육을 유지하는 게 중요하다는 사실을 우리 모두는 잘 알고 있다. 평소 근육 관리를 체계적으로 해오지 않은 상태라면, 나이 들어 갑자기 하는 근육 관리는 결코 쉬운 일이 아니다. 나이가 들수록 근육 또한 쉽게 빠진다. 스스로 해결하지 못하는 건강 유지를 위해 지불 능력이 되는 한, 전문가의 도움을 받는 것도 고려할 필요가 있다. 실제 나는 평소 잦은 회식 자리로 뱃살은 나오고 근육은 빠지는 데 위기의식을 느껴서 몇 년간 전문 퍼스널 트레이너의 도움을 받은 적이 있다. 혼자 운동했을 때는 몇 년 걸려 만드는 근육을 일 년도 채 안 돼서 만들 수 있었다.

이러한 건강관리상품 구매 활동은 단순히 '건강관리'라는 차원을 훨씬 뛰어넘는다. 돈을 통해 '시간구매'라는 효용가치까지 창출한다. 예를 들어 스스로 운동했을 때 3년이라는 시간으로 '근육 만들기' 프로젝트가 달성됐다고 가정해 보자. 이에 비해 나처럼 전문 트레이너의 도움을 받아서 1년 이내 소기의 목표를 달성할 수 있다면, 2년에 걸쳐 투자한 시간을 세이브할 수 있는 것이다. 이를 매일 한 시간씩 투자한다면 1개월(1,095-365=730시간)이라는 시간 절약효과가 산출된다. 이것이 바로 시(時)테크이자 건강증진을 위한 효용 가치다. 인생은 유한하다. 하늘로부터 부여받은 한정된 '생애 시간'을 덧없이 흘려보내는 게 아니라 주어진 1개월의 시간을 생산적인 활동이나 여가 활동에 재투자할 수 있다. '타임보상'이다. 근무하고 있는 조직으로부터 1개월간 유급휴가를 받는 것과 같은 효과다. 이는 요즘 유행하는 '가심비(가격대비 심리적 만족효과)'와도 맥락적으로 연결된다. 가심비는 정신건강과도 상통한다. 돈의 지출로, 기대했던 이상으로 기분이 좋은 상태의 일정 시간 유지를 의미한다. 기분(氣分)은 한의학적으로 기(氣)의 한 부분이다. 기분이 좋아지면 기가 원활하게 흐른다. 기의 막힌 부분을 뚫을 수도 있다. 기가 원활하게 흐르면 혈액순환과도 연결된다. 몸에 필요한 산소공급도 원활해진다(오수일, 2023).

삶의 중요한 가치를 우선순위화 해서 생산활동을 위한 투자는 물론이고, 자기 계발을 위한 평생학습, 여가 활동 등에 사용한다면 단순 소비가 아닌 삶의 질을 높이는 데 돈이 일조한다는 주장에 그 누구도 이의를 제기할 수 없을 것이다. 어떻게 자신의 노력으로 정당하게 돈을 취득하는 것이, 그래서 부자가 되는 것이 죄악시될 수 있겠는가.

자신의 몸과 마음을 위한 투자를 아무리 해도 더 이상 행복의 효용가치를 끌어올릴 수 없는 임계점에 올라섰다고 생각될 때 우리는 어떻게 해야 할까. 자신의 몸 바운더리를 벗어나 주변을 향해 눈길을 주고 관심을 기울여 보는 건 어떨까. 물론, 평생 폐지를 주워서 모은 돈, 시장에서 노점상을 하면서 모은 돈을 제대로 사용하지도 않고 기부하는 할머니들과 같은 숭고한 삶도 존재한다. 아! 이 얼마나 거룩한 삶인가! 하지만 나 자신이 이런 숭고한 삶을 살아갈 만한 고귀한 정신이 아직 없는데, 어떻게 이런 삶을 쉽게 논할 수 있겠는가.

대신 타자를 향해 자신의 재능기부나 작은 지갑이라도 흔쾌히 열수 있는 마음의 움직임이 시작되고, 급기야는 충만해지는 상태에 이르러, 자신의 몸이 자연스레 외부 세상으로 다가서는 상태에 이르는 것! 이러한 삶 또한 훌륭한 삶의 표상이 될 수 있지 않을까. 나눔을 위한 마음이 외부 세상을 향해 활짝 열릴 때, 그래서 몸과 마음이 세상과 상호작용이 일어나서 타자에게 도움이 되는 가치를 만들어내는 그 순간! 이 가치는 자신을 향해서도 고개를 돌려 새로운 행복의 의미를 빚어내지 않을까.

예술적인 삶

우리는 일상 속에서 예술이라는 단어를 종종 떠올린다. 그리고 이를 실제 내뱉기도 한다. 정성 들여 만들어진 접시 위에 놓인 음식만 보더라도 "그 빛깔과 모양이 참 예술적이다!"라는 감탄사가 절로 나온다. 여기서 그치지 않는다. 스마트폰에 여기저기 퍼 나른다. 이것도 일종의 예술 활동이다. 자신의 기쁨이나 즐거움, 경이로운 순간을 포착한다. 이를 타자와 함께 나누는 것이다. 어디 이뿐인가. 대자연의 아름다운 풍광을 접할 때도 "야! 그림 같다. 예술이다. 예술!"이라는 탄성을 자아낸다. 예술을 대자연보다도 높은 가치 층위에 두는 것이다. 어떻게 대자연보다 예술이 더 높은 층위의 권좌를 차지할 수 있단 말인가! 참 아이러니하다. 아무튼 예술이 최고 높은 가치와 개념으로 우리 마음속에 깊이 자리하고 있다는 사실은 분명해 보인다.

이처럼 우리의 관념 속에 자리하는 예술이라는 이미지를 벗어나서, 실제로 예술작품을 응시할 때 우리의 반응은 어떠할까. 예술작품의 장르에 따라서, 장르에 대한 취향에 따라서 그리고 장르에 대한 사전 이해나 지식 정도에 따라서, 마주할 때의 마음 상태에 따라서, 상황에 따라서 제각각일 것 같다. 환희와 기쁨을 줄 수도, 슬픔을 느낄 수도, 아무런 감흥이 없는 무덤덤한 순간이 이어질 수도 있겠다. 아무튼 예술작품을 통해 이런저런 심미적 체험이 일어난다. "아름답다! 감동적이다! 가슴 뭉클하다! 슬프다!"와 같은 감정의 변이를 예술이 이끈다. 문요한의 책 《여행하는 인간》에는 이런 얘기도 나온다. "놀랍게도 미술관에서 갑작스럽게 정신적인 불안정이나 신체적 이상 증세를 호소하는 일은 드물지 않게 일어난다. 1820년대부터 보고돼 오고 있으며, 그 증상도 다양하다. 구토, 발열, 호흡곤란, 심한 떨림, 심지어는 환각…… 지금도 피렌체에서는 매년 약 12명 정도가 이런 증세를 보인다고 한다." 이러한 증상을 일명 '스탕달 신드롬'이라 부르는데, 예술작품이 주는 놀라운 힘을 엿볼 수 있는 대목이다.

아울러 독창적이다! 새롭다, 창의적이다! 진부한 수준이다!와 같은 이성적이면서 논리적인 평가도 따른다.

예술을 하는 사람, 다시 말해 예술가에 대한 평가는 어떠할까.

예술가는 우선 일반인과는 조금 다른 가치관이나 사고체계를 지니고 있다는 생각이 지배적이다. 보편적이지 않은 자신만의 세계관을 가지고 있는 사람으로 인식하는 경향이 있다. 자유분방하거나 심지어는 기인에 가까운 사람으로 보이기도 한다. '자유로운 영혼'은 이들을 대표하는 상징처럼 보인다. 작품을 위해 몰입하는 사람, 고뇌가 가득한 사람으로도 인식된다. 예술가라는 직업에 대한 인식은 어떠한가. 돈과는 좀 거리 있어 보이기도 한다. 잘하면 돈을 많이 벌 수도 있지만, 대다수 예술가는 가난하다는 인식이 일반적이지 않을까 싶다. 그래서 예술가의 길은 고난의 길이다. 가시덤불이라는 이미지 또한 덧칠되곤 한다.

이처럼 일상 속에서도 우리는 늘 '예술'이라는 이미지를 입술로 내뱉기도 하고, 일상 속에서 예술작품이나 예술가를 만나기도 한다. 그러면서 다른 한편으론 예술은 나와는 좀 동떨어진 세계에 존재하는, 손이 가닿을 수 없는 지점에 위치한 신비로운 그 무엇으로 인식하는 경향도 동시에 지니고 있지는 않은가.

지금까지 주로 예술을 나의 관점에서 시작하여 대다수가 바라보는 일반론인 양 편협된 시각으로 바라봤을지도 모르겠다. 특정 사안이나 사물에 대한 관점은 늘 반대편이 있기 마련이다. 그 누구에겐 예술이 허영이자 사치이자 뜬구름 잡는 이야기로만 들릴 수도 보일 수도 있다. 애매하여 답도 없는 것을 진리인 것처럼 매도하고 있다. '고상한 척한다'라는 비아냥도 빠지지 않는다. 심지어는 예술이 밥이 나오나 돈이 나오나 하는 격앙된 목소리도 들려온다. 관점에 따라서 처한 입장에 따라서 충분히 그럴 수도 있겠다. 알랭 드 보통의 《불안》에는 이런 이야기도 나온다. "예술이 무슨 쓸모가 있을까? 이 문제는 1860년대 영국에서 현안이 되었으며, 많은 논평자들이 이런 답을 내놓았다. 별 쓸모가 없다. 위대한 산업도시를 만들고, 철로를 놓고, 운하를 파고, 제국을 확장하고 영국을 최고의 나라로 만든 것은 예술이 아니었다. 오히려 예술은 이런 성취를 가능하게 한 특질들을 약화시키는 것처럼 보였다."

어떠한가. 이에 동의하는가. 물질주의, 생산과 효율을 중시하는 자본주의 신봉자에게는 지금도 충분히 그렇게 비칠 수도 있다. 돈을 몸에 밀착시켜야만 하는 궁한 자에게도.

하지만 조금만 더 객관적인 시각으로 바라보려고 노력하면, 예술의 중요성을 알아챌 수 있다. 알랭 드 보통의 《영혼의 미술관》 서문에 나오는 주장처럼. "이 높은 존중을 보여주는 증거는 새로 문을 여는 미술관에서, 예술의 생산과 전시에 상당한 투자를 하는 정부 정책에서, 작품에 대한 접근성(특히 어린아이들과 소외 계층에 돌아갈 혜택을 위해)을 높이고자 하는 예술가의 열망에서, 학문으로서 예술이론의 위상과 예술시장에서의 높은 가치와 평가에서 찾아볼 수 있다." 이처럼 예술의 중요성에 대한 폭넓은 공감대가 형성되어서 예술은 손만 뻗치면 얼마든지 닿을 수 있도록 아주 가까이 다가와 있다. 그리고 알랭 드 보통의 말처럼 예술을 인생의 의미에 버금갈 정도로 소중히 여긴다.

그럼에도 불구하고, 대다수인 우리는 여전히 심리적 거리를 느끼는 건 아닌가. 쉽게 가닿을 수 없는 먼 곳에 위치해 있다는 인식이 마음 한편에 자리하는 것 또한 사실이다. 예술을 대자연의 아름다움보다 더 높은 권좌에 올려놓은 우리의 고정관념의 틀을 우선 깨부수는 것이 필요할 듯하다. 그런 다음에 예술을 성스러운 높은 제단에서 끌어내어 우리의 일상 속으로 보다 가까이 편입시켜 예술과 삶이 하나가 되는 생애를 꿈꾸어 보는 건 어떨까. 왜 꼭 그렇게까지 해야 하는가? 하는 강한 의문도 있을 수 있겠다.

삶이 내 마음대로 뜻대로만 흘러가지 않기 때문이다. 삶은 때론 모순투성이로 보이기도 한다. 그 누구에겐 고통 그 자체로 점철되어 있기도 하다. 이 정도는 아닐지언정 무미건조한 일상이 판화처럼 새겨져 있기도 하다. 이러한 삶의 모순 때문에 종교가 탄생했을지도 모르겠다. 종교적 의지도 좋다. 종교는 위대하다. 종교는 폄하되었어도 함부로 평가해서도 안 된다. 삶 속에서 종교의 대체재가 아닌 보완재를 논의하기 위해 조금 더 종교의 속성을 떠올려 보자. 얕은 믿음의 소유자 입장에서 말이다.

조지 베일런트의 《행복의 조건》에는 이런 얘기도 등장한다. "하버드대학의 역사 교수의 이야기처럼 자신의 종교가 유일하다고 믿지 않는다면 그 사람은 종교가 없는 것이나 마찬가지다"라고. 이 정도로 종교는 배타주의 속성을 지닌다. 배타주의는 속박이자 구속이다. 종교 속에서 그 누구는 무한대의 신념을 강요당한다는 느낌도 있다. 이럴 때 예술에 기대보면 어떨까. 예술이라는 순풍에 우리의 몸과 마음을 자연스레 맡겨보면 어떨까.

바로, 예술은 자유이다.

자유는 구속의 반대편에 서 있다. 일상은 구속이다. 밥벌이의 구속, 남의 시선의 구속, 사회 규범의 구속, 종교의 구속이다. 예술 세계 속에서만은 상상의 자유, 행위의 자유, 표현의 자유, 희망을 꿈꾸는 자유가 용납된다. 예술 세계에서의 자유는 현실 세계에서는 불가능한 희망조차 실현 가능한 모습으로 만들어준다. 환희다. 이 환희는 결국은 현실 세계에도 스며든다. 예술 세계와 현실 세계의 상호작용을 통해서.

예술은 새로움이자 아름다움이다.

일상은 매일 똑같아 보인다. 밋밋함 그 자체다. 고대 그리스 사상가 헤라클레이토스의 '똑같은 강물 속에 두 번 다시 발을 담글 수 없다'라는 경구가 기원전부터 내려오지만 우리의 일상은, 아니 우리는 이를 믿으려 하지 않는다. 매일 아침 눈을 뜨면 느껴지는 공기와 바람, 그리고 햇살이 주는 자연의 질감에는 미세하지만 분명 차이가 있다. 올해 맞이한 가을은 작년 가을과도 다르고 내년에 다가올 가을과도 분명히 다를 것이다. 육안에 들어오는 단풍 풍경도, 내면에 물든 단풍의 색상 채도도. 하지만 우리의 몸과 마음은 이를 알아채지 못한 채 마취 상태에 머무르고 있을지도 모른다. 끊임없이 변화하는 세상을 향한 사유 능력을 유지하고 있는가. 미세한 변이조차 감지할 수 있는 감각의 촉수가 작동되고 있는가. 만약 그렇지 않다면, 안타깝게도 우리네 일상은 마치 수술대 위의 마취 상태로 누워 있는 몸과 별반 다르지 않다. 실상은 그 순간 우리의 몸속에서 엄청난 변화가 일어나고 있는데도….

"들뢰즈는 일상의 삶이 표준화되고 천편일률화 될수록 예술을 삶 가운데로 더욱 철저하게 끌어들여야 한다고 말한다."《들뢰즈와 교육》(김재춘, 배지현 공저)에 나오는 이야기다. 그 이유를 이렇게 설명한다. "예술이 지닌 차이 생성의 역량을 일상적인 삶 속에 흐르게 함으로써, 생성의 힘을 잃고 퇴색되어 가는 우리 삶 속에 특이성의 빛깔들을 다시금 영롱하게 닦아낼 수 있기 때문이다." 그렇다. 예술은 우리를 새로운 세계로 인도한다. 문학작품에서 우리는 미처 깨닫지 못했던 새로운 생각을 한다. 미술관에 전시된 그림을 통해서 아름다움도 희로애락도 느낀다. 음악은 지금까지 느껴보지 못한 가슴 뭉클함을 안겨주기도 한다. 슬픔에 잠기게도 만든다. 나 자신도 피아노를 통해서 매일매일 손끝에 닿는 건반의 느낌 차이, 울려 나오는 소리의 변화에 새로운 감정 이입이 되곤 한다. 십일월의 끝자락! 손가락 끝을 스치는 바람결은 차다. 손끝이 시리다. 손끝의 시림은 건반 소리에 실려 마음속으로 파고든다. 가슴이 아려온다. 아직 가지 않은, 닿지 않은, 하염없이 눈 내리는 들판 위에 서 있곤 한다.

새로움과 아름다움의 잉태는 자연스레 창의성과 연결된다.

창의성은 몰입과 함께할 때 탄생한다. 일상은 잡념투성이다. 조금만 정신 줄을 놓으면 온갖 잡념이 밀려온다. 잡념은 생쥐와 닮았다.

검고 음침한 겨울밤, 생쥐는 오래된 목조주택 서까래 나무의 구멍 난 부위를 갉아 먹는다. 겨울 간식으로 수확해둔 고구마도 갉아 먹는다. 이처럼 지금까지 쌓아 올린 성취감을 갉아 먹는 것이다. 후회와 한탄과 원망과 불안의 이빨을 드러내 보이며… 세월은 잔인하기까지 하다. 외로움으로 내몬다. 언제부턴가 아무리 주위를 두리번거려도 나밖에 안 보인다. 오만가지 감정으로 얼룩진 배우자의 자리가 사라져 버렸다. 세월의 바람에 실려 이 세상 저 세상으로.

외로움은 절망이다. 관계의 단절이다. 세상과의 절교다. 그래도 대안은 있다. 바로 몰입이다. 외로움의 반대편에서 몰입이 손짓한다. 함께하자고. 새롭고 아름다운 세계를 품게 되면 그 세계에 진입하기 위한 고민과 애쓰는 과정을 거친다. 고통의 과정일 수도 있다. 이 과정을 넘는 순간 몰입의 단계로 넘어간다. 감정 중립의 단계다. 도가의 무위 단계일 수도 있다. 슬픔도 기쁨도 존재하지 않는… 몰입은 창의적인 영역을 만들어낸다. 창의적 영역과 마주하는 순간 우리는 잃어버린, 아니 우리가 내팽개쳤을지 모르는 성취감을 맛본다. 이 순간이 바로 행복을 느끼는 순간이다. 거창할 필요도 거창해서도 안 된다. 아주 일상의 소소한 부분에서, 소소한 대목에서 새로움을 찾고 아름다움을 발견하고 이를 품고, 몰입하고 자기만의 창의적 일상 영역을 구축하는 것이다. 이윽고 역동적인 삶 속에 머무르는 자신을 발견한다. 이의 순환 반복이다.

예술은 삶의 해설가이다.

우리네 일상은 곧잘 분별력을 잃게 한다. 남을 흉내 내기 바쁘다.

흉내조차도 못 내면 도태된 것으로 인식한다. 법과 사회적 제도는 무자비하다. 경쟁을 부추긴다. 경쟁에 낙오되면 무능으로 내몬다. 법과 제도의 테두리에서는 짓밟고 올라서도 용인이 된다. 인간성 상실은 안중에도 없다. 무지한 우리는 자연스레 길들여진다. 우물 안 개구리 같은 신세다. 편협 그 자체다. 우물 안에서 생존 그 자체에만 몰두한다. 우리 인간의 영혼이 죽어가는지조차 모른 채.

알랭 드 보통은 《불안》이라는 책에서 작가 아널드의 말을 소개하는 대목이 나온다. "예술은 구름 잡는 이야기는커녕, 삶의 가장 깊은 긴장과 불안에 해법을 제공하는 매체다. …… 예술은 삶의 비평이다." 그러면서 알랭 드 보통은 이를 덧붙인다. "우선 가장 분명한 점은 '삶이 비평이 필요한 현상이라는 것이다. …… 예술작품은 세상을 더 진실하게, 더 현명하게, 더 똑똑하게 이해하는 방법을 안내해 준다'고 이야기한다.

내 몸 내 마음 하나 건사하기 힘든 세상이 되었다. 남은 안중에도 없다. 나부터 살아야 한다. 맞다. 죄책감을 느낄 필요는 없다. 이제 한시름 놓을 상태가 되었는가. 그러면, 주변을 한번 살펴보자.

같은 하늘 아래 이 모양, 저 모양으로 살아가는 모습들을. 육안으로 감지되는 것은 물론이고, 잘 드러나지 않는 것조차도. 찾아도 잘 드러나지 않고, 잘 보이지 않는 부분은 예술의 힘을 빌려보면 어떨까. 물론 언론도 있다. 이 사회 구석구석을 비추는 서치라이트다. 반드시 존재해야 한다. 순기능이 많다. 하지만 역기능이 요즘 더 많이 눈에 들어온다. 언론이 너무 이념에 경도되어 있는 것 같다. 너무 갈

라치기를 잘하는 것 같다. 자극적이다. 위안은 고사하고 불안을 가중
시키기도 한다. 언론의 순기능인 사회고발에 치중해서인지는 몰라
도. 스스로 위안을 얻고, 인간이라는 개별 주체의 고유한 가치를 인
정받고, 인정해줄 수 있는 길은 '예술'에 기대는 수밖에 없어 보인다.
나는 최근에 읽었던 소설가 김훈의《저만치 혼자서》를 접하고 나서,
문학작품이 아니 예술이 삶과 유리될 수도 없는 삶 그 자체임을 또
한 번 절감했다. 작가에게는 삶의 혼돈을 포착할 수 있게 하고, 이를
사유하고 메시지를 생성하고 의미에 다가서게 한다는 것을. 반면에
독자는 아니 나에게는, 망각의 기억을 되살리고 멈춰 서버린 사유 엔
진에 시동을 걸게 하고, 세상을 향한 닫힌 창문 커튼을 걷게 하고 이
를 바라보게 하는 힘을 길러준다는 것을.

　김훈의 같은 책에는 몇 편의 단편이 등장한다. 모든 소설 내용이
가슴을 아리게 한다. 겨우 숨을 부지하고 있는 고목(古木)이 된 마음속
을 드릴로 파고든다. 작가가 밝힌 것처럼 '한 사람의 이웃'으로 이 글
을 썼기 때문이다. 이 중 한 편만 같이 살펴보자.

　'영자'라는 단편은 노량진에서 9급 공무원 시험을 준비하는 젊은
이들의 삶의 모습을, 애환을 그리고 있다. 작가가 노량진 9급 학원동
네 젊은이들을 관찰하면서 쓴 글이다. 작가가 기자 출신인지라 관찰
수준을 넘어 일종의 탐사 정신이 녹아 있는 것 같다. 주인공과 영자
가 집현전이라는 고시텔에서 생활비 절감의 명분으로 1년간 동거하
는 모습도 그리고 있다. 그리고 주인공은 공무원 시험에 합격해 임용
되었지만, 영자는 낙방하고 자취를 감춘다. 마지막은 주인공이 영자

의 착신정지 음을 들으면서 끝이 난다. 작가는 에필로그에서 "제도가 사람을 가두고 조롱하는 모습을 나는 거기에서 보았다. 인간의 생존 본능을 자기 착취로 바꾸어 버리는 거대한 힘이 작동되고 있었다"라고 한다. 나는 평소 커리어를 살려서 재능기부 차원에서 주변 젊은 이를 대상으로 '진로 상담'을 여러 차례 해준 적이 있다. 이들을 대할 때 참으로 안쓰럽다는 생각을 종종 한다. 나의 젊은 시절은 이 정도로 취업난에 허덕인 시기는 아니었다. 취업 문턱이 지금보다 훨씬 낮았다. 무지해서 아무것도 모른 채 허둥대는 모습을 볼 땐 안타깝기까지 하다. 공감 능력이 없는 기성세대는 이렇게 일갈하기만 한다. "요즘 젊은이는 편한 것만 찾는다고. 힘든 일은 마다하고 '아르바이트'만 하려고 한다고." 설상, 이 현상이 사실에 근접한다 치더라도 그 원인이 우리 기성세대에 있다는 걸 잊은 채. 불합리한 제도가 젊은이를 이렇게 자기 착취와 절망으로 내몰고 있다는 걸 모른 채.

예술은 이렇게 눈 감고 있던, 아니면 미처 볼 수 없던 삶의 본질적인 문제를 드러내어 볼 수 있는 눈을 길러준다. 사유 능력을 길러준다. 존엄한 삶의 방향을 그려보게 한다. 언론의 탐사보도도 나름 의미가 있다. 장점도 많다. 하지만 그 의미를 오래 눈에 담고 사유하는 힘은 주지 못한다. 긴 여운을 주지 못한다. 예술은 긴 여운이다. 여운의 들녘에는 희망의 씨도 뿌려진다. 어찌할 수 없이 잡초로 뒤덮인 들녘에서도 희망의 꽃이 같이 자라남을 암시한다.

앞서 나는 '불멸과 소멸' 편에서 소설가 김영하의 죽음에 대한 생각에 그 맥락은 이해하지만, 애써 외면하려 했는지도 모른다. 바로

'허무주의'에 대한 그 무언가를 말이다. 다시 한 번 그 말을 살펴본다. 소설가 김영하의 수필 《말하다》에서 "저는 인간들이 어리둥절한 채 서로에게 상처를 입히면서 죽지 않으려고 발버둥 치다 결국은 죽어 사라지는 존재라고 생각해요"라는 대목이 나온다. 아울러 앞서 소개하지는 않았지만 이런 내용도 있다. "……수많은 역사의 악행을 생각해 보면 인간에게 아주 굳건하고 경건한 허무주의가 필요하고…… 소설과 함께 세계의 무의미를 견디고 동시에 휴머니즘이나 인본주의나 광신자들이 저지르는 역설적인 독선과 아집 그리고 공격성을 견딜 수 있다"고 말한다. 이에 앞서 그는 허무주의로 지탱하는 굳건한 신념을 모순된 개념이라고 미리 밝힌다.

이제 나는 나름대로 삶과 죽음을 제자리에 가져다 놓을 수 있을 것 같다. 이 글을 시작하기 전보다 조금 더 확신에 찬 채로. 마치 숨은 보물의 가치를 발견하는 듯하다.

이제 나는 애써 외면하려 했던 김영하의 역설적인 표현을 온전히 받아들이려 한다. 허무주의로 삶을 지탱하는 것이 아니라, 삶이 허무주의의 늪에 빠지기 쉬우므로, 이 늪에 빠지지 않기 위해서 예술의 하나인 자신의 '소설'로 살아간다는 그 깊은 뜻. 예술가는 이처럼 음악, 미술, 영화, 문학 등등 자신의 장르로 세상에 드러내면서, 다른 한편으로 자신의 내면으로 차곡차곡 쌓아나가면서 살아간다.

그럼, 우리네 비예술인, 일반인은 어떻게 살아야 하는가. 삶에 허무주의가 찾아올 때 그리고 죽음의 그림자가 드리울 때, 김영하처럼 '소설'이 됐든, 아니면 음악이나 미술이 됐든지 간에 예술을 삶 속에 완전히 녹여내도록 해야 한다. 이를 위해 삶의 여정에 이를 동승시켜야 한다. 함께 걸어가야 한다. 일상 속 아티스트가 되는 것이다. 상황에 따라서, 형편에 따라서, 취향에 따라서 피아니스트, 사진작가, 작가, 영화평론가, 화가가 되는 것이다.

어린아이와 자연에서도
예술적인 삶은 흐른다

아이들이 귀한 세상이 됐다. 아이들과 마주할 기회가 주어질 때 예사롭지 않다. 관찰한다. 탐사 정신도 깃든다. 아이들은 주어진 대부분의 시간이 즐겁다. 그 대척점에 있는 이가 바로 어른이다. 아이들의 일상은 왜 대부분 기쁨으로 가득한가? 그런데 어른들의 인상은 왜 대부분 굳어 있는가? 정녕 어른의 일상은 기쁨으로 넘쳐날 수 없는 것인가? 이 질문 같지도 않은 질문에 포위될 때도 있다. 그리고 누구에게 발각될까 염려해 얼른 다른 생각으로 옮겨간다.

아이들 마음은 호기심으로 가득하다. 그래서 질문이 많다. 처음 본 사람에게도 먼저 말을 건다. '아저씨 누구예요?' 이런 질문을 자연스레 던진다. 단, 조건이 있다. 자신이 안전하다는 영역하에서. 원래 아이들에게 세상은 안전한 지역으로 보인다. 또 그래야만 한다. 그런데, 불안으로 가득한 어른들이 위험한 곳이라 외친다. 이를 세뇌시킨다. "바깥에 나가면 누가 뭐 사준다고 따라가자 하면 절대로 따라가면 안 돼! 어른이 귀엽다고 만지거나 안아주려 하면 무조건 이를 뿌리쳐야 해"를 주입시킨다. 이러다 보니 세상을 향해 열려 있는 아이들의 본성을 자꾸 닫게 만드는 것이다. 물론 이를 탓할 수는 없다. 일부 어른의 잘못으로 괴물이 된 세상의 일부분이다. 어른은 호기심이 없다. 아니 호기심을 포기했는지도 모르겠다. 호기심은 마음의 공허만 낳는다는 걸 경험했기에. 낯선 사람을 보면 아예 고개를 돌린다. 눈빛 하나 마주치는 것조차 귀찮다. 사람도 세상도 다 안다. 실은 1%도 제대로 모르면서. 바로 고정관념 때문이다. 그래도 예외는 존재한다. 대자연의 공간에서 자연과 하나가 되는 순간에는 예외가 찾아온다. 인사를 건넨다. 등산길에서 마주한 상대편에게 억지웃음이 아닌 자연스레 웃음을 짓는다. 목소리 톤도 부드러워진다. "안녕하세요?", "조심해서 내려가세요" 등등. 자연 속에서는 자연스러움 그 자체다. 왜일까. 동네 하천 주변에 조성된 둘레길을 걸을 때도 그냥 외면하는데, 유독 산길을 걸을 때 이런 현상이 발생하는가. 이러한 둘레길은 접근성도 훌륭하고 편리해서 좋다. 그런데 완전 자연이 아니다. 사람의 손이 간 인공자연이 많이 개입돼 있다. 인공자연에서는 자연스러움이 덜 표출된다. 산에서 인사를 주고받는 주된 이유를 바로 여기서 찾고 싶다.

대자연이 건네준 흙을 밟으면서 흙과 풀, 나무 냄새가 코로 들어와 뇌에 전달된다. 신경안정제가 되는 것이다. 이름 모를 새의 지저귐도 경쾌한 발걸음으로 연결된다. 우리 눈은 나무와 풀, 이름 모를 야생화, 그리고 하늘과 저 멀리 지평선까지 가닿는다. 지금 이 순간 들어오는 풍광! 살갗에 와닿는 바람결과 햇살, 자연의 냄새와 소리는 우리의 마음속 안식처인 아직 가보지 못한 고향으로 인도한다. 자연과 호흡하면서 새로운 마음을 그리고(미술), 미처 깨닫지 못한 아름다운 소리를 듣고(음악), 잊혀진 세계를 기록하고 편견을 다시 고쳐 써내는(문학) 활동의 집결체라고. 이 순간은 군인이 무장해제한 채, 적군을 만나는 순간이다. 1914년 제1차 세계대전 당시 서부전선에서 크리스마스 정전 실화를 바탕으로 한 영화 〈메리 크리스마스〉처럼…. 여기에는 음악이 그 주역이다. 바로 총칼조차도 비켜 가게 하는 엄청난 위력을 발휘했다. 마음이 열리고 몸이 열리는 순간이다. 마음과 몸이 우주와 하나가 되는 순간이다. 이 순간 길 위에 있는 모두가 평등하다. 모두가 존중의 대상이다. 사회적 계급장이 들어설 자리가 없다. 차별도, 선입견도 편견도 끼어들 공간을 내주지 않는다. "안녕하세요, 어디까지 가세요." 이 말 한마디에 우주의 기운이 감도는 것이다. 함께하는 공동체에서 잊지 말아야 할 사람에 대한 배려와 관심, 공감이 깃든다. 자연과의 교감에서 찾아오는 소박함이 위대함으로 변신하는 순간이다. 이것이 잠시나마 어른에게 찾아오는 자연이 선사하는 예술적 감정이다. 아니 예술 그 자체다.

아이들은 기쁘다. 하늘을 날 때 기쁘다. 아이들은 하늘을 난다. 나는 이를 실제 목격했다. '트램펄린' 같은 놀이 공간에서 위로 날아오를 때, 아이들은 제각각 자기 나름의 슈퍼맨, 슈퍼우먼으로 하늘을 난다. 표정이 증명한다. 어릴 때 아버지나 삼촌 손이 자신의 양어깨 아래를 붙잡고 하늘 위로 번쩍 올릴 때의 그 기쁨을 간직하고 있는가. 아니면, 예전에 자신의 아이나 조카아이에게 이같이 해줬을 때의 깔깔대며 웃는 모습을 간직하고 있는가. 그게 바로 기쁨이다.

아이들은 꾸밈이 없고 순수하다. 자연스럽다. 아이들 몸이 말한다. 재미있는 놀거리를 발견했을 때, 가차 없이 냅다 뛴다. 그곳을 향해. 어른들 눈에 위험해 보이는 장애물은 안중에도 없다. 그저 신나는 음악이 나오면 이내 음악과 바로 하나가 된다. 춤사위는 놀라움 그 자체다. 유연함의 극치다. 손, 어깨, 머리, 몸통, 엉덩이, 종아리, 발의 움직임은 모두 제각각 독립된 기관임을 증명한다. 저마다 리드미컬하게 특장점을 드러낸다. 연체동물의 움직임과 닮았다. 몸의 움직임은 언어다. 마음의 언어다. '동시'이고 미지의 세계를 그리는 아름다운 '동화'이다. 행위 예술이다. 어른은 감히 흉내 낼 수 없다. 어른의 몸은 굳어 있다. 마음도 굳어 있다. 세월이 낳은 퇴적물이다. 걷어내야 한다. 마음의 퇴적물부터. 퇴적물은 소통의 적이다. 사람과의 소통도. 몸속 피의 소통도. 자연스러운 자아를 회복해야 한다. 어린아이의 해맑은 눈동자와 표정과 깔깔깔 소리가 자연스러움의 대변인이다. 그 속엔 호기심, 상상력, 즐거움, 기쁨 등등이 담겨 있다. 천재 작곡가인 베토벤조차도 어린아이의 깔깔깔 소리를 악보에 그대로 담아내지는 못한다. 흉내는 낼지 몰라도. 아이들의 웃음소리는 베토벤이 작곡한 그 어떠한 명곡보다도 더 명곡이다. 어린아이의 마음을 좀 더 자주, 좀 더 많이 일상으로 끌어들이는 삶이 바로 아름다운 삶이자, 예술적인 삶이 아닐까.

에필로그

이 글의 태생은 자기 고백이다. 관객을 향한 독백이다. 기업에서 강의할 때는 교육생에게, 이 책에서는 독자를 향해서 하는 진심 어린 고백. 고백이든 독백이든 일정 용기가 필요하다. 특히 사랑 고백이 이를 잘 말해 준다. 사랑은 상대방을 향한 감정이다. 나름 사랑을 고백하듯 한 자 한 자 꾹꾹 눌러 써 내려갔다. 다시 읽으면 읽을수록 쑥스러움도 실린다. 사랑의 감정이 가장 많이 실리는 텍스트는 바로 연애편지다. 그래서 그 옛날! 아니 불과 삼사십 년 전 손편지가 일상이었던 시절에는 밤에 쓴 편지는 아침에 못 부친다는 이야기가 유행가처럼 회자되기도 했다. 이 책 구석구석에도 찐한 사랑의 감정은 아닐지언정 여러 애틋한 감정이 많이 담겨 있다. 바로 나의 진심이다. 그러다 보니 글에 내 목소리가 자꾸 높아진다. 강의에서는 목소리를 높여도 조절이 가능하다. 교육생들의 표정을 읽으면서…. 글에서는 진정성을 드러내려 목소리를 높이다 보면 자칫 격정으로 이어질 수도 있다. 실제 다시 살펴보니 여기저기서 발견된다. 이를 줄이기 위해 논리적인 사유의 힘을 더하려고 노력했다. 대다수 글이 그렇게 탄생하듯 전날 쓴 글은 다시 한 번 또 한 번 읽으면서 표현의 순화에도 애를 썼다. 하지만 팩트에 문제가 없는 범위 내에서 자연스럽게 다가가려, 고민 끝에 그대로 남겨둔 대목도 여럿 존재한다. 바로 거친 논리들이다. 이것들을 잘못 건드리면 전체 맥락에도 금이 갈 수 있고, 화장을 덧칠하는 꼴이 될 수 있겠다는 염려에서다. 민낯을 드러내는 게 오히려 더 좋겠다는 판단에서였다. 나의 역량 부족이 주범이겠지만 말이다.

책의 밑바탕 소재 자체는 기업 강의 주제에서 상당수 가지고 왔다. 오랜 사유의 과정을 거쳐 강의 시간 목소리를 높여 내뱉었다. 기업에서는 시간 제약이 따르는 강의라는 특성상 빙산의 일각만 드러낼 뿐이었다. 이 책에서는 수면 아래에 있던 미처 못다 한 말들을 바깥세상의 시선으로 담아내려고 노력하였다. 잠시나마 메마른 광야의 찬바람을 맞으면서 바라본 외부 세상의 질감도 담아 냈다. 그리고 함께했던 다양한 책 속에서 평소 경험하지 못했거나, 미처 생각하지 못한 부분을 공감하면서, 함께 나누고 싶은 내용은 가능한 한 그대로 담으려고도 하였다. 나의 부족함을 메우기 위함도 있었다. 그래도 나 자신이 미처 발견하지 못한 미흡한 부분이 많을 것 같다.

아무쪼록 이 책을 통해서 세상을 마주하는 새로운 힘을 길러서, 진정 내가 추구하는 새로운 삶의 모습을 그리는 데 마음속 작은 불씨로 남기를 바라본다.

그리고 다른 글에서 보다 성숙된 모습으로, 진심은 더하되 목소리는 낮춘 채 독자 여러분 곁으로 다시금 찾아가고 싶다.

건조하기 그지없는 이 책과 함께해 주셔서 감사 또 감사드린다.

이창헌

참고문헌

단행본

가토 도시노리, 《늙지 않는 뇌 사용설명서》, 도서출판 이새, 2020.

강신주, 《철학 VS 철학》, 도서출판 오월의 봄, 2021.

길희성, 《종교에서 영성으로》, 동연, 2021.

김훈, 《저만치 혼자서》, 문학동네, 2022.

김훈, 《라면을 끓이며》, 문학동네, 2019.

김동완, 《오십의 주역공부》, 다산초당, 2022.

김영하, 《말하다》, 문학동네, 2015.

김영하, 《여행의 이유》, 문학동네, 2020.

김재춘 外, 《들뢰즈와 교육》, 학이시습, 2016.

김종섭, 《교육을 이끄는 힘, 음악》, 리음북스, 2022.

김지수, 《이어령의 마지막 수업》, 열림원, 2021.

니컬러스 A. 크리스타키스, 《행복은 전염된다》, 김영사, 2010.

존 레이티, 《운동화 신은 뇌》, 북섬, 2012.

리처드 브라운, 《타샤튜더 나의 정원》, 윌북, 2008.

리처드 이스털린, 《지적 행복론》, 윌북, 2015.

린다 그래튼 外, 《100세 인생》, 출판사 클, 2023.

문요한, 《관계가 흐르는 시간》, 더퀘스트, 2019.

문요한, 《여행하는 인간》, 해냄, 2017.

미하이 칙센트미하이, 《몰입의 즐거움》, 해냄, 2021.

박승오 外, 《인디워커》, 북스톤, 2021.

박웅현, 《책은 도끼다》, ㈜북하우스 퍼블리셔스, 2012.

빅터 프랭클, 《죽음의 수용소에서》, 청아출판사, 2020.

서은국, 《행복의 기원》, 21세기북스, 2021.

셸리 케이건, 《DEATH, 죽음이란 무엇인가》, 엘도라도, 2021.

송호근,《그들은 소리 내 울지 않는다》, 이와우, 2013.

알랭 드 보통,《불안》, 은행나무, 2014.

알랭 드 보통,《영혼의 미술관》, 문학동네, 2017.

알랭 드 보통,《여행의 기술》, 청미래, 2016.

에릭 H. 에릭슨,《유년기와 사회》, 연암서가, 2014.

오수일,《생활한방 氣요법》, 스포츠조선, 1994.

윌리엄 새들러,《서드 에이지, 마흔 이후 30년》, 사이, 2011.

유성호,《나는 매주 시체를 보러 간다》, 21세기북스, 2020.

윤홍균,《자존감 수업》, 심플라이프, 2022.

이순신,《난중일기》, 지식공작소, 2014.

이어령,《지성에서 영성으로》, 열림원, 2019.

이현정,《우리는 왜 타인의 욕망을 욕망해야 하는가》, 21세기북스, 2022.

장석주,《불면의 등불이 너를 인도한다》, 현암사, 2016.

장석주,《어느 날 니체가 나의 삶을 흔들었다》, 문학세계사, 2019.

장석주,《우리를 행복하게 하는 것들》, 을유문화사, 2019.

정일남,《어느 갱 속에서》, 혜진서관, 1985.

정현채,《우리는 왜 죽음을 두려워할 필요 없는가》, 비아북, 2021.

재레드 다이아몬드,《총균쇠》, 김영사, 2023.

조영태,《인구 미래 공존》, 북스톤, 2021.

조지 베일런트,《행복의 비밀》, 21세기북스, 2013.

조지 베일런트,《행복의 조건》, 프런티어, 2010.

조지 오웰,《1984》, 민음사, 2023.

차동엽,《잊혀진 질문》, 명진출판, 2013.

찰스 핸디,《삶이 던지는 질문은 언제나 같다》, 인플루엔셜, 2022.

최명환 外,《나는 왜 가족이 힘들까》, 매일경제신문사, 2018.

최성재,《생애설계와 시간관리》, 서울대학교 출판원, 2020.

최인철,《아주 보통의 행복》, 21세기북스, 2021.

최재천,《통섭의 식탁》, 명진출판, 2012.

퀴블러 로스 外,《인생수업》, 이레, 2006.

헨리크 입센,《인형의 집》, 민음사, 2010.

황매향 外,《심층 직업상담》, 학지사, 2013.

황석영,《철도원 삼대》, 창비, 2020.

EBS 데스 제작팀,《EBS 다큐프라임 죽음》, 책담, 2014.

기사

〈문화일보〉, 서동욱의 지식카페, 2020.4.13.
〈세계일보〉, 장석주 칼럼, 2010.6.2.
〈여성동아〉, 공연문화 관련 기사, 2008.10.20.
〈여성신문〉, 페미니즘 관련 기사, 2013.10.3.
〈조선일보〉, 조용헌 살롱, 2008.1.7.
〈조선일보〉, 장기기증 관련 기사, 2023.8.30.
〈중앙일보〉, 노노개호 관련 기사, 2021.1.7.
〈중앙일보〉, 정신건강 관련 기사, 2022.4.18.

기관 자료(연구조사 및 통계 등)

귀농귀촌종합센터, 대한상공회의소, 통계청, 한국고용정보원, 한국농촌경제연구원, 한국무역협회(국제무역통상연구원), 한국보건산업진흥원, 한국사회적기업진흥원 등

워라인을 추구하는 삶

초판인쇄 2024년 4월 30일
초판발행 2024년 4월 30일

지은이 이창헌
펴낸이 채종준
펴낸곳 한국학술정보(주)
주 소 경기도 파주시 회동길 230(문발동)
전 화 031-908-3181(대표)
팩 스 031-908-3189
홈페이지 http://ebook.kstudy.com
E-mail 출판사업부 publish@kstudy.com
등 록 제일산-115호(2000. 6. 19)

ISBN 979-11-7217-290-9 03040

이담북스는 한국학술정보(주)의 학술/학습도서 출판 브랜드입니다.
이 시대 꼭 필요한 것만 담아 독자와 함께 공유한다는 의미를 나타냈습니다.
다양한 분야 전문가의 지식과 경험을 고스란히 전해 배움의 즐거움을 선물하는 책을 만들고자 합니다.